Italien
guide de conversation

**Berlitz Publishing/APA Publications GmbH & Co. Verlag KG,
Singapore Branch, Singapore**

Photo de couverture: © Digital Vision

Imprimé à Singapour par Insight Print Services (Pte) Ltd.,
septembre 2005.

Table des matières

Prononciation   6

Expressions Courantes   10

Salutations   10
Problèmes de   11
   communication
Questions   12
   Où?   12
   Quand?   13
   Quelle sorte de?   14
   Combien?   15
   Pourquoi?   15

Qui?/Lequel?/A qui?   16
Comment?   17
C'est ...?/Y a-t-il ...?   17
Pouvoir   18
Qu'est-ce que vous   18
   voulez?
Autres mots utiles   19
Exclamations   19

Hébergement   20

Réservations   21
Réception   22
Prix   24
Besoins généraux   26

Location (de logement)   28
Auberge de jeunesse   29
Camping   30
Départ   32

La table   33

Restaurants   33
Chercher un restaurant   35
Réservations   36
Commander   37
Restauration rapide   40
Réclamations   41
Paiement/Pourboire   42
Plats   43
   Petit déjeuner   43
   Hors-d'œuvre   43

Potages et soupes   44
Poissons et fruits de mer 45
Viandes   46
Légumes/Salades   47
Fromage/Dessert   48
Boissons   49
   Apéritifs/Vins   49
   Autres boissons   51
Glossaire italien   52
   de l'alimentation

Voyage   65

Sécurité	65	Auto-stop	83
Arrivée	66	Taxi	84
Avion	68	Voiture	85
Train	72	Location de voitures	86
Autocar	78	Station-service	87
Bus/Trams	78	Pannes	88
Métro	80	Accidents	92
Ferry	81	Questions de droit	93
Bicyclette	82	Demander son chemin	94

Visites Touristiques   97

Office du tourisme	97	Impressions	101
En excursion	98	Glossaire touristique	102
Attractions touristiques	99	Qui/Quoi/Quand?	104
Entrée	100	A la campagne	106

Loisirs   108

Billets	109	Enfants	113
Cinéma	110	Sports	114
Théâtre	110	A la plage	116
Opéra/Ballet/Danse	111	Ski	117
Musique/Concerts	111	Présentations	118
Vie nocturne	112	Téléphoner	127

Magasins et Services 129

Heures d'ouverture	132	Articles ménagers	149
Services	133	Bijouterie	150
Paiement	136	Marchand de journaux	151
Plaintes	137	Photographie	152
Réparations/Nettoyage	137	Bureau de poste	153
Banque/	138	Souvenirs/Cadeaux	155
Bureau de change		Antiquités	156
Pharmacie	140	Supermarché/	157
Habillement	144	Minimarché	
Santé et beauté	148		

Urgences/Santé! 161

Police	161	Parties du corps	166
Pertes/Vol	162	Gynécologue	167
Médecin/Généralités	163	Hôpital	167
Symptômes	164	Dentiste	168
Questions du docteur	165	Paiement/Assurance	168

Lexique Français–Italien 169
Lexique Italien–Français 202

Général 216

Chiffres	216	Heures	220
Jours/Mois/Dates	218	Carte	222
Souhaits et vœux	219	En un coup d'œil	224
Jours fériés	219	Urgences	224

Prononciation

Cette section est destinée à vous familiariser avec la sonorité de la langue italienne, tout en utilisant notre transcription phonétique simplifiée. Vous trouverez ci-dessous des explications de la prononciation des lettres et sons italiens, accompagnés d'équivalents «imités». Ce système est utilisé dans tout le guide de conversation: il vous suffit de lire la prononciation comme si c'était du français, en prenant note des règles spécifiques énoncées ci-dessous.

La langue italienne

Le monde compte quelque 64 millions d'italophones. L'italien est parlé dans les pays suivants (les chiffres sont approximatifs):

Italia   Italie

L'italien est la langue nationale, parlée par la quasi-totalité de la population (59 millions). Autres langues: le sarde en Sardaigne (1 500 000); le rhéto-roman au Frioul, près de la frontière avec la Slovénie et l'Autriche.

Svizzera   Suisse

L'italien est l'une des quatre langues officielles, parlée par environ 800 000 personnes dans la région sud du pays, en particulier le canton de Ticino (capitale: Belinzona). Autres langues: l'allemand dans le nord (5 millions); le français dans l'ouest (1 300 000), le romanche dans l'est (50 000).

L'italien est également parlé par les grandes communautés italiennes émigrées, en particulier aux Etats-Unis (**Stati Uniti**), avec quasiment 1 500 000 italophones, et au Canada (**Canada**), plus d'un demi million.

L'alphabet italien est identique à celui du français, auquel il faut ajouter des accents indiquant l'accentuation uniquement (voir ci-dessous). Les lettres, **j, k, w, x** et **y** n'apparaissent toutefois que dans les mots étrangers.

Toutes les lettres se prononcent en finale et il n'y a pas de diphtongues nasales («on», «in», «en», «un», etc.), par exemple **non** (ne ... pas) se prononce «nonn» (comme dans «to**nne**» et non comme le «on» français).

Le français a absorbé de nombreux mots italiens, par exemple: **studio, scenario, ghetto**, de même que de nombreux termes dans les domaines de l'alimentation (par exemple: **brocoli, macaroni, pizza, spaghetti**) et de la musique (par exemple: **concerto, piano, solo, trio**).

Consonnes

Lettres	Prononciation approximative	Symbole	Exemple	
b, d, f, l, m, n, p, t, v	se prononcent comme en français			
c/cc	suivi de e ou de i, comme tch dans tchèque	tch	cena	tchééna
	ailleurs comme c dans cadeau			
ch	suivi de e ou de i, comme k dans kilo	k	chiesa	kiéésa
g	suivi de e ou de i, comme dj dans djinn	dj	gelato	djéllâto
	ailleurs comme g dans gare			
gh	comme g dans gare	g	ghiaccio	ghiatchio
gl	se prononce comme un «l mouillé»	ly	moglie	molyié
gn	comme dans oignon	gn	signora	signôra
h	ne se prononce pas		ho	o
qu	comme dans équation	cou	qui	coui
r	roulé avec la pointe de la langue	r	rapido	rapido
s	parfois, lorsque placé entre deux voyelles, comme z dans zoo	z	viso	vîzo
	sinon comme s dans si	s/ss	sono, posso	sôno, posso
sc	suivi de e ou de i, comme ch dans chat	ch	sciopero	chiôpéro
	sinon comme sc dans scolaire	sc	scambio	scammbyo
z/zz	parfois (surtout après une consonne et devant une voyelle) comme dz	dz	pranzo	pranndzo
	sinon comme ts dans tsar	ts	grazie	grâtsié

Voyelles

Vous remarquerez, en entendant parler les Italiens, que le **e** se prononce aussi comme dans t**ê**te et le **o** comme dans p**o**mme. Vous pourrez relever et imiter ces variations de prononciation, mais vous n'aurez pas de peine à vous faire comprendre si vous utilisez le système simplifié que nous vous indiquons.

En italien, une voyelle est longue si elle est accentuée et suivie d'une seule consonne. Exemple: **sono** = **s_ô_no**. Elle est brève dans la pulpart des autres cas. Les voyelles longues sont indiquées soit par un dédoublement (**éé**), soit par l'adjonction d'un accent circonflexe (**oû**).

Lettres	Prononciation approximative	Symbole	Exemple	
a	comme dans c**a**p	*a*	**basta**	*b̠asta*
a	plus longue	*â*	**fare**	*f̠âre*
e	comme **é** dans th**é**	*é*	**presto**	*pr̠ésto*
e	plus longe	*éé*	**bene**	*b̠ééné*
i	comme **i** dans s**i**	*i*	**il**	*il*
	plus longue	*î*	**fino**	*f̠ino*
o	comme **o** dans m**o**to	*o*	**molto**	*m̠olto*
	plus longue	*ô*	**signora**	*signôra*
u	comme **ou** dans t**ou**t	*ou*	**urgente**	*ourdjénté*
u	plus longue	*oû*	**scusi**	*sk̠oûzi*

Diphtongues

Les voyelles **a**, **e** et **o** sont des voyelle fortes, **i** et **u** sont des voyelles faibles. Lorsque deux voyelle fortes se succèdent, elles sont prononcées comme deux syllabes. Exemple: **maestro** = **ma_é_stro**. Si une voyelle forte et une voyelle faible se trouvent réunies, elles forment une diphtongue, c'est-à-dire qu'elles sont prononcées comme une seule syllabe. Exemple: **guida** = **gou_ï_da**. Dans nos transcriptions, des groupes tels que **aï** doivent être lus comme des diphtongues, c'est-à-dire que la première voyelle se fond dans le **i**.

Accentuation

L'accentuation a été indiquée dans la transcription phonétique par le soulignement des lettres à prononcer avec plus d'insistance que les autres.

La voyelle de l'avant-dernière syllabe est généralement accentuée. Lorsqu'une voyelle finale est accentuée, elle est marquée d'un accent (**caffé**).

Prononciation de l'alphabet italien

A *a*	**H** *akka*	**O** *o*	**V** *vi*
B *bi*	**I** *i*	**P** *pi*	***W** *vi doppia*
C *tchi*	***J** *i lounga*	**Q** *cou*	***X** *ix*
D *di*	***K** *kappa*	**R** *érré*	***Y** *ipsilonn*
E *é*	**L** *éllé*	**S** *éssé*	**Z** *dzééta*
F *éffé*	**M** *émme*	**T** *ti*	
G *dji*	**N** *énné*	**U** *ou*	

* Ces lettres ne figurent pas, en fait, dans l'alphabet italien. Elles n'apparaissent que dans les mots empruntés à d'autres langues.

Expressions Courantes

Salutations	10
Problèmes de	11
communication	
Questions	12
Où?	12
Quand?	13
Quelle sorte de?	14
Combien?	15
Pourquoi?	15

Qui?/Lequel?/A qui?	16
Comment?	17
C'est …?/Y a-t-il …?	17
Pouvoir	18
Qu'est-ce que vous	18
voulez?	
Autres mots utiles	19
Exclamations	19

L'ESSENTIEL

Oui.	**Sì.** *sì*
Non.	**No.** *no*
D'accord.	**D'accordo./Va bene.** *dacordo/va bééné*
S'il vous plaît.	**Per piacere./Per favore.** *pér piatchééré/pér favôré*
Merci (beaucoup).	**(Mille) grazie.** *(millé) grâtsié*

Salutations/Excuses Saluti e scuse

Bonjour!/Salut!	**Salve!/Ciao!** *sâlvé/tchâo*
Bonjour.	**Buongiorno.** *bouon djôrno*
Bonsoir.	**Buonasera.** *bouona sééra*
Bonne nuit.	**Buonanotte.** *bouona noté*
Au revoir.	**Arrivederci.** *arrivédértchi*
Excusez-moi!/S'il vous plaît! (à un serveur)!	**Scusi!** *skoûzi*
Excusez-moi!/Pardon! (pour qu'on vous laisse passer)	**Permesso?** *pérmésso*
Pardon!/Désolé(e)!	**Scusi!/Sono spiacente!** *skoûzi/sôno spiatchénté*
Je ne l'ai pas fait exprès.	**Non l'ho fatto a posto.** *nonn lo fatto a posto*
Je vous en prie.	**Prego.** *préégo*

Problèmes de communication
Difficoltà di comunicazione

Parlez-vous français?	**Parla francese?** *parla frranntchéésé*
Y a-t-il quelqu'un qui parle français?	**C'è qualcuno che parla francese?** *tché coualcouno ké parla frranntchéésé*
Je ne parle pas (beaucoup) italien.	**Non parlo italiano (molto bene).** *nonn parlo italiâno (molto bééné)*
Pourriez-vous parler plus lentement?	**Può parlare più lentamente?** *pouo parlâré piou léntaménté*
Pourriez-vous répéter ça?	**Può ripetere?** *pouo ripétéré*
Pardon?/Qu'avez-vous dit?	**Prego?/Cosa ha detto?** *préégo/cosa a détto*
Comment ça s'écrit?	**Come si scrive?** *côme si skrîvé*
Pourriez-vous l'écrire, s.v.p.	**Lo scriva, per piacere.** *lo skrîva pér piatchééré*
Pourriez-vous traduire ça?	**Può tradurre questo?** *pouo tradourré couésto*
Qu'est-ce que ça veut dire?	**Cosa significa questo/quello?** *cosa significa couésto/couéllo*
Pourriez-vous me montrer la phrase dans le livre?	**Per piacere, indichi la frase nel libro.** *pér piatchééré inndiki la frâzé nel lîbro*
Je comprends.	**Capisco.** *capisco*
Je ne comprends pas.	**Non capisco.** *nonn capisco*
Est-ce que vous comprenez?	**Capisce?** *capiché*

– Fa tredici euro (Ça fait 13 euros.)
– Non capisco. (Je ne comprends pas.)
– Fa tredici euro. (Ça fait 13 euros.)
– Lo scriva, per piacere … Ah. 13 euro … Ecco.
(Pouvez-vous l'écrire, s.v.p.? … Ah, 13 euros. Voilà.)

GRAMMAIRE

En italien, on peut former les questions de la façon suivante:

1. par intonation de la voix
(Les pronoms sujets s'utilisent rarement, seulement lorsqu'on désire vraiment insister)

Parlo italiano.	Je parle italien.
Parla italiano?	Parlez-vous italien?

2. en inversant l'ordre des mots (➤12-17)

Quando apre il museo?	Quand le musée ouvre-t-il?

Où? Dove?

Où est-ce?	**Dov'è?** *dové*
Où allez-vous?	**Dove va?** *dové va*
au point de rendez-vous	**al punto d'incontro** *al pounto dinnconntro*
loin de moi	**lontano da me** *lonntâno da mé*
à l'étage d'en bas	**al piano inferiore** *al piâno infériôré*
de la France	**della Francia** *délla frannтchia*
(d')ici	**(da) qui** *(da) coui*
dans la voiture	**in automobile** *inn aoutomôbilé*
en Italie	**in Italia** *inn itâlia*
à l'intérieur	**dentro** *déntro*
près de la banque	**vicino alla banca** *vitchîno alla bannca*
à côté des pommes	**accanto alle mele** *acannto allé mééié*
en face du marché	**di fronte al mercato** *di fronnté al mércâto*
à gauche/à droite	**a sinistra/a destra** *a sinnistra/a déstra*
là-bas	**là** *la*
à l'hôtel	**all'albergo** *allalbérgo*
vers Florence	**verso Firenze** *vérso firénzé*
devant le café	**fuori del bar** *fouôri dél bar*
à l'étage d'en haut	**al piano superiore** *al piâno soupériôré*

Quand? Quando?

Quand le musée est-il ouvert?	**Quando apre il museo?** *couanndo apré il mouzéo*
A quelle heure arrive le train?	**Quando arriva il treno?** *couanndo arrîva il trééno*
il y a 10 minutes	**dieci minuti fa** *diétchi minouti fa*
après le déjeuner	**dopo pranzo** *dopo pranndzo*
toujours	**sempre** *sémpré*
vers minuit	**verso mezzanotte** *vérso médzannoté*
à 7 heures	**alle sette** *allé sété*
avant vendredi	**prima di venerdì** *prîma di vénérdi*
pour demain	**entro domani** *éntro domâni*
tôt/de bonne heure	**di buon'ora** *di bouonnôra*
chaque semaine/toutes les semaines	**ogni settimana/tutte le settimane** *ogni sétimâna/touté lé sétimâné*
pendant 2 heures	**per due ore** *pér doué ôré*
de 9h à 18h	**dalle nove alle diciotto** *dallé nôvé allé ditchoto*
tout de suite/immediatement	**subito/immediatamente** *soubito/immédiataménté*
dans 20 minutes	**in venti minuti** *inn vénti minnouti*
jamais	**non mai** *nonn maï*
pas encore	**non ancora** *nonn anncôra*
maintenant	**ora/adesso** *ôra/adésso*
souvent	**sovente/spesso** *sovénté/spésso*
le 8 mars	**l'otto marzo** *lotto martso*
pendant la semaine	**nei giorni feriali** *néi djorni fériâli*
quelquefois	**qualche volta** *coualké volta*
bientôt	**presto/fra poco** *présto/fra poco*
alors/ensuite/puis	**poi** *poï*
en 2 jours	**entro due giorni** *éntro doué djorni*

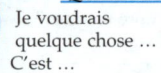

Quelle sorte de …? Che tipo di …?

Je voudrais quelque chose …	**Vorrei qualcosa …** *vorréi coualcôsa*
C'est …	**È … é**
agréable, beau / désagréable	**gradevole/bello(-a)/sgradevole** *gradéévolé/béllo(-a)/zgradéévolé*
beau / laid	**bellissimo(-a)/brutto(-a)** *béllissimo(-a)/brouto(-a)*
bon marché / cher	**a buon prezzo/caro(-a)** *a bouonn prétso/câro(-a)*
bon / mauvais	**buono(-a)/cattivo(-a)** *bouono(-a)/catïvo(-a)*
chaud / froid	**caldo(-a)/freddo(-a)** *caldo(-a)/fréddo(-a)*
délicieux / dégoûtant	**delizioso(-a)/disgustoso(-a)** *délitsiôzo(-a)/disgoustôzo(-a)*
étroit / large	**stretto(-a)/largo(-a)** *strétto(-a)/largo(-a)*
facile / difficile	**facile/difficile** *fatchilé/diffïtchilé*
grand / petit	**grande/piccolo(-a)** *granndé/piccolo(-a)*
haut / bas	**alto(-a)/basso(-a)** *alto(-a)/basso(-a)*
juste / faux	**giusto(-a)/sbagliato(-a)** *djousto(-a) zbaliâto(-a)*
libre / occupé	**libero(-a)/occupato(-a)** *libéro(-a)/ocoupâto(-a)*
lourd / léger	**pesante/leggero(-a)** *pésannté/lédjééro(-a)*
mieux / pire	**migliore/peggiore** *milyôré/pédjôré*
moderne / démodé	**moderno(-a)/antiquato(-a)** *modérno(-a)/anticouâto(-a)*
ouvert / fermé	**aperto(-a)/chiuso(-a)** *apérto(-a)/kioûso(-a)*
propre / sale	**pulito(-a)/sporco(-a)** *poulito(-a)/sporco(-a)*
sombre / clair	**scuro(-a)/chiaro(-a)** *skoûro(-a)/kiâro(-a)*
vide / plein	**vuoto(-a)/pieno(-a)** *vouôto(-a)/piééno(-a)*
vieux / neuf	**vecchio(-a)/nuovo(-a)** *vékio(-a)/nouôvo(-a)*
rapide / lent	**veloce/lento(-a)** *vélotché/lénto(-a)*

> Il y a deux genres en italien, le masculin et le féminin, et
> les adjectifs s'accordent en genre et en nombre avec le nom
> qu'ils qualifient.

Combien? Quanto/quanti?

C'est combien?	**Quanto costa?** *couannto costa*
Combien y en a-t-il?	**Quanti ce ne sono?** *couannti tché né sôno*
1/2/3	**uno(-a)/due/tre** *ouno(-a)/doué/tré*
4/5	**quattro/cinque** *couatro/tchinncoué*
aucun	**nessuno(-a)** *néssouno(-a)*
environ 10 euros	**circa dieci euro** *tchirca diètci éouroh*
un peu	**un poco** *oun poco*
beaucoup de circulation	**molto traffico** *molto traffico*
assez	**abbastanza/sufficiente** *abbastanntsa/souffitchiénté*
quelques / quelques-un(unes)	**alcuni(-e)/alcuni(-e) di loro** *alcouni(-é)/alcouni(-é) di lôro*
plus que ça	**più di quello(-a)** *piou di couéllo(-a)*
moins que ça	**meno di quello(-a)** *mééno di couéllo(-a)*
beaucoup plus	**molto di più** *molto di piou*
rien d'autre	**nient'altro** *niéntaltro*
trop	**troppo(-a)** *troppo(-a)*

Pourquoi? Perchè?

Pourquoi ça?	**Perchè?** *pérké*
Pourquoi pas?	**Perchè no?** *pérké no*
parce que je suis pressé(e)	**perchè ho fretta** *pérké o fréta*
Je ne sais pas pourquoi.	**Non so perchè.** *nonn so pérké*

CHIFFRES ➤ 216

15

Qui? / Lequel? Chi? / Quale?

Qui est là?	**Chi è?** _ki é_
C'est moi!	**Sono io!** _sôno io_
C'est nous!	**Siamo noi!** _siâmo noi_
quelqu'un	**qualcuno** _coualcouno_
personne	**nessuno** _néssouno_
Lequel/laquelle voulez-vous?	**Quale vuole?** _couâlé vouôlé_
un(e) comme ceci	**uno(-a) come quello(-a)** _ouno(-a) côme couéllo(-a)_
celui-là/celui-ci	**quello(-a)/questo(-a)** _couéllo(-a)/couésto(-a)_
pas celui(celle)-là	**non quello(-a)** _nonn couéllo(-a)_
quelque chose	**qualcosa** _coualcôsa_
rien	**nulla/niente** _noulla/niénté_
aucun	**nessuno(-a)** _néssouno(-a)_

A qui? Di chi?

A qui est ce?	**Di chi è quello(-a)?** _di ki é couéllo(-a)_
C'est …	**È …** _é_
à moi /à nous	**mio(-a)/nostro(-a)** _mio(-a)/nostro(-a)_
à vous	**Suo(-a)/tuo(-a)** _souo(-a)/touo(-a)_
à lui/à elle/à eux	**suo(-a)/di lui (di lei)/loro** _souo(-a)/di loui (di léi)/loro_

GRAMMAIRE

les pronoms

	masculin singulier	masculin pluriel	féminin singulier	féminin pluriel
mon/ma/mes	il mio	i miei	la mia	le mie
ton/ta/tes	il tuo	i tuoi	la tua	le tue
son/sa/ses	il suo	i suoi	la sua	le sue
notre/nos	il nostro	i nostri	la nostra	le nostre
votre/vos	il vostro	i vostri	la vostra	le vostre
votre/vos (polit. sing.)	il suo	i suoi	la sua	le sue
votre/vos (polit. plur.)	il loro	i loro	la loro	le loro
leur/leurs	il loro	i loro	la loro	le loro

Comment? Come?

Comment voulez-vous payer?	**Come desidera pagare?** *comé dézidéra pagaré*
Comment arrivez-vous ici?	**Come arriva qui?** *comé arriva coui*
en voiture	**in automobile/in macchina** *in aoutomôbilé/in makina*
avec une carte de crédit	**con carta di credito** *con carta di crédito*
par hasard	**per caso** *pér câzo*
également	**ugualmente** *ougoualménté*
extrêmement	**estremamente** *éstrémaménté*
à pied	**a piedi** *a piédi*
vite/rapidement	**presto** *présto*
lentement	**lentamente** *léntaménté*
trop vite	**troppo veloce** *troppo vélotché*
totalement	**totalmente** *totalménté*
très	**molto** *molto*
avec un(e) ami(e)	**con un amico/un'amica** *con oun amico/amica*

C'est …?/Y a-t-il …? È …?/Ci sono …?

C'est …?	**È …?** *é*
C'est libre?	**È libero(-a)?** *é libéro(-a)*
Ce n'est pas prêt.	**Non è pronto(-a).** *nonn é pronto(-a)*
Y a-t-il un(e)/des …?	**C'è un(-a)/Ci sono …?** *tché oun(-a)/tchi sôno …*
Y a-t-il un bus pour aller au centre?	**C'è un autobus per il centro?** *tché oun aoutobouss pér il tchéntro*
Y a-t-il des bus pour l'aéroport?	**Ci sono autobus per l'aeroporto?** *tchi sôno aoutobouss pér laéroporto*
Le/la/les voici.	**Eccolo(-a)/eccoli(-e).** *éccolo/éccoli*
Le/la/les voilà.	**È là/sono là.** *é la/sôno la*

Pouvoir Potere

Est-ce que je peux avoir …?	**Posso avere …?** *posso avééré*
Est-ce que nous pouvons avoir …?	**Possiamo avere …?** *possiâmo avééré*
Pouvez-vous me dire …?	**Può dirmi …?** *puoo dirmi*
Pouvez-vous m'aider?	**Può aiutarmi?** *puoo aioutârmi*
Est-ce que je peux vous aider?	**Posso aiutarli?** *posso aioutârvi*
Pouvez-vous m'indiquer le chemin pour …?	**Può indicarmi la via per …?** *puoo indicarmi la via pér*
Je ne peux pas.	**Non posso.** *nonn posso*

Qu'est-ce que vous voulez? Cosa desidera?/vuole?

Je voudrais …	**Vorrei …** *vorréi*
Est-ce que je peux avoir …?	**Posso avere …?** *Posso avéére*
Nous voudrions …	**Vorremmo …** *vorrémmo*
Donnez-moi …	**Mi dia …** *mi dia*
Je cherche …	**Cerco …** *tchérco*
Je dois …	**Devo …** *déévo*
aller …	**andare …** *andâré*
trouver …	**trovare …** *trovâré*
voir …	**vedere …** *védééré*
parler à …	**parlare a …** *parlâré a*

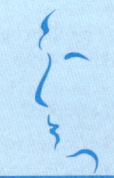

– Scusi! (Excusez-moi!)}
– *Sì? (Oui?)*
– Può aiutarmi? (Pouvez-vous m'aider?)
– *Sì, certamente. (Oui, bien sûr.)*
– Vorrei parlare al Signor Gambetti.
(Je voudrais parler à monsieur Gambetti.)
– *Un momento, per favore. (Un moment, s.v.p.)*

Autres mots utiles
Altre parole utili

heureusement	**fortunatamente** *fortounataménté*
J'espère que …	**Espero che …** *espééro ké*
bien sûr	**certo** *tchérto*
peut-être	**forse/possibilmente** *forsé/possibilménté*
probablement	**probabilmente** *probabilménté*
malheureusement	**sfortunatamente** *sfortounataménté*

Exclamations   Esclamazioni

Enfin!	**Finalmente!** *finalménté*
Zut!	**Maledizione!** *maléditsiôné*
Continuez.	**Continui.** *continoui*
Mon Dieu!	**Santo Cielo!** *sannto tchiéélo*
Incroyable!	**Incredibile!** *incrédibilé*
Ça ne me fait rien.	**Mi è indifferente.** *mi é indifférénté*
Pas question!	**Assolutamente no!** *assoloutaménté no!*
Ah bon?/Vraiment?	**Davvero?** *davvééro*
Quelles bêtises!	**Stupidaggini!** *stoupidadjini*
Ça suffit!	**Basta!** *basta*
C'est vrai.	**È vero.** *é vééro*
Comment ça va?	**Come vanno le cose?** *comé vanno lé côsé*
Bien, merci.	**Bene, grazie.** *bééné grâtsié*
super	**magnificamente** *magnificaménté*
formidable	**benissimo** *bénissimmo*
très bien	**molto bene** *bééné*
pas mal	**non male** *nonn mâlé*
assez bien	**abbastanza bene** *abbastanntsa bééné*
pas bien	**non bene** *nonn bééné*

Hébergement

Réservations	21	Besoins généraux	26
A la réception	22	Location (de logement)	28
Prix	24	Auberge de jeunesse	29
Décision	24	Camping	30
Problèmes	25	Départ	32

Il est indispensable de réserver tôt auprès de la plupart des principaux centres touristiques, en particulier pendant la haute saison ou lors d'événements spéciaux. Si vous ne réservez pas, vous trouverez dans la majorité des villes et points d'arrivée un bureau d'informations touristiques (**azienda di promozione turistica** ou **ufficio turistico**). L'organisation touristique italienne **E.N.I.T.** publie un répertoire annuel reprenant les 37 000 hôtels italiens, accompagnés d'informations concernant les tarifs minimums et maximums, ainsi que les équipements.

Une vaste gamme de logements est mise à votre disposition, des **locande** (auberges de campagne), aux **rifugi alpini** (refuges), en passant par les édifices historiques convertis, ainsi que:

albergo/hotel *albérgo/otél*

Les hôtels italiens sont classés comme étant **di lusso** (classe de luxe internationale), ou de **prima**, **seconda**, **terza**, **quarta categoria** (première, deuxième, troisième, quatrième catégorie).

Remarque: près des gares ferroviaires en particulier, se trouvent souvent des **alberghi diurni** («hôtels de jour»). Ces logements ne sont pas équipés pour la nuit, mais disposent de salles de bains, toilettes, salons de coiffure, et autres services similaires. La plupart ferment leurs portes à minuit.

motel *motél*

L'association automobile d'Italie possède une liste des motels recommandés.

pensióne *pénsi͜one*

Correspond à une pension de famille; elle propose généralement une **pensione completa** (pension complète), ou une **mezza pensione** (demi-pension).

ostello della gioventù *ostello délla djovéntou*

L'association italienne des auberges de jeunesse (**AIG**) publie un guide complet des auberges de jeunesse d'Italie (bureau principal: Via Cavour 44, Rome ☎ 06/4871152; vous pourrez également vous informer dans chacun des **CTS** (**Centro Turistico Studentesco**). Il est préférable de réserver.

Réservations Prenotazioni

A l'avance In anticipo

Pouvez-vous me recommander
un hôtel à …?
**Può consigliarmi
un albergo a …?**
pouo consilyarmi oun albérgo a

Est-ce près du centre-ville?
È vicino al centro città? *é vitchîno
al tchéntro tchita*

C'est combien la nuit?
Quanto costa per notte?
couannto costa pér notté

Y a-t-il quelque chose de
moins cher?
C'è qualcosa di più economico? *tché
coualcôsa di piou éconômico*

Pourriez-vous m'y réserver
une chambre, s.v.p.?
**Può prenotarmi una camera lì, per
piacere?** *pouo prénotarmi ouna
câmera li pér piatchééré*

Comment puis-je m'y rendre?
Come ci arrivo? *comé tchi arrîvo*

A l'hôtel All'albergo

Avez-vous des chambres libres?
Ha camere libere? *a câméré libéré*

Je regrette, nous sommes
complet.
Mi dispiace, siamo al completo. *mi
dispiatché siamo al commpléto*

Y a-t-il un autre hôtel près
d'ici?
C'è un altro albergo qui vicino?
tché oun altro albérgo coui vitchîno

Je voudrais une chambre pour
une/deux personnes.
Vorrei una camera singola/doppia.
vorréi ouna câmera sinngola/doppia

Une chambre avec …
Una camera con … *ouna câmera conn*

des lits jumeaux
due letti *doué léti*

un grand lit
un letto matrimoniale
oun léto matrîmonniâlé

une salle de bains/douche
un bagno/una doccia
oun bagno/ouna dotcha

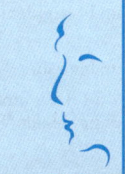

– Ha camere libere?
(Avez-vous des chambres libres?)
– Mi dispiace, siamo al completo.
(Je regrette, nous sommes complets.)
– C'è un altro albergo qui vicino?
(Y a-t-il un autre hôtel près d'ici?)
– Sì. Albergo «La Giara» è vicino.
(Oui. L'hôtel «La Giara» est près d'ici.)

Réception Ricezione

J'ai une réservation. Le nom est …	**Ho una prenotazione. Il nome è …** *o ouna prénotatsiǫné. il nǫmé é*
Nous avons réservé une chambre pour deux personnes et une chambre à un lit.	**Abbiamo prenotato una camera doppia e una camera singola.** *abbiǫmo prénotǫto ouna camméra doppia é ouna camméra sinngola*
J'ai confirmé par lettre.	**Ho confermato per lettera.** *o connférmǫto pér létéra*
Pourrions-nous avoir des chambres adjacentes?	**Possiamo avere camere adiacenti?** *possiǫmo avééré camméré adiatchénti*

Equipement et services Attrezzatura e servizi

Y a-t-il … dans la chambre?	**C'è … nella camera?** *tché nélla camméra*
la climatisation	**la climatizzazione** *la climatidzatsiǫne*
une télévision / un téléphone	**una televisione / un telefono** *ouna télévisiǫné / oun téléfonno*
Y a-t-il … à l'hôtel?	**L'albergo ha …** *lalbérgo a*
un service de laverie	**un servizio di lavanderia** *oun sérvitsio di lavanndéria*
la télévision par satellite	**la televisione via satellite** *la télévisiǫné via satéllité*
un solarium	**un solarium** *oun solǫrioum*
une piscine	**una piscina** *ouna pichîna*
Pourriez-vous mettre … dans la chambre?	**Può mettere … nella camera?** *pouǫ métérré … nélla camméra*
un lit supplémentaire	**un letto supplementare** *oun létto soupplémentǫré*
un berceau	**una culla** *ouna coulla*
Y a-t-il des aménagements pour enfants / handicapés?	**È attrezzato per i bambini / i clienti disabili?** *é atrédzǫto pér i bammbîni / i cliénti disǫbili*

Combien de temps ? Quanto tempo?

Nous resterons …	**Ci fermeremo …**
	tchi férméréémo
une nuit seulement	**solo per una notte**
	solo pér ouna notté
quelques jours	**per alcuni giorni** *pér alcouni djorni*
une semaine (au moins)	**una settimana (minimo)**
	ouna sétimâna (minnimmo)
Je ne sais pas encore.	**Non so ancora.** *nonn so anncora*
Je voudrais rester une nuit	**Vorrei fermarmi per un'altra notte.** *vorréi*
supplémentaire.	*férmarmi pér ounaltra notté*

> – Buon giorno. Il nome è Jean Dupont.
> (Bonjour. Je m'appelle Jean Dupont.)
> – Ah, buona sera, Signor Dupont. (Bonjour monsieur Dupont.)
> – Vorrei fermarmi per due notte. (Je voudrais rester 2 nuits.)
> – Ah sì. Firmi qui, per piacere.
> (Ah oui. Veuillez signer ici, s.v.p.)

Posso vedere il suo passaporto, per piacere?	Est-ce que je peux voir votre passeport, s.v.p.?
Per piacere compili questo modulo/firmi qui.	Veuillez remplir cette fiche/ signer ici, s.v.p.
Qual'è il suo numero di targa?	Quel est votre numéro d'immatriculation?

SOLO CAMERE EURO …	chambre seule … euros
COLAZIONE COMPRESA	petit déjeuner compris
RISTORANTE	restaurant
IL COGNOME/IL NOME	nom/prénom
L'INDIRIZZO/IL DOMICILIO/ LA VIA/IL NUMERO	address/lieu de rési- dence/rue/numéro
LA NAZIONALITÀ/LA PROFESSIONE	nationalité/profession
LA DATA/IL LUOGO DI NASCITA	date/lieu de naissance
IL NUMERO DI PASSAPORTO	numéro de passeport
IL NUMERO DI TARGA DEL VEICOLO	numéro d'immatriculation du véhicule
IL LUOGO/LA DATA	lieu/date
LA FIRMA	signature

Prix Prezzo

Quel est le prix …?	**Quant'è …?** *couannté*
par nuit / semaine	**per notte / per settimana** *pér notté / pér séttimâna*
pour la chambre et le petit déjeuner	**per il pernottamento e la (prima) colazione** *pér il pérnotamménto é la (prîma) colatsiônê*
sans les repas	**pasti esclusi** *pasti éscloûzi*
pour la pension complète	**per la pensione completa** *pér la pénsiônê commplêta*
pour la demi-pension	**per la mezza pensione** *pér la métsa pénsiônê*
Est-ce-que cela comprend …?	**Il prezzo include …?** *il prétso inncloûdé*
le petit déjeuner	**la (prima) colazione** *la (prîma) colatsiônê*
la T.V.A.	**l'IVA (Imposta Valore Aggiunto)** *liva (immposta valoré adjiounto)*
Dois-je verser des arrhes?	**Devo pagare un anticipo?** *déévo pagâré oun anntiïcipo*
Y a-t-il une réduction pour les enfants?	**Ci sono sconti per i bambini?** *tchi sôno sconnti pér i bammbîni*

Décision Decisione

Puis-je voir la chambre?	**Posso vedere la camera?** *posso védééré la camméra*
C'est bien. Je la prends.	**Va bene. La prendo.** *va bééné. la préndo*
Elle est trop …	**È troppo …** *é troppo*
sombre / petite	**buia / piccola** *bouia / piccola*
bruyante	**rumorosa** *roumorôza*
Avez-vous quelque chose de …?	**Ha qualcosa di …?** *a coualcoza di*
plus grand / moins cher	**più grande / più economico** *piou granndé / piou éconnommico*
plus calme / plus chaud	**più tranquillo / più caldo** *piou tranncouillo / piou caldo*
Non, je ne la prends pas.	**No, non la prendo.** *no nonn la préndo*

Problèmes Problemi

Le/La ... ne marche pas.
... non funziona.
nonn fountsiǫna

climatisation
la climatizzazione
la climatidzatsiǫne

ventilateur
il ventilatore *il véntilatǫré*

chauffage
il riscaldamento *il riscaldaménto*

lumière
la luce *la loutché*

Je ne peux pas allumer/
éteindre le chauffage.
**Non posso accendere/spegnere il
riscaldamento.** *nonn posso atchén-
déré/spégnéré il riscaldaménto*

Il n'y a pas d'eau chaude/
de papier toilette.
Non c'è acqua calda/carta igienica.
*nonn tché acoua calda/carta
idjénica*

Le robinet fuit.
Il rubinetto perde.
il roubinéto pérdé

Le lavabo/cabinet est bouché.
Il lavabo/gabinetto è bloccato.
il lavabo/gabinétto é blocâto

La fenêtre/porte est coincée.
La finestra/porta è bloccata.
la finéstra/porta é blocâta

Ma chambre n'a pas été faite.
La mia camera non è stata rifatta. *la
mia camméra nonn é stata rifata*

Le/la ... est cassé(e).
... è rotto(-a). *é rotto(-a)*

store
la tapparella *la tapparélla*

serrure
la serratura *la sérratoûra*

Il y a des insectes dans notre
chambre.
Ci sono insetti nella nostra camera.
tchi sǫno innsétti nélla nostra camméra

Action Azione

Pouvez-vous le/la contrôler?
Può farlo(-a) controllare?
pouǫ farlo(-a) conntrollâré

Je voudrais changer de chambre.
Vorrei cambiare camera.
vorréi cammbiâré camméra

Je voudrais parler au directeur.
Vorrei parlare con il direttore.
vorréi parllâré conn il diréttǫré

A propos de l'hôtel In albergo

Où sont les toilettes?	**Dove sono i gabinetti?** *Dové sôno i gabinétti*
Où est le/la/l' …?	**Dov'è …?** *dové*
ascenseur	**l'ascensore** *lachénsôré*
bar	**il bar** *il bar*
douche	**la doccia** *la dotcha*
parking	**il parcheggio** *il parkédjo*
piscine	**la piscina** *la pichîna*
salle à manger	**la sala da pranzo** *la sâla da pranndzo*
tableau d'affichage de l'agence de voyages	**la bacheca dell'agente di viaggio** *la bakéca délladjénté di viadjo*
L'hôtel a-t-il un garage?	**L'albergo ha un garage?** *lalbérgo a oun garadjé*
A quelle heure fermez-vous la porte d'entrée?	**A che ora chiude la porta d'ingresso?** *a ké ora kioûdé la porta dinngrésso*
A quelle heure servez-vous le petit déjeuner?	**A che ora è servita la (prima) colazione?** *a ké ôra é sérvita la (prima) colatsiônê*
Y a-t-il un service de chambre?	**C'è servizio camera?** *tché sérvitsio camméra*

SOLO PER RASOI	seulement pour rasoirs
USCITA D'EMERGENZA	sortie de secours
PORTA ANTINCENDIO	porte coupe-feu
NON DISTURBARE	ne pas déranger
FARE … PER OTTENERE	composer le … pour
LA LINEA ESTERNA	l'extérieur

26

Besoins personnels Richieste personali

La clé de la chambre …, s.v.p.	**La chiave della camera …, per piacere.** *la kiâvé délla camméra … pér piatchééré*
J'ai perdu ma clé.	**Ho perso la mia chiave.** *o pérso la mia kiâvé*
Je me suis enfermé(e) dehors.	**Mi sono chiuso(-a) fuori della camera.** *mi sôno kioûso(-a) fouôri délla camméra*
Pourriez-vous me réveiller à …?	**Può svegliarmi alle …?** *pouô zvélyiarmi allé*
Je voudrais le petit déjeuner dans ma chambre.	**Vorrei la (prima) colazione in camera.** *vorréi la (prîma) colatsiôné inn camméra*
Puis-je laisser ceci dans le coffre-fort?	**Vorrei mettere questo in cassaforte.** *vorréi méttéré couésto in cassaforté*
Puis-je prendre mes affaires dans le coffre-fort?	**Vorrei ritirare le mie cose nella cassaforte.** *vorréi ritirâré lé mié côzé nélla cassaforté*
Où est notre représentant?	**Dov'è il nostro rappresentante?** *dové il nostro rappréséntannté*
la femme de chambre	**la cameriera** *la cammériééra*
un portier d'hôtel	**un portiere** *oun portiééré*
Puis-je avoir un/une/du/des …?	**Posso avere …?** *pôsso avééré*
serviette de bain	**un asciugamano** *oun achougamâno*
couverture	**una coperta** *ouna copérta*
cintres	**grucce per abiti** *groutché pér âbiti*
oreiller	**un cuscino** *oun couchîno*
savon	**del sapone** *dél sapôné*
Y a-t-il du courrier pour moi?	**C'è posta per me?** *tché posta pér mé*
Y a-t-il des messages pour moi?	**Ci sono messaggi per me?** *tchi sôno méssadji pér mé*

PETIT DEJEUNER ➤ 43; CHANGER DE L'ARGENT ➤ 138

Location (de logement) In affitto

Nous avons réservé un appartement / une villa au nom de …
Abbiamo prenotato un appartamento/una villa a nome di … *abbiâmo prénotato oun appartamménto/ ouna villa a nômé di*

Où devons-nous prendre les clés?
Dove possiamo prendere le chiavi? *dôvé possiâmo préndéré lé kiâvi*

Où est le / la …?
Dov'è …? *dové*

compteur électrique
il contatore dell'elettricità *il conntatôré déll élétritchita*

robinet
il rubinetto *il roubinnéto*

chauffe-eau
lo scaldacqua *lo scaldacoua*

Où sont les fusibles?
Dove sono i fusibili *dôvé sôno i fouzîbili*

Y a-t-il des … de rechange?
Ci sono … di ricambio? *tchi sôno … di ricammbio*

fusibles
fusibili *fouzîbili*

bouteilles de gaz
bombole di gas *bommbolé di gaz*

draps
lenzuoli *léntsouôli*

Quel jour vient la femme de ménage?
In che giorno viene la cameriera? *in ké djorno viééné la cammériééra*

Où / Quand dois-je sortir les poubelles?
Dove/Quando si mettono fuori i rifiuti? *dôvé/couanndo si méttonno fouôri i rifiouti*

Problèmes? Problemi?

Où est-ce que je peux vous contacter?
Dove posso contattarla? *dôvé posso conntatârla*

Comment fonctionne la cuisinière / le chauffe-eau?
Come funziona la cucina/lo scaldacqua? *cômé fountsiôna la coutchîna/ lo scaldacoua*

… est sale / sont sales.
… è sporco(a)/sono sporchi(-e). *… é sporco(a)/sôno sporki(-é)*

Il / la … ne functionne pas.
Il/la/lo … non funziona. *il/la/lo … nonn fountsiôna*

Nous avons cassé / perdu …
Abbiamo rotto/perso … *abbiâmo roto/pérso*

Termes utiles Espressioni utili

bouilloire	**il bollitore** *il bollitôré*
casserole	**la pentola** *la péntola*
chauffe-eau	**lo scaldacqua** *lo scaldacoua*
congélateur	**il congelatore** *il conndjélatôré*
couverts	**i coperti** *i copérti*
cuisinière à gaz/électrique	**la cucina a gas/elettrica** *la coutchîna a gaz/ élétrica*
lampe	**la lampada** *la lammpada*
machine à laver	**la lavatrice** *la lavatritché*
papier-toilette	**la carta igienica** *la carta idjénica*
poêle	**la padella** *la padélla*
réfrigérateur	**il frigorifero** *il frigoriféro*
vaisselle	**le stoviglie** *lé stovilyé*

Chambres Camere

balcon	**il balcone** *il balcône*
chambre à coucher	**la camera da letto** *la camméra da léto*
cuisine	**la cucina** *la coutchîna*
salle à manger	**la sala da pranzo/il tinello** *la sâla da pranndzo/il tinéllo*
salle de bains	**il bagno** *il bagno*
salle de séjour/le salon	**il soggiorno** *il sodjorno*
toilettes/WC	**la toletta/il gabinetto** *la tolétta/il gabinétto*

Auberge de jeunesse Ostello della gioventù

Avez-vous des places pour ce soir?	**Avete posti liberi per questa notte?** *avéété posti libéri pér couésta notté*
Louez-vous des draps?	**Noleggiate la biancheria da letto?** *nolédjâté la biannkéria da léto*
A quelle heure fermez-vous?	**A che ora chiudete?** *a ké ora kioudéété*

BESOINS GENERAUX ➤ 26; CAMPING ➤ 30

Camping Campeggio
Réservation Prenotazioni

Y a-t-il un camping près d'ici?
C'è un campeggio qui vicino?
tché oun cammpédjo coui vitchîno

Avez-vous de la place pour une tente/une caravane?
Avete un posto per una tenda/una carovana? *avéété oun posto pér ouna ténda/ouna carovâna*

Quel est le tarif …?
Quanto costa …? *couannto costa*

par jour/semaine
al giorno/alla settimana *al djorno/alla sétimâna*

pour une tente/voiture
per una tenda/un'auto(mobile) *pér ouna ténda/ounaouto (oun aoutomobilé)*

pour une caravane
per una carovana *pér ouna carovâna*

Equipements Attrezzature

Est-il possible de faire la cuisine sur le terrain?
Ci sono attrezzature per cucinare? *tchi sôno atrétsatoûré pér coutchinâré*

Y a-t-il des prises électriques?
Ci sono delle prese di corrente? *tchi sôno déllé préézé di corrénté*

Où est le/la/l' …?
Dov'è ...? *dové*

eau potable
l'acqua potabile *lacoua potâbilé*

point lavage
la lavanderia *la lavanndéria*

Où sont les …?
Dove sono …? *dôvé sôno …*

poubelles
i cassettoni per i rifiuti *i cassétôni pér i rifiouti*

douches
le docce *lé dotché*

Où puis-je acheter du camping-gaz?
Dove si compra il campingas? *dové si commpra il cammpingaz*

CAMPEGGIO VIETATO — camping interdit
ACQUA POTABILE — eau potable
VIETATO ACCENDERE FUOCHI/ CUCINARE ALL'APERTO — feux/barbecues interdits

Plaintes Reclami

Il y a trop de soleil/d'ombre/ de gens ici.	**È troppo esposto al sole/ombreggiato/affollato.** *é troppo ésposto al sôlé/ommbrédjato/affollâto*
Le sol est trop dur/inégal.	**Il terreno è troppo duro/in dislivello.** *il térréeno é troppo doûro/in dislivéllo*
Y-a-t-il un emplacement plus plat?	**C'è uno spazio più livellato?** *tché ouno spatsio piou livélláto*
On ne peut pas camper ici.	**Qui non si può campeggiare.** *coui nonn si pouo cammpédjâré*

Matériel de camping Attrezzatura per campeggio

allumettes	**i fiammiferi** *i fiammiféri*
charbon	**il carbone** *il carbôné*
camping-gaz	**il campingas** *il cammpingaz*
(grand) piquet de tente	**il palo della tenda** *il palo délla ténda*
lit de camp	**il lettino da campeggio** *il létĩno da cammpédjo*
maillet	**il maglio** *il malyio*
marteau	**il martello** *il martéllo*
matelas (pneumatique)	**il materasso (di gomma)** *il matérasso (di gomma)*
paraffine	**la paraffina** *la paraffína*
pétrole	**il petrolio** *il pétrolyo*
piquets de tente	**i picchetti** *i pikétti*
réchaud (de camping)	**il fornello da campeggio** *il fornéllo da cammpédjo*
torche	**la torcia** *la tortchia*
sac à dos	**lo zaino** *lo dzaïno*
sac de couchage	**il sacco a pelo** *il sacco a péélo*
tente	**la tenda** *la ténda*
tapis de sol	**il telo per il terreno** *il téélo pér il térréeno*

Départ Partenza

Les clients sont légalement tenus d'être en possession d'un reçu (**ricevuta fiscale**) pour tout service ou bien acheté, en quittant hôtels, magasins et restaurants.

Pourboire: le service est généralement inclus dans les notes d'hôtel et de restaurant. Néanmoins, si le service s'est avéré particulièrement satisfaisant, vous pouvez laisser un pourboire supplémentaire.

A quelle heure devons-nous libérer les chambres?	**A che ora dobbiamo lasciare libere le camere?** *a ké ôra dobbiâmo lachâré libéré lé camméré*
Pourrions-nous laisser nos bagages ici jusqu'à … heures?	**Possiamo lasciare i nostri bagagli qui fino alle …?** *possiâmo lachâré i nostri bagalyi coui fino allé …*
Je pars maintenant.	**Parto ora.** *parto ôra*
Pourriez-vous m'appeler un taxi, s.v.p.?	**Può chiamarmi un tassì, per piacere?** *pouo kiamarmi oun tassi pér piatchééré*
J'ai passé un très bon séjour.	**È stato un soggiorno molto piacevole.** *é stâto oun sodjorno molto piatchéévolé*

Paiement Pagare

Puis-je avoir ma note, s.v.p.?	**Posso avere il conto, per favore?** *posso avééré il connto pér favôré*
Je crois qu'il y a une erreur sur cette note.	**Penso che ci sia un errore in questo conto.** *pénso ké tchi sia oun érrôré inn couésto connto*
J'ai passé … coups de téléphone.	**Ho fatto … telefonate.** *o fato … téléfonnâté*
J'ai pris … au mini-bar.	**Ho preso … dal minibar.** *o prééz o … dal minibar*
Je voudrais une note détaillée, s.v.p.	**Vorrei un conto dettagliato, per favore.** *vorréi un connto détalyâto pér favôré*

Portier	Femme de ménage, pourboire par semaine	Serveur
1 euro	6 euros	5–10%

HEURES ➤ 220

La table

Restaurants	33	Potages et soupes	44
La cuisine italienne	34	Poissons et fruits de mer	45
Chercher un restaurant	35	Viandes	46
Réservations	36	Légumes/Salades	47
Commander	37	Fromages/Desserts	48
Restauration rapide/Café	40	Boissons	49
Réclamations	41	Vins	49
Paiement/Pourboire	42	Autres boissons	51
Plats	43	Boissons sans alcool	51
Petit déjeuner	43	Glossaire italien de l'alimentation	52
Hors-d'œuvre	43		

Restaurants Ristoranti

Autogrill *aoutogril*

Grand restaurant en bord d'autoroute; proposant généralement un service de table et une cafétéria.

Bar *bar*

Bar; situé à presque chaque coin de rue; cafés et boissons y sont proposés. Vous devez d'abord vous procurer un ticket à la caisse dans la plupart de ceux-ci. Rendez-vous ensuite au comptoir pour y commander ce que vous désirez.

Caffé *café*

Café-restaurant; on n'y sert généralement pas de repas, excepté le petit déjeuner. S'ils proposent des **panini** (sandwiches) ou des toasts, vous pourrez y consommer une collation.

Gelateria *djélatéria*

Glacier; la glace italienne est très savoureuse, riche et crémeuse, rappelant souvent la glace à l'ancienne, faite maison.

Locanda *locannda*

Simples restaurants servant des plats régionaux.

Osteria *ostéria*

Auberge; offrant du vin et des repas simples.

Paninoteca *panînotéca*

Sandwicherie proposant une grande variété de sandwiches (**panini**) servis chauds ou froids.

Ristoranti *ristorannti*

Vous verrez des restaurants tantôt classés par des étoiles, tantôt par des fourchettes et des couteaux, caractérisant tous les établissements, y compris les agences de voyages, associations automobiles et gastronomiques. Certains restaurants sont jugés selon leur décor fantaisiste, tandis que d'autres – étoffes et chandeliers mis à part – sont simplement classés sur la base de la qualité de leur cuisine.

Trattoria *trattoria*

Restaurant à prix moyen servant repas et boissons. La nourriture y est simple mais peut s'avérer surprenante, si vous avez la chance de choisir le bon endroit. Un genre plus modeste de **trattoria** est la **taverna**. Ne perdez pas de vue que certains restaurants très chers peuvent s'appeler **Osteria, Trattoria** ou **Taverna**.

La majorité des restaurants affichent un menu en vitrine. Nombre d'entre eux offrent un menu touristique (**menù turistico**), un menu à prix fixe avec trois ou quatre plats dans un choix limité ou la spécialité du jour (**piatto del giorno**).

Tous les restaurants, quelle que soit leur modestie, sont tenus de délivrer une addition officielle (**la ricevuta fiscale**) détaillant la TVA (**I.V.A.**). Tout client peut en fait être interpellé hors des lieux, et se voir infliger une amende s'il n'est pas en mesure de présenter ce reçu. L'addition comprend généralement le couvert (**il coperto**) et le service (**il servizio**). Il vous sera peut-être difficile de trouver un restaurant avec une zone non-fumeur.

Heures des repas Orari dei pasti

la (prima) colazione *la (prîma) colatsiône*

Le service du petit déjeuner dans les hôtels a généralement lieu entre 7 h et 10 h du matin. Les hôtels proposent fréquemment du café ou du thé, du pain, du beurre et de la confiture.

il pranzo *il pranndzo*

Le déjeuner est pris entre 12.30 h et 14 h.

la cena *la tchéna*

Le dîner commence à 19 h ou 20 h, mais les hôtels ont tendance à ouvrir leur salle à manger plus tôt pour les touristes étrangers. Les dénominations des repas peuvent prêter à confusion. Le déjeuner est parfois appelé **colazione** et le dîner **pranzo**, surtout en ville.

Cuisine italienne Cucina italiana

La cuisine italienne ne se limite pas aux pâtes. Vous serez étonné par la richesse de sa variété: savoureux hors-d'œuvres, potages longuement mijotés, plats de viande traditionnels, poissons frais et fruits de mer, volailles de qualité supérieure, un choix incroyable de fromages, sans parler des succulents gâteaux et glaces. Chacune des 18 régions d'Italie a sa propre spécialité, dont la saveur et l'originalité ne feront jamais défaut, et inspirée par les fruits et légumes inondés de soleil.

ESSENTIEL

Une table pour …	**Un tavolo per …**
	oun tâvolo pér
1/2/3/4	**uno(-a)/due/tre/quattro**
	ouno(-a)/doué/tré/couattro
Merci.	**Grazie.** *grâtsié*
L'addition, s.v.p.	**Il conto, per piacere.**
	il connto pér piatchééré

Chercher un restaurant Trovare un ristorante

Pouvez-vous nous conseiller un bon restaurant?	**Ci può consigliare un buon ristorante?** *tchi pouò consilyâré oun bouonn ristorannté*
Y a-t-il un restaurant … près d'ici?	**C'è un ristorante … qui vicino?** *ché oun ristorannté… coui vitchîno*
qui fait de la cuisine traditionnelle	**con cucina tradizionale** *conn coutchîna traditsionnâlé*
chinois/grec	**cinese/greco** *tchinnésé/gréco*
français	**francese** *franntchéésé*
turc	**turco** *tourco*
végétarien	**vegetariano** *védjétariâno*
bon marché	**buon mercato** *bouonn mércâto*
Où puis-je trouver un/une …?	**Dove si trova …?** *dôvé si trôva*
kiosque à hamburger	**un chiosco dove vendono hamburger** *oun kiosco dôvé véndono hamburger*
bar	**un bar** *oun bar*
bar avec terrasse/jardin	**un bar con terrazza/giardino** *oun bar con térratsa/djardîno*
restauration rapide/fast-food	**una tavola calda (un self-service)** *ouna tâvola calda (oun «self-service»)*
glacier	**una gelateria** *ouna djélatéria*
pizzeria	**una pizzeria** *ouna pittséria*
restaurant-grill	**ristorante specializzato in bistecche** *ristorannté spétchaliddzâto in bistékké*

DIRECTIONS ➤ 94

Réserver Prenotare

Je voudrais réserver une table pour 2 personnes.
Vorrei prenotare un tavolo per due.
vorréi prénotâré oun tavolo pér doué

Pour ce soir/demain à … heures.
Per questa sera/domani alle …
pér couésta séra/domâni allé

Nous viendrons à 20 h.
Arriveremo alle ore venti.
arrivéréémo allé oré vénti

Une table pour 2, s.v.p.
Un tavolo per due, per piacere. *oun tavolo pér doué pér piatchééré*

Nous avons une réservation.
Abbiamo una prenotazione.
abbiâmo ouna prénotatsiôné

A che nome, prego? C'est à quel nom, s.v.p.?

Mi dispiace. Siamo al completo. Je regrette. Nous sommes complets.

Avremo un tavolo libero fra … minuti. Nous aurons une table libre dans … minutes.

Dovrà ritornare fra … minuti. Revenez dans … minutes.

Où s'asseoir Dove sedersi

Pouvons-nous nous asseoir …?
Possiamo sederci …?
possiâmo sédértchi

là-bas
là *la*

dehors
fuori *fouori*

dans une section non-fumeur
in una zona per non fumatori
in ouna dzona pér non foumatori

près de la fenêtre
vicino alla finestra
vitchîno alla finéstra

– Vorrei prenotare un tavolo per questa sera.
(Je voudrais réserver une table pour ce soir.)
– Per quante persone? (Pour combien de personnes?)
– Per quattro. (Pour quatre.)
– A che ora arriva? (A quelle heure arriverez-vous?)
– Arriveremo alle ore venti. (Nous arriverons à vingt heures.)
– E il nome, per favore? (Et, c'est à quel nom, s.v.p.?)
– Dupont. D-U-P-O-N-T.
– Bene. A questa sera. (Très bien, alors à ce soir.)

Commander Ordinare

Monsieur! / Mademoiselle!	**Cameriere! / Cameriera!** *cammiériééré / cammiérié̱éra*
Puis-je avoir la carte des vins, s.v.p.?	**Può portarmi la lista dei vini, per piacere?** *pouo portârmi la li̱sta dé̱i vi̱ni pér piatché̱éré*
Avez-vous un menu à prix fixe?	**Ha un menù fisso?** *a oun mé̱nou fi̱sso*
Pouvez-vous me recommander des spécialités régionales?	**Può consigliarmi dei piatti tipici della regione?** *pouo consilyârmi dé̱i piatti ti̱pitchi dé̱lla ré̱djo̱né*
Qu'y a-t-il dedans?	**Cosa c'è dentro?** *cosa tché dé̱ntro*
Qu'est-ce que vous avez comme …?	**Che tipo di … ha?** *ké ti̱po di … a*
Je voudrais …	**Vorrei …** *vorré̱i*
Je prendrai …	**Prendo …** *pré̱ndo*
une bouteille / un verre / une carafe de …	**una bottiglia / un bicchiere / una caraffa di …** *o̱una botti̱lya / oun bikkié̱éré / o̱una cara̱ffa di*

È pronto(-a) per ordinare?	Vous désirez commander?
Cosa prende / desidera?	Qu'est-ce que vous prendrez?
Vuole ordinare prima le bibite?	Voulez-vous commander les boissons pour commencer?
Consiglio …	Je vous conseille …
Non abbiamo …	Nous n'avons pas de …
Ci vogliono … minuti.	Il faudra attendre … minutes.
Buon appetito!	Bon appétit.

–*È pronto(-a) per ordinare? (Vous désirez commander?)*
– Può consigliarci qualcosa di tipicamente italiano?
(Pouvez-vous nous conseiller des spécialités italiennes?)
– *Sì, consiglio il saltimbocca alla romana.*
(Oui. Je vous conseille le «saltimbocca alla romana».)
– D'accordo, prendo quello. (D'accord, je le prends.)
– *Benissimo. E cosa vuole bere? (Très bien, et comme boissons?)*
– Una caraffa di vino rosso, per piacere.
(Une carafe de vin rouge, s.v.p.)

QUELLE SORTE DE … ? ➤ 14; BOISSONS ➤ 49

Accompagnements Contorni

Je préfère … sans …	**Preferisco … senza …** *préférisco … séntsa*
Avec … comme accompagnement.	**Con un contorno di …** *con oun conntorno di*
Est-ce que je pourrais avoir une salade à la place des légumes?	**Si può avere insalata al posto dei legumi?** *si pouo avééré innsalata al posto déi légoûmi*
Le plat est-il servi avec des légumes / pommes de terres?	**Il piatto include legumi/patate?** *il piatto innkloûdé légoûmi/patâté*
Est-ce que vous voulez … avec cela?	**Vuole … con il suo piatto?** *vouôlé … conn il souo piatto*
des légumes	**legumi/verdure** *légoûmi/vérdoûré*
de la salade	**insalata** *innsalâta*
des pommes de terre / des frites	**patate/patatine fritte** *patâté/patatiné fritté*
de la sauce	**la salsa** *la salsa*
Puis-je avoir du / de la / de l'/des …?	**Mi può dare …?** *mi pouo dâré*
assaisonnement (huile / vinaigre)	**dei condimenti (olio/aceto)** *déi conndiménti (olyo/atchéto)*
beurre	**del burro** *dél bourro*
citron	**del limone** *dél limôné*
édulcorant	**dello zucchero dietetico** *déllo dzoukkéro diétético*
glaçons	**del ghiaccio** *dél ghiatcho*
moutarde	**della senape** *délla sénapé*
pain	**del pane** *dél pâné*
poivre	**del pepe** *dél pépé*
sel	**del sale** *dél sâlé*
sucre	**dello zucchero** *déllo dzoukéro*
vinaigrette	**del pinzimonio** *dél pindzimônio*

Questions d'ordre général
Richieste generali

Pourriez-vous m'apporter un/ une … (propre) s.v.p.?	**Può portarmi … (pulito), per piacere?** *pouo portarmi … (poulito) pér piatchééré*
assiette / cuillère / petite cuillère	**un piatto / un cucchiaio / un cucchiaino** *oun piatto / oun coukiaio / oun coukiaîno*
cendrier	**un portacenere** *oun portatchénéré*
fourchette / couteau	**una forchetta / un coltello** *ouna forkétta / oun coltéllo*
serviette	**un tovagliolo** *oun tovalyolo*
tasse / verre	**una tazza / un bicchiere** *ouna tatsa / oun bikiééré*
Je voudrais un peu plus de … s.v.p.	**Vorrei ancora un pò di …, per piacere.** *vorréi anncôra oun po di … pér piatchééré*
Plus rien, merci.	**Nient'altro, grazie.** *niéntaltro grâtsié*
Où sont les toilettes?	**Dove sono le tolette?** *dôvé sôno lé tolétté*

Régimes spéciaux Richieste particolari

Je ne dois pas manger de plats contenant du …	**Non devo mangiare piatti che contengono …** *non déévo mandjâré piatti ké connténgono*
sel / sucre	**sale / zucchero** *sâlé / tsoukéro*
Avez-vous des repas / boissons pour diabétiques?	**Ha piatti / bevande per diabetici?** *a piatti / bévanndé pér diabétitchi*
Avez-vous des repas végétariens?	**Ha piatti vegetariani?** *a piatti védjétariâni*

Pour les enfants Per i bambini

Faites-vous des portions enfants?	**Fate porzioni per bambini?** *faté portsiôni pér bammbîni*
Pourrions-nous avoir une chaise haute (pour le bébé) s.v.p.?	**Può portare una seggiola per bambini, per piacere?** *pouo portâré ouna sédjola pér bammbîni pér piatchééré*

Restauration rapide/Café
Bar/tavola calda

Les bars et cafés jouent un rôle important dans la vie italienne; on les trouve à presque chaque coin de rue. Ils constituent un lieu idéal pour qui souhaite rencontrer d'autres personnes, se reposer, rédiger des cartes postales, étudier une carte ou simplement contempler les passants, en sirotant un cappuccino ou une bière. Le personnel des bars est d'ordinaire sympathique et constitue une mine d'informations locales.

Boissons… Qualcosa da bere

Je voudrais un/une/du …	**Vorrei …** *vorréi*
bière	**una birra** *ouna birra*
café	**un caffè/un espresso** *oun caffé/oun ésprésso*
thé	**un tè** *oun té*
vin rouge/blanc	**del vino rosso/bianco** *dél vino rosso/biannco*

Et nourriture … E da mangiare …

Un morceau/une tranche de …, s.v.p.	**Un pezzo/una fetta di …, per piacere** *oun pétso/ouna fétta di … pér piatchééré*
J'en voudrais deux.	**Vorrei due di quelli(e).** *vorréi doué di couélli (é)*
un hamburger/des frites	**un hamburger/delle patatine fritte** *oun hamburger/déllé pataṯiné frité*
un gâteau/un sandwich	**una torta/un panino** *ouna torta/oun pannino*

un gelato *oun djélâṯo*
Glace; parmi les parfums, citons: **alla vaniglia** ou **alla crema** (vanille), **al cioccolato** (chocolat), **alla fragola** (fraise), **al limone** (citron), **misto** (panachée).

un panino imbottito *oun pannino immbotṯiṯo*
Sandwich; vous pouvez demander que le vôtre soit: **al formaggio** (fromage), **al prosciutto cotto** (jambon), **al prosciutto crudo** (jambon de Parme) ou **al salame** (saucisson).

Une … portion, s.v.p.	**Una porzione …, per piacere.** *ouna portsioné … pér piatchééré*
petite	**piccola** *piccola*
moyenne	**regolare** *régolâré*
grosse	**grande** *granndé*

– *Cosa prende? (Vous désirez?)*
– Due caffé, per piacere. (Deux cafés, s.v.p.)
– Espresso o con latte?
(Express ou au lait?)
Con latte, per piacere. (Au lait, s.v.p.)
– *Nient'altro? (Et avec ça?)*
– No, nient'altro, grazie. (C'est tout, merci.)

Réclamations Reclami

Je n'ai pas de couteau/fourchette/cuillère.	**Non ho il coltello/la forchetta/il cucchiaio.** *nonn o il coltéllo/la forkétta/il coukiâio.*
Il doit y avoir une erreur.	**Deve esserci un errore.** *dévé éssértchi oun érrôré*
Ce n'est pas ce que j'ai commandé.	**Non ho ordinato questo.** *nonn o ordinnâto couésto*
J'ai commandé …	**Ho ordinato …** *o ordinnâto*
J'ai demandé …	**Ho chiesto …** *o kiésto …*
Je ne peux pas manger cela.	**Non posso mangiare questo.** *nonn posso mandjâré couésto*
La viande est …	**La carne è …** *la carné é*
trop cuite	**troppo cotta** *troppo cotta*
pas assez cuite	**non abbastanza cotta** *nonn abbastanntsa cotta*
trop dure	**troppo dura** *troppo doûra*
C'est trop …	**Questo è troppo …** *couésto é troppo*
amer/acide	**amaro/acido** *ammâro/atchido*
Ce plat est froid.	**Questo piatto è freddo.** *couésto piâtto é fréddo*
Ça n'est pas frais.	**Questo non è fresco.** *couésto non é frésco*
Il y en a encore pour combien de temps?	**Quanto dobbiamo aspettare ancora?** *couannto dobbiâmo aspéttâré anncôra*
Nous ne pouvons plus attendre. Nous partons.	**Non possiamo più aspettare. Andiamo via.** *non possiâmo piou aspéttâré anndiâmo via*
Ce n'est pas propre.	**Questo non é pulito.** *couésto nonn é poulito*
Je voudrais parler au maître d'hôtel/au patron.	**Vorrei parlare con il capocameriere/il direttore.** *Vorréi parlâré conn il capocammériééré/il diréttôré*

Paiement Pagare

Le service (**il servizio**) est généralement inclus dans les notes de restaurants, mais s'il s'est avéré particulièrement satisfaisant, un pourboire supplémentaire (**la mancia**) est approprié et apprécié: 5–10 %. Les éléments suivants sont parfois ajoutés à votre note: **coperto** (frais pour le couvert), **supplemento** (pour les suppléments).

Je voudrais payer.	**Vorrei pagare.** *vorréi pagâré*
L'addition, s.v.p.	**Il conto, per piacere.** *il connto pér piatchééré*
Nous voudrions payer séparément.	**Vorremmo pagare separatamente.** *vorrémmo pagâré séparatamménté*
Tous les repas ensemble, s.v.p.	**Un conto unico, per piacere.** *oun connto ounico pér piatchééré*
Je crois qu'il y a une erreur sur cette addition.	**Penso che ci sia un errore in questo conto.** *pénso ké tchi sia oun érrôré in couésto connto*
Que représente ce montant?	**Per cosa è questa cifra?** *pér côsa é couésta tchifra*
Je n'ai pas commandé ça. J'ai pris …	**Non ho ordinato questo. Ho preso …** *nonn o ordinnâto couésto. o préézo*
Le service est-il compris?	**È compreso il servizio?** *é compréézo il sérvitsio*
Je voudrais payer avec cette carte de crédit.	**Vorrei pagare con questa carta di credito.** *vorréi pagâré conn couésta carta di crédito*
J'ai oublié mon porte-feuille.	**Ho dimenticato il portafoglio.** *o dimménticâto il portafolyo*
Je n'ai pas assez d'argent.	**Non ho abbastanza contanti.** *nonn o abbastanntsa conntannti*
Puis-je avoir un reçu pour la TVA?	**Vorrei una Ricevuta Fiscale.** *vorréi ouna richévouta fiscâlé*

– Cameriere! Il conto, per piacere.
(Monsieur! L'addition, s.v.p.)
– *Certamente. Ecco a Lei. (Bien sûr. Voilà.)*
– *È compreso il servizio? (Le service est-il compris?)*
– *Si. (Oui.)*
– Vorrei pagare con questa carta di credito.
(Je voudrais payer avec cette carte de crédit.)
– *Naturalmente. (Bien sûr.)*

Plats Piatti

Petit déjeuner Prima colazione

Je voudrais un/du/de la/des …	**Desidero …** *dézîdéro*
beurre	**del burro** *dél bourro*
confiture	**della marmellata** *délla marméllâta*
jus de fruit	**un succo di frutta** *oun souco di froutta*
lait	**del latte** *dél latté*
miel	**del miele** *dél miéélé*
œufs	**delle uova** *déllé ouôva*
œufs au plat/brouillés	**delle uova fritte/strapazzate** *déllé ouôva fritté/strapatsâté*
pain	**del pane** *dél pâné*
pamplemousse/orange	**un pompelmo/un'arancia** *oun pommpélmo/oun aranntchia*
petits pains	**dei panini** *déi pannîni*
pain grillé	**del pane tostato** *dél pâné tostato*

Hors-d'œuvre Antipasti

anchois	**acciughe** *atchoûghé*
assiette anglaise	**antipasto assortito** *anntipasto assortito*
cœurs d'artichaut à l'huile d'olive	**carciofini sottolio** *cartchofini sottolyo*
confits de légumes	**sottaceti** *sottatchéti*
jambon de Parme	**prosciutto crudo di Parma** *prochoutto croûdo di parma*
mortadelle	**mortadella** *mortadélla*
porc roulé	**coppa** *coppa*

bagna cauda *bagna caouda*
Légumes crus que l'on trempe dans une sauce chaude composée d'anchois, d'ail, d'huile, de beurre et parfois de truffes (nord de l'Italie)

Pizza Pizza

La **pizza** (au pluriel **pizze**) est l'une des exportations culinaires les plus célèbres d'Italie. La variété de garnitures est infinie. Les ingrédients du **calzone** sont à la base identiques à ceux de la pizza, mais la pâte forme un sandwich fermé, renfermant la garniture.

ai funghi	*ai foungghi*	aux champignons
capricciosa	*capritchiọsa*	spécialité du chef
siciliana	*sitchiliạna*	aux olives noires, câpres et fromage

margherita *marghérita*
portant le nom de la première reine d'Italie, les ingrédients de la pizza, en l'occurrence la tomate, le fromage et le basilic, reflètent les couleurs nationales

napoletana *napolétạna*
pizza classique garnie d'anchois, de jambon, de câpres, de tomates, de fromage et d'origan

quattro formaggi *couạttro formâdji*
pizza composée de quatre fromages différents, dont généralement du **gorgonzola** et du **caciotta**

quattro stagioni *couạttro stadjọni*
«quatre saisons», comprenant une variété de légumes: tomates, artichauts, champignons, olives; plus fromage, jambon et bacon

Potages, soupes Minestre, zuppe

Un repas italien comprend toujours une **pastasciutta** (pâtes) ou un potage; certains **suffisent comme plat** principal

brodo di manzo	*brodo di manndzo*	bouillon de viande
busecca	*bouzéca*	potage épais aux tripes, légumes et haricots
cacciucco	*catchiouco*	ragoût épicé aux fruits de mer
crema di legumi	*crééma di légoûmi*	potage crème de légumes
minestrone	*minnéstrônê*	potage de légumes (parfois avec nouilles) saupoudré de parmesan
passato di verdura	*passâto di vérdoûra*	potage de purée de légumes, généralement accompagné de croûtons
zuppa alla pavese	*tsouppa alla pavéézé*	consommé avec œuf poché, croûtons et fromage râpé
zuppa di vongole	*tsouppa di vonnggolé*	potages aux palourdes et au vin blanc

Pâtes Pasta

Les pâtes (ou **pastasciutta**) constituent le principal plat italien traditionnel. Outre les célèbres **spaghetti**, les pâtes existent dans une variété ahurissante de tailles et formes – **penne** (penne), **tagliatelle** (nouilles plates), mais également:

cannelloni *cannéloni*
pâte tubulaire farcie de viande, de fromage et de légumes, nappée d'une sauce béchamel et cuite au four

cappelletti *capélétti*
petit ravioli farci de viande, fines herbes, jambon, fromage et œufs

fettuccine *fétoutchîné*
nouilles étroites et plates

lasagne *lazagné*
fines couches de pâte blanche ou verte (**lasagne verdi**), disposées en alternance avec une sauce tomate et de la chair à saucisse, une sauce béchamel et du fromage râpé; le tout cuit au four

tortellini *tortéllîni*
pâte en forme d'anneaux, farcis de viande hachée assaisonnée, et servis dans un bouillon ou une sauce

Poissons et fruits de mer Pesci e frutti di mare

acciughe	*atchioûgé*	anchois
anguilla	*anggouilla*	anguille
bianchetti	*biannkétti*	blanchaille
gamberi	*gammbéri*	crevettes
granchi	*grannki*	crabe
merluzzo	*mérlouttso*	morue
orata	*orâta*	genre de dorade
polpo	*polpo*	poulpe
sogliola	*solyola*	sole

Spécialités au poisson Specialità di pesce

anguilla alla veneziana *anggouilla alla vénétsiâna*
anguille cuite dans une sauce au thon et au citron

fritto misto *fritto misto*
friture de petits poissons et fruits de mer

lumache alla milanese *loumaké alla milannéésé*
escargots avec anchois, fenouil et sauce au vin

stoccafisso *stoccafisso*
morue séchée, accompagnée de tomates, d'olives et d'artichauts

Viande Carne

Parmi les petits plats de volaille gastronomiques appréciés en Italie, citons l'alouette (**allodola**), la grive (**tordo**) et l'ortolan (**ortolano**). Ils sont d'ordinaire grillés ou rôtis.

Vorrei …	vorréi	Je voudrais du/de l'/des …
dell'agnello	_déllagnéllo_	agneau
del manzo	_dél manndzo_	bœuf
dell'anatra	_déllannatra_	canard
del prosciutto	_dél prochoutto_	jambon
della pancetta	_délla panntchétta_	lard/ventrèche
dell'oca	_délloca_	oie
del maiale	_dél maialé_	porc
del pollo	_dél pollo_	poulet
della salsicce	_délla salsitché_	saucisse
della bistecca	_délla bistécca_	steak
del vitello	_dél vitéllo_	veau

Plats de viande Piatti di carne

bistecca alla fiorentina _bistécca alla fioréntina_
bifteck grillé assaisonné au poivre, jus de citron et persil

cima alla genovese _tchîma alla djénovéésé_
tranche de veau enroulée, farcie aux œufs, à la chair à saucisse et aux champignons

costoletta alla milanese _costolétta alla milannéésé_
côtelette de veau panée, parfumée au fromage

fegato alla veneziana _fégato alla vénétsiâna_
fines tranches de foie de veau frites dans des oignons

filetto al pepe verde _filétto al pépé vérdé_
filet de bifteck dans une sauce au poivre vert

galletto amburghese _gallétto ammbourghéésé_
jeune poulet tendre, rôti au four

involtini _involtîni_
fines tranches de viande enroulées et farcies

polenta e coniglio _polénta é conilyo_
ragoût de lapin accompagné de polenta

pollo alla romana _pollo alla româna_
dés de poulet avec sauce tomate et piments doux

saltimbocca alla romana _saltimboca alla româna_
escalope de veau braisée dans du Marsala, et accompagnée de jambon et de sauge

Légumes / Salades Verdure/Insalate

Vous reconnaîtrez: **asparagi**, **broccoli**, **carote**, **patate**.

verdura mista	_vérdoura mista_	assortiment de légumes
funghi	_foungghi_	champignons
cavolo	_cavolo_	chou
lattuga	_lattoûga_	laitue
radicchio	_radikio_	laitue rouge amère et blanche
cipolle	_tchipollé_	oignons
insalata mista	_insalâta mista_	salade composée
piselli	_pisélli_	pois
pomodoro	_pommodôro_	tomate

carciofi alla giudea _cartchofi alla djoudéa_
délicieux artichauts croustillants, cuits en grande friture, à l'origine une spécialité du vieux quartier juif situé au cœur de Rome

carciofi alla romana _cartchofi alla româna_
artichauts entiers légèrement cuits, farcis d'ail, de sel, d'huile d'olive, de menthe sauvage (**mentuccia**) et de persil

fagioli alla toscana _fadjoli alla toscâna_
haricots à la toscane, mijotés pendant plusieurs heures et assaisonnés de sel, de poivre noir et huile d'olive brute

fagioli in umido _fadjoli in oumido_
différentes sortes de haricots cuits dans une sauce tomate épicée

funghi porcini arrosti _foungghi portchîni arrosti_
bolets rôtis ou grillés dans de l'ail, du persil et des piments

peperoni ripieni _pépéroni ripiéni_
poivrons farcis (contenant généralement de la viande hachée); les courgettes sont également préparées de cette manière (**zucchini ripieni**)

Sauces Salse

Les cuisiniers italiens sont maîtres dans l'art de la préparation de sauces rendant les spaghetti et macaroni aussi délicieux.

al burro	_al bourro_	beurre, parmesan râpé
bolognese	_bolognéézé_	tomates, viande hachée, oignons, fines herbes
carbonara	_carbonnâra_	jambon fumé, fromage, œufs, huile d'olive
pesto	_pésto_	feuilles de basilic, ail, fromage
pommorola	_pommorôla_	tomates, ail, basilic

Fromage Formaggio

Bel Paese	fromage lissé à saveur délicate
caciotta	fromage ferme, généralement doux; dont certaines variétés sont plus piquantes
caciocavallo	fromage ferme, légèrement sucré, à base de lait de vache ou de brebis
gorgonzola	le plus célèbre des fromages persillés italiens, riche, à saveur piquante
grana	fromage veiné similaire au parmesan, originaire de Padoue, habituellement râpé sur des plats de pâtes
mascarpone	fromage épais, crémeux et entier, essentiellement consommé en dessert; similaire à une crème grumeleuse
mozzarella	fromage lissé, non mûri, à saveur très douce, légèrement sucrée, fabriqué à partir de lait de buffle dans le sud de l'Italie, et de lait de vache dans les autres régions
parmigiano (-reggiano)	parmesan (également appelé **grana**), fromage dur généralement râpé, utilisé, pour les plats chauds et les pâtes mais également mangé seul
pecorino	fromage dur à saveur prononcée, fabriqué à base de lait de brebis, souvent râpé sur certains plats de pâtes, tels que les **Pasta all'amatriciana** et les **Trippa alla romana**
provolone	fromage ferme et savoureux
ricotta	fromage doux fabriqué à base de lait de vache ou de brebis

Fruit Frutta

Vous reconnaîtrez: **banana, datteri, limone, melone, pera.**

ciliege	*chiliédjé*	cerises
lamponi	*lammponi*	framboises
fragole	*fragolé*	fraises
arancia	*aranntcha*	orange
anguria	*angouria*	pastèque (nord de l'Italie)
cocomero	*cocomméro*	pastèque (Rome et sud de l'Italie)
pesca	*pésca*	pêche
prugna	*prougna*	prune
uva	*ouva*	raisins
bianca/nera	*biannca/néra*	blanche/noire

Dessert Dolce

cassata siciliana *cassata sitchiliâna*
mousseline, garnie de fromage doux à la crème, de chocolat et de fruits confits

tiramisù *tirammisou*
mascarpone, œufs, boudoirs, café et Marsala

Boissons Bevande

Apéritifs Aperitivi

Souvent doux-amers, certains apéritifs sont préparés à base de vin et de cognac aux fines herbes et à l'amer, tandis que d'autres peuvent avoir une base végétale.

Americano *américâno:* vermouth accompagné d'amer; de cognac et d'un zeste de citron

Aperol *apérôl:* amer non alcoolisé

bitter analcolico *bitér analcolico:* apéritif non alcoolisé

Campari *campâri:* amer rougeâtre – brun accompagné d'un zeste d'orange et de fines herbes

Campari soda *campâri sôda:* Campari dilué dans du soda

Cynar *tchinar:* préparation à base d'artichauts

Gingerino *djinnjérîno:* apéritif parfumé au gingembre

Bière Birra

Avez-vous de la bière …? **Avete della birra …?** *avéété délla birra*

en bouteille/à la pression **in bottiglia/alla spina** *in bottilya/alla spîna*

Vins Vini

L'Italie est l'un des premiers producteurs européens de vins. On y trouve des vignobles situés partout dans la péninsule et les îles italiennes. Certains des meilleurs vins du pays sont issus de la région nord-ouest de l'Italie (comme le **Barbaresco**, le **Barbera** et le **Barolo**). Le vin italien le plus célèbre à l'étranger est le **Chianti**, en particulier le **classico** et le **riserva** (qualité supérieure), le meilleur **Chianti** étant produit entre Florence et Sienne.

Les restaurants plus sophistiqués proposent des cartes de vin, tandis que d'autres présentent une liste dans un coin du menu ou l'affichent sur un mur. Plusieurs vins en bouteille de bonne qualité et originaires de diverses régions sont aujourd'hui facilement disponibles dans toute l'Italie, aussi bien dans les restaurants que chez les détaillants spécialisés en vins (**enoteche**).

Ne vous attendez pas à ce qu'une trattoria propose davantage que quelques vins. Dans les débits plus modestes, vous trouverez peut-être du **vino sfuso** (vin en vrac, généralement présenté comme vin de la maison) moyennant un prix modéré, et servi dans des carafes d'un quart de litre, d'un demi-litre ou d'un litre.

J'aimerais une bouteille de vin blanc/rouge. **Vorrei una bottiglia di vino bianco/rosso.** *vorréi ouna bottilya di vîno biannco/rosso*

J'aimerais du vin de la maison, s.v.p. **Desidero il vino della casa, per favore.** *dézîdéro il vîno délla câza pér favôré*

Il n'existe pas d'étiquetage standard pour les vins italiens, qui peuvent être nommés selon leur origine (par exemple **Chianti**, **Orvieto**, **Frascati**, **Asti**), le terme descriptif (par exemple **classico**, **dolce**, **liquoroso**, **riserva**, **superiore**), le type de raisin (par exemple **Barera**, **Dolcetto**, **Moscato**, **Pinot nero**), le nom du propriétaire ou encore une combinaison de ces éléments. Toutefois, le tableau ci-dessous vous aidera à comprendre certains termes importants.

Lecture de l'étiquette

abboccato demi-sec

imbottigliato dal produttore all'origine mis en bouteille par le producteur au domaine

amabile moelleux

leggero léger

bianco blanc

pieno charnu

DOC garanti d'origine (240 régions)

rosato/rosatello rosé

DOCG vin de qualité supérieure répondant aux normes les plus strictes (13 vins)

rosso rouge

dolce doux

secco sec

IGT qualité supérieure au **«vino tipico»**

spumante mousseux

vino del paese vin de pays

Type de vin	Exemples
vin blanc doux	**Aleatico, Vino Santo** (Toscane); **Marsala** et **Malvasia** (Sicile), **Moscato, Passito di Pantelleria**
vin blanc sec	**Frascati** (Latium), **Verdicchio dei Castelli di Jesi** (Marches d'Adriatique), **Orvieto** (Ombrie), **Vermentino** (Sardaigne), **Corvo bianco, Colombo Platino** (Sicile), **Cortese di Gavi** (Ligurie), **Gavi dei Gavi** (Piémont), **Chardonnay, Pino bianco, Pino grigio** (Frioul); les vins blancs de pays sont souvent repris dans cette catégorie
rosé	**Lagrein** (Haut-Adige de Trentin)
vin rouge léger	**Bardolino, Valpolicella** (Lac de Garde); **Vino Novello** (en automne, essentiellement en provenance de Toscane); les vins rouges de pays, dont le Merlot Italo-Suisse, entrent généralement dans cette catégorie
vin rouge charnu	**Barolo, Barbera, Barbaresco, Dolcetto, Gattinara, Nebbiolo** (Piémont); **Amarone** (Vénétie); **Brunello di Montalcino** (l'un des vins les plus célèbres d'Italie), **Chianti Classico, Vino Nobile di Montepulciano** (Toscane); **Corvo Rosso** (Sicile).
vin blanc doux mousseux	**Asti Spumante**
vin blanc sec mousseux	**Prosecco, Ferrari Brut Spumante; metoda champenoise** en général
vin rouge doux mousseux	**Braghetto d'Acqui** (Piémont); **Fragolino** (fabriqué à base de **«uva fragola»**, à saveur de fraise, région de Vénétie)

Autres boissons Altre bevande

Vous désirerez certainement profiter de l'occasion de siroter un petit digestif. Si vous souhaitez une boisson proche du cognac, essayez le **Vecchia Romagna etichetta nera** ou le **Carpene Malvolta Stravecchio**.

Si vous avez envie d'un digestif (**un digestivo**) pourquoi ne pas essayer:

amaro *am̯âro*

Amer; parmi les trois plus populaires: **Amaro Averna, Amaro Lucano** ou **Amaro Montenegro** (doux amer) ou un verre de **Fernet-Branca** (très amer) devrait faire l'affaire.

liquore *licou̯oré*

Parmi les liqueurs populaires, citons: **Strega** (aux fines herbes), **Sambuca** (à l'anis), **Amaretto** (aux amandes), **Millefiore** (aux fines herbes et fleurs des Alpes), **Silvestro** (aux fines herbes et noix).

Vous reconnaîtrez: **un brandy, un cognac, un gin e tonico, un porto, un rum, una vodka.**

Boissons sans alcool Bevande analcoliche

Je voudrais …	**Vorrei … vor̯réi**
un chocolat (chaud)	**una cioccolata calda** *ouna tchocolâta calda*
une limonade	**una limonata** *ouna limonâta*
un frappé	**un frullato di latte** *oun froullato di latté*
de l'eau minérale	**dell'acqua minerale** *déllacoua minnérâlé*
gazeuse / plate	**gassata/naturale** *gassata/natou̯râlé*
un Schweppes	**dell'acqua tonica** *déllacoua tonnica*

un caffè *oun caffé*

Les amateurs de café seront comblés en Italie; goûtez un (**café**) **espresso**, fort et foncé, à l'arôme riche, servi dans des demi-tasses, ou **un ristretto** (express concentré); alternativement, demandez **un caffé lungo** (café moins fort), qui peut être **con panna** (à la crème) ou **con latte** (au lait).

Le **cappuccino** (café au lait chaud, saupoudré de cacao) est également un must; tandis que le **caffé freddo** (café glacé) est apprécié en été.

un succo di frutta *oun souco di froutta*

Parmi les jus de fruits communs, citons: **un succo di limone** (citron), **di pompelmo** (pamplemousse), **di pomodoro** (tomate) et **d'arancia** (orange); si vous désirez un jus de fruit fraîchement pressé, demandez **una spremuta.**

Glossaire italien de l'alimentation

La cuisine italienne est essentiellement régionale. Bien que de nombreux plats célèbres soient communs à toute l'Italie, la terminologie peut varier d'un lieu à l'autre. (On dénombre ainsi au moins une demi-douzaine de noms désignant le poulpe ou le calmar!)

Méthode de cuisson

affumicato(-a)	affoumicato(-a)	fumé
al forno	al forno	au four
al vapore	al vaporé	à la vapeur
alla griglia	alla grilya	grillé
arrosto(-a)	arrosto(-a)	rôti
bollito(-a)	bollito(-a)	bouilli
fritto(-a)	fritto(-a)	frit
impanato(-a)	immpannato(-a)	pané
in camicia	inn cammitchia	poché
in purè	inn pouré	en purée
in umido	inn oumido	en ragoût
marinato(-a)	marinnato(-a)	mariné
piccannte	picannté	épicé
ripieno(-a)	ripiéno(-a)	farci
saltato(-a)	saltato(-a)	sauté
spezzato(-a)/	spétsato(-a)/	en ragoût
stufato(-a)	stoufato(-a)	braisé
tagliato(-a) a cubetti	talyato(-a) a coubétti	en dés

a puntino	a pountino	à point
al sangue	al sanngoué	saignant
ben cotto(-a)	bén cotto (a)	bien cuit
quasi crudo(-a)	couasi croudo(-a)	très saignant

A **a puntino** à point

a scelta au choix

abbacchio agneau rôti; **~ al forno con patate** au four avec pommes de terre; **~ alla cacciatora** «à la chasseur»: en dés et cuit avec du vin blanc, de l'ail, du romarin, une pâte d'anchois et des piments forts

abbacchio alla scottadita côtelettes tendres d'agneau grillé

(all')abruzzese mode Abruzzes; avec des poivrons rouges et parfois du jambon

acciughe anchois

aceto vinaigre

acetosella oseille

acqua eau ~ **calda** eau chaude; ~ **minerale** eau minérale; ~ **tonica soda** soda

acquacotta potage au pain et aux légumes, parfois aux œufs et au fromage

affettati tranches de charcuterie; ~ **misti** mixte

affogato poché

affumicato fumé

aglio ail; ~ **olio, peperoncino** sauce à l'ail, huile d'olive, piments doux, anchois et parmesan

agnello agneau; ~ **abbacchio** agneau de lait

agnolotti sorte de ravioli farcies de viande

(all')agro vinaigrette à base de jus de citron et d'huile

agrodolce vinaigrette aigre-douce à base de sucre caramélisé, de vinaigre et de farine

aguglie orphie

ai ferri grillé

ai funghi (pizza) aux champignons

ai funghi porcini sauce à base de bolets

al burro au beurre et au parmesan râpé

al forno au four

al sangue saignant

al sugo avec sauce tomate et parmesan râpé

al tartufo sauce à base de truffe râpée

al, all', alla à la

ala aile

albicocca abricot

alfredo sauce à la crème

alice anchois

alici al limone anchois cuits au jus de citron

all'Amatriciana avec **pancetta**, tomates et piment fort

alla boscaiola avec aubergines, champignons et sauce tomate

alla carrettiera avec piments forts et porc

alla graticola au barbecue

alla griglia grillé

alla milanese avec moelle, vin blanc, safran et parmesan (risotto)

alla Norma avec épices et sauce tomate (Sicile)

alla pescatora avec tomates et fruits de mer

alla rustica avec ail, anchois et origan

alla spina à la pression (bière)

alle vongole sauce à base de palourdes, d'ail, de persil, de poivre, d'huile d'olive, parfois de tomates

allo spiedo grillé; cuit à la broche

allodola alouette

alloro feuille de laurier

amaro digestif ➤ 51

amatriciana sauce tomate, poivrons rouges, bacon, oignons, ail et vin blanc (Latium)

Americano type de vermouth ➤ 49

ananas ananas

anatra canard

anelli pâtes aux œufs en forme de petits anneaux

anguilla anguille; ~ **alla veneziana** cuite dans une sauce à base de thon et de citron

anguria pastèque (nord de l'Italie)

animelle di vitello ris de veau frit dans du beurre et du marsala

anitra canard; ~ **selvatica** canard sauvage

annegati tranches de viande dans du vin blanc ou du marsala

antipasti entrées, hors-d'oeuvres ➤ 43; **~ a scelta** au choix; **~ assortiti** assortis; **~ di mare** fruits de mer

aperitivi apéritifs ➤ 49

Aperol amer non alcoolisé

arachidi cacahuètes

aragosta homard

arancia orange

aranciata orangeade

arancini en-cas au riz, spécialités italiennes très populaires et savoureuses

aringa hareng

arista filet de porc; **~ alla fiorentina** rôti à l'ail, aux clous de girofle et au romarin

arrosto rôti

asparagi asperges; **~ alla Fiorentina** avec œufs sur le plat et fromage

assortito assortis

astice homard

attesa: 15 minuti attente: 15 minutes

B **baccalà** cabillaud séché et salé; **~ alla romana** cuit dans une sauce tomate à l'ail et au persil; **~ alla vicentina** cuit dans du lait

bagna cauda légumes crus avec une sauce piquante (nord de l'Italie)

barbabietola betterave

basilico basilic

bavette petites nouilles

beccaccia bécasse

beccaccino bécassine

Bel Paese fromage lissé à saveur délicate

ben cotto bien cuit

ben fritto cuit en grande friture

bevande boissons ➤ 49; **~ analcoliche** boissons sans alcool

bianchetti blanchaille

bianco (vin) blanc

bibita boisson sans alcool

bicchiere verre

bieta bette

bionda (bière) légère

birra bière; **~ rossa** (bière foncée)

biscotti biscuits

bistecca bifteck; **~ di cinghiale** sanglier dans une sauce aigre-douce; **~ alla fiorentina** grillé et parfumé au poivre, jus de citron et persil; **~ di filetto** haut de côte

bitter analcolico apéritif non alcoolisé

bollito bouilli

bollito misto saucisses accompagnées d'autres viandes bouillies

bologna saucisse légèrement fumée, onctueuse et légèrement pimentée, généralement à base de porc ou de bœuf, parfois de veau ou de poulet

bolognese sauce à base de tomates, viande hachée, oignons et fines herbes

bottiglia bouteille

braciola côtelette

branzino bar

brasato braisé

briciolata sauce à base d'huile d'olive, de poivre noir et de miettes de pain croustillantes

broccoli brocoli; **~ al burro e formaggio** au beurre et au fromage; **~ alla romana** sautés dans de l'huile d'olive et braisés dans du vin

brodo bouillon, potage

bruidda potage de poissons

bucatini spaghetti épais; **~ con le sarde alla Palermitana** de sardines fraîches

budino pouding; **~ di ricotta** soufflé à la ricotta et fruits confits

burrida ragoût de poissons composé de roussette et de raie (Sardaigne)

burro beurre; **~ e salvia** sauce au beurre et à la sauge

busecca potage épais aux tripes, légumes et haricots

C **cacciagione** gibier

cacciucco ragoût épicé de fruits de mer

cachi kaki

caciocavallo fromage ferme, légèrement sucré ➤ 48

caciotta fromage ferme, doux ➤ 48

caffè café ➤ 51

caffè freddo café glacé

calamaretti jeune calmar

calamari calmar

caldo chaud

camoscio chamois

canederli boulettes composées de pain, de jambon et de salami

cannariculi biscuits au miel frits

cannella cannelle

cannelloni pâtes tubulaires farcies accompagnées d'une sauce béchamel ➤ 45; **~ alla partenopea** avec de la ricotta, de la mozzarella et du jambon

cannoli ricotta sucrée fourrée dans des pâtes en forme de coquillages, cuits en grande friture

canoe di mele pâtes en forme de canoë, accompagnées de crème pâtissière au rhum et de pommes givrées

canoe salate canoës savoureux

capellini genre de spaghetti

caponata olives, aubergines et anchois (Sicile)

capone apparecchiate mahi mahi frit avec des tomates, des câpres, et des olives (Sicile)

cappelletti pâtes en forme de «petits chapeaux» ➤ 45; **~ di Romagna** fourrées de fromage

capperi câpres

cappone chapon

capretto chevreau; **~ ripieno al forno** farci aux fines herbes et rôti au four

capricciosa spécialité (pizza)

capriolo chevreuil mâle

carbonara sauce à base de jambon fumé, fromage, œufs et huile d'olive

carciofi artichauts; **~ alla giudea** cuits en grande friture ➤ 47; **~ alla romana** légèrement cuits et farcis

carciofini sottolio cœurs d'artichauts dans de l'huile d'olive

carne viande ➤ 46; **~ ai ferri** grillée

carota carotte; **~ rossa** betterave

carpa carpe

carrettiera sauce à base de thon, champignons, purée de tomates, poivre fraîchement moulu

cassata glace aux fruits confits (spumoni); **~ siciliana** mousseline garnie ➤ 48

castagna châtaigne

castagnaccio gâteau aux châtaignes avec raisins secs et pignons (Toscane)

caviale caviar

cavolfiore chou-fleur; **~ stracciato** bouilli et frit dans de l'huile d'olive et de l'ail

cavolini di Bruxelles choux de Bruxelles

cavolo chou

ceci pois chiches

cereali céréales

cervello cervelle

cervello fritto al buro nero cervelle au beurre noir **~ fritto alla fiorentina** cervelle marinée, panée, frite et servie avec des épinards

cervo chevreuil

cetriolini cornichons

cetriolo concombre

chiodi di garofano clous de girofle

cicoria endive

ciliege cerises

cima alla genovese veau enroulé farci d'œufs, de chair à saucisse et de champignons

cima genovese veau froid farci d'oignons, de fines herbes et de cervelle de veau

cinghiale sanglier

cioccolata (calda) chocolat (chaud)

cipolle oignons

cipollina ciboulette

clementino clémentine

cocomero pastèque (Rome, sud de l'Italie)

colazione petit déjeuner ➤ 43

con avec

con acqua (di seltz) avec eau (eau de Seltz ou soda)

con briciolata avec miettes de pain grillées

con funghi avec champignons

con ghiaccio avec glaçons

con il sugo di melanzane e peperoni avec jus d'aubergines et de poivrons

con latte au lait

con le lumache avec escargots

con limone avec citron

con panna avec crème

con polpettine avec minuscules boulettes de viande

con porchetta avec porc froid savoureux (sandwich)

con salsa di noci avec sauce aux noix

conchiglie pâtes en forme de conque

coniglio lapin; **~ ai capperi** cuit avec des câpres

contorno a scelta assortiment de légumes

coppa porc rouleé

cosciotto jambe

costata al prosciutto côte farcie

costola côtelette

costolette di maiale al finocchio côtes de porc braisées avec du vin blanc et des graines de fenouil

cotechino con lenticchie mélange de porc épicé de type saucisse avec des lentilles

cotogna coing

cotoletta côtelette; **~ alla milanese** côtelette de veau panée, parfumée au fromage

cotto cuit; **~ a vapore** cuit à la vapeur

cozze moules

crema flan; **~ di legumi** velouté de légumes **~ di pomodori** velouté de tomate

crespelle di farina dolce crêpes à la farine de châtaignes avec ricotta et rhum

crostacei crustacés

crostata tarte à la confiture; **~ di mele** tarte aux pommes; **~ di ricotta** gâteau au fromage avec raisins et marsala

crudo di Parma jambon salé originaire de Parme

cumino cumin

cuscus couscous

Cynar apéritif produit à base d'artichauts

D **d', di** de, avec

datteri dattes

decaffeinato décaféiné

dentice genre de dorade

digestivo digestif

ditali pâtes en dés

dolce gâteau; dessert ➤ 48; doux (fromage); doux (vin)

doppio double (double ration)

E **elicoidali** pâtes courtes de forme hélicoïdale

eperlano éperlan

F **fagiano** faisan; **~ al tartufo** farci de truffes

fagioli haricots; **~ all'uccelletto** cuits avec des tomates et des olives noires; **~ in umido** cuits dans une sauce tomate

fagioli alla toscana haricots à la toscane, mijotés durant des heures et garnis de sel, poivre noir et huile d'olive brute

fagiolini haricots verts

faraona pintade

farcito farci

farfalle pâtes en forme de papillon

farfallini petites pâtes aux œufs en forme d'arc

favata ragoût de haricots au porto (Sardaigne)

fave fèves

fazzoletti salati chaussons savoureux

fegato foie; **~ alla veneziana** fines tranches frites avec des oignons; **~ alla salvia** avec tomates, ail et sauge

fesa morceau rond de la culotte

fetta di pizza tranche de pizza

fettuccine lambeaux de pâtes aux œufs ➤ 45; **~ Alfredo** avec parmesan et crème

fico figue

filetto filet; **~ al pepe verde** filet de steck servi dans une sauce à la crème au poivre vert

finocchio fenouil

focaccia savoureux craquelin; **~ alla salvia** pain à la sauge ; **~ alla salsiccia** pain à la saucisse ; **~ alle noci** pain aux noix; **~ genovese** savoureux pain à la sauge et à l'huile d'olive

focaccia al Gorgonzola pain chaud à la levure recoûvert de fromage

fonduta fondue de Fontina, jaunes d'œufs et truffes

formaggio fromage ➤ 48

fragole fraises

fragoline di bosco fraises sauvages

freddo froid

frittata omelette; **~ campagnola** aux oignons, fromage râpé, lait et crème; **~ primaverile** aux légumes

fritto frit

fritto misto friture de petits poissons et de fruits de mer variés

frullato di latte milk-shake

frustenga gâteau de farine de maïs aux fruits

frutta fruits ➤ 48

frutti di mare fruits de mer

funghi champignons; **~ alla parmigiani** farcis de chapelure, de Parmesan, d'ail, de fines herbes; **~ porcini arrosti** bolets rôtis ou grillés avec des piments

fusilli pâtes tordues

G **galletto amburghese** jeune poulet tendre, cuit à la broche

gallina poule au pôt

gallo cedrone gélinotte

gamberetti crevettes

gamberi crevettes

gassata gazeuse (eau)

gelato glace

gianduia pouding au chocolat chaud

gin e tonico gin tonic

gingerino apéritif parfumé au gingembre (également vendu en petites bouteilles)

gnocchi alla genovese boulettes à la sauce au pesto

gorgonzola fromage bleu ➤ 48

granchi crabes
granita sorbet ordinaire
griessklosser/gnocchi di patate boulettes de pommes de terre, servis traditionnellement le jeudi dans le nord du pays
gronghi congre

I **i nostri piatti di carne sono serviti con contorno** nos plats de viande sont accompagnés de légumes
in bianco sans sauce tomate
in bottiglia en bouteille (bière)
in casseruola en casserole
in umido en ragoût
indivia endive
insalata salade
insalata di frutti di mare crevettes et calmars au citron, légumes macérés dans du vinaigre et olives
insalata di pollo salade de poulet avec salade verte, citron et crème
insalata mista salade composée
insalata russa macédoine de légumes
involtini fines tranches de viande (bœuf, veau ou porc) enroulées et farcies

L **lamponi** framboises
lamprede lamproies
lasagne fines couches de pâte alternant avec de la viande et une sauce tomate ➤ 45; **~ al forno** avec Bel Paese et mozzarella; **~ con anitra** avec canard; **~ con le verdure** lasagne aux légumes
lasagnette del lucchese lasagne avec sauce aux épinards, ricotta, foies de volaille
lattaiolo flan à la cannelle
latte lait

lattuga laitue
lauro laurier
leggero léger (vin)
lenticchie lentilles
lepre lièvre; **~ in agrodolce** avec pignons, raisins secs et chocolat; **~ à la piemontese**, cuit dans un vin de Barbera, saupoudré de fines herbes et de chocolat amer
lesso bouilli
limonata limonade
limone citron
lingua langue
linguine genre de spaghetti épais
liquore liqueur ➤ 51
liscio pur (sec)
lombata/lombo longe / râble / selle
lombata di maiale al forno longe de porc rôtie à l'ail
lombata di maiale al prosciutto longe de porc grillée avec du jambon
luccio brochet
luganeghe saucisses de porc fraîches, vendues à la longueur
lumache escargots; pâtes en forme de coquilles d'escargots
lumache alla milanese escargots aux anchois, fenouil accompagnés d'une sauce au vin
lumache di mare limaces de mer
lunette pâtes fourrées en forme de demi-lunes

M **maccheroni alla chitarra** pâtes faites maison, découpées en bandelettes
macchiato au lait
maggiorana marjolaine
maiale porc
malfade pâtes en fines bandelettes
mandarino mandarine
mandorle amandes
manzo bœuf

margherita pizza aux tomates, fromage et basilic ➤ 44

marinara sauce tomate, olives, ail, palourdes et moules

marinato mariné

marmellata confiture; **~ d'arance** confiture d'orange

Martini marque de vermouth, doux ou sec; à ne pas confondre avec un cocktail au **martini**

mascarpone fromage crémeux épais, entier essentiellement utilisé pour les desserts, similaire à une crème épaisse

medaglioni filet arrondi

mela pomme

melanzane aubergine

mele pommes

melone melon

menta menthe

menù a prezzo fisso menu à prix fixe

merlano merlan

merluzzo morue

metà pollo arrosto demi-poulet rôti

midollo moelle

miele miel

minestra potage ➤ 44; **~ di funghi** potage velouté de champignons; **~ di sedano e riso** céleri et riz; **~ in brodo** accompagné de nouilles ou de riz

minestrone potage épais de légumes (parfois avec des nouilles) saupoudré de parmesan

mirtilli myrtilles

misto mixte

molle mollet (œuf)

montone mouton

more mûres

mortadella mortadelle

mostaccioli biscuits au chocolat

mozzarella fromage mou, immature ➤ 48; **~ con pomodori** avec tomates

N napoletana anchois, jambon, tomates, fromage (garniture de pizza) ➤ 44

nasello lieu noir

naturale (eau) plate

nero noir (café)

nocciole noisettes

noce di cocco noix de coco

noce moscata noix de muscade

noci noix

nodini côtes de veau

O oca oie

odori fines herbes, épices

olio (d'oliva) huile (d'olive)

olive olives

orata genre de dorade

orecchiette pâtes en forme d'oreilles

origano origan

ortolano ortolan

osso buco jarret de veau braisé

ostriche huîtres

P palombacce allo spiedo pigeon ramier, cuit à la broche

pancetta affumicata bacon

pan di Spagna gâteau au miel et au rhum

pandorato alla crema di formaggio pain frit avec du fromage à la crème

pandoro gros gâteau typique de Vérone, saupoudré de vanille en poudre

pane pain; **~ al latte** pain au lait: **~ all'olio** pain blanc à l'huile d'olive: **~ tostato** pain grillé **~ grissini e coperto L. …** pain, grissins et couvert L …

panettone pain de Noël, enrichi au beurre avec des fruits confits, raisins secs et raisins ordinaires

panforte similaire à du pangiallo

pangiallo gâteau aux noix assez dures et au miel

panini petits pains

panino imbottito sandwich

panna cotta délicieuse adaptation italienne de blanc-manger et brûlé à la crème

panpepato gâteau aux noix très épicé

pansotti con salsa di noci alla ligure triangles fourrés de légumes verts dans une sauce aux noix

pappardelle larges bandes de pâte aux œufs; **~ alla lepre** avec une sauce au lièvre

papriot potage épais d'épinards

parmigiana escalopes de veau panées, accompagnées d'une sauce tomate et de mozzarella

parmigiano (-reggiano) parmesan ➤ 48

passato di verdura potage de purée de légumes, généralement accompagné de croûtons

pasta pâtes, nouilles ➤ 45; **~ e ceci** avec pois chiches; **~ e fagioli** avec haricots

pasta Maddalena gâteau génois ordinaire

pastasciutta pâtes

pasticcini pâtisseries

pasticcio macaroni, sauce béchamel, viande et tomates

pastiera gâteau à la ricotta avec grains de blé

pastina petites pâtes; **~ in brodo** dans un bouillon

patate pommes de terre

patatine fritte frites

pecorino fromage ferme ➤ 48

penne penne

peperonata poivrons sautés avec des tomates et des oignons

peperoni poivrons; **~ ripieni** farcis ➤ 47

pera poire

pernice perdrix

pesca pêche

pescanoce nectarine

pesce all'acqua pazza poisson cuit dans de l'eau de mer

pesce persico perche

pesce spada espadon

pescespada espadon grillé farci de mozzarella, de cognac et de fines herbes

pesche pêches

pesci poissons ➤ 45; **~ al cartoccio** cuits au four dans une enveloppe de papier-sulfurisé; **~ in carpione** bouillis et cuits dans du vinaigre, servis froids avec du citron

pestingolo gâteau riche aux fruits, aux figues et au miel

pesto sauce aux feuilles de basilic, à l'ail, au fromage et parfois aux pignon (Ligurie) et à la marjolaine

pettine di mare coquille St. Jacques

piatti di carne plats de viande

piatti freddi plats froids

piatto del giorno plat du jour

piccante piquant (fromage)

piccata al marsala fine escalope de veau braisée dans une sauce au marsala

piccione pigeon

pieno charnu (vin)

pinoli pignons

piselli pois; **~ al prosciutto** lentement mijotés avec du jambon de Parme et du bacon

piviere pluvier

pizelle fines galettes en forme de cônes avec crème ou glace

pizza pizza ➤ 44

polenta polenta; **~ alla piemontese** disposée en couches avec de la viande; **~ e coniglio** avec un ragoût de lapin; **~ e uccelli** avec de petits oiseaux rôtis (nord de l'Italie)

pollame volaille

pollo poulet; **~ all'abruzzese** aux poivrons; **~ alla romana** en dés, accompagné d'une sauce tomate et poivrons; **~ alla diavola** poulet très épicé, grillé; **~ novello** poussin

polpette boulettes de viande

polpettone pain de viande de bœuf ou de veau assaisonné

polpo poulpe

pommarola sauce tomate, à l'ail et au basilic (Campanie)

pomodori tomates

pomodori e capperi salade de tomates aux câpres

pompelmo pamplemousse

porcellino da latte cochon de lait

porcetto arrosto cochon de lait cuit à la broche (Sardaigne)

porchetta cochon entier rôti avec fenouil et saucisses

porchetta porc cuit très épicé servi froid

porrata pancetta et poireaux dans une croûte de pâte de froment

porro poireaux

porto porto

prezzemolo persil

prima colazione petit déjeuner ➤ 43

primi piatti premier plat

prosciutto jambon

prosciutto crudo con melone/con fichi jambon de Parme accompagné de tranches de melon ou de figues

provolone fromage ferme ➤ 48

prugna prune

prugna secca pruneau

puttanesca sauce aux câpres, aux olives noires, au persil, à l'ail, à l'huile d'olive, et au poivre noir

Q **quaglia** caille

quattro formaggi assortiment de quatre fromages (garniture de pizza) ➤ 44

quattro stagioni légumes, fromage, jambon et bacon (garniture de pizza) ➤ 44

R **radicchio** sorte de laitue amère rouge et blanche

ragù sauce similaire à une bolognaise

ravanelli radis

ravioli alla piemontese ravioli farcis de bœuf et de légumes

razza raie

ribes groseilles rouges

ribes nero cassis

ricci oursin

ricciarelli biscuits délicats au miel et aux amandes (Toscane)

ricotta fromage à pâte molle à base de lait de vache ou de brebis

rigatoni pâtes en forme de tubes larges et courts; **~ alla pagliata** avec boudin de veau

risi e bisi riz avec pois et bacon

riso riz

riso con le seppie risotto aux seiches

riso in bianco riz bouilli avec du beurre et du parmesan râpé

risotto casserole de riz; **~ con fegatini** avec foies de volaille; **~ con gamberetti in bianco** avec des crevettes et du vin blanc

rognoncini trifolati rognons sautés avec du Marsala

rognoni rognons
rombo turbot
rosato rosé (vin)
rosbif rosbif
rosmarino romarin
rosso rouge (vin)
ruoti pâtes en forme de roues

S **salame** saucisson
salami saucisses épicées au bœuf ou au porc cru, souvent assaisonnées de poivre et d'ail
salciccia petite saucisse, mixture de porc façon campagnarde
sale sel
salmone saumon
salse sauces ➤ 47
salsicce saucisses
saltimbocca escalopes de veau avec jambon; ~ **alla romana** braisées dans du vin de Marsala avec de la sauge
salumi charcuterie
salvia sauge
sardine sardines; ~ **all'olio** à l'huile
sauersuppe potage acide aux tripes, mariné dans du vinaigre de vin blanc
scalogno échalotte
scaloppina escalope de veau; ~ **alla Valdostana** farcie de fromage et de jambon; ~ **al Marsala** avec du vin de Marsala
scampi langoustines
sciule pieuno/pieno oignons farcis de macarons, de chapelure, de fromage, d'épices et de raisins secs
scorfano scorpion de mer, chabot
scura foncée (bière)
secco sec (vin)
secondo piatto deuxième plat (plat principal)
sedano céleri
selvaggina venaison

semi-freddo gâteau à la crème glacée
senape moutarde
seppia seiche
seppie con piselli jeune calmar et pois
sfogliatelle chaussons à la ricotta douce
sgombri in umido maquereaux cuits en ragoût dans du vin blanc et des pois verts
sgombro maquereau
siciliana aux olives noires, câpres et fromage (pizza)
sodo dur (œuf)
sogliola sole
sogliole alla mugnaia sole sautée dans du beurre, garnie de persil et de citron
solubile instantanné (café)
sottaceti légumes macérés dans du vinaigre
spaghetti all'amatriciana spaghetti avec une sauce tomate, bacon et pecorino
spalla épaule
specialità della casa spécialités de la maison
specialità di pesce spécialités de poissons
specialità locali spécialités régionales
spezie épices
spezzatino ragoût de viande ou de volaille
spezzatino di cinghiale alla cacciatora ragoût de sanglier coupé en dés, dans du vin blanc, avec de l'ail et des feuilles de laurier
spezzato di tacchino dinde en casserole avec des olives (Ombrie)
spiedino morceaux de viande grillée ou rôtie sur une brochette
spigola bar
spinaci épinards

spremuta di ... fraîchement pressé (jus)

spumante mousseux (vin)

stecca di cioccolato tablette de chocolat

stelline petites pâtes en forme d'étoiles

stoccafisso morue séchée cuite avec des tomates, olives et des artichauts

storione esturgeon

stracciatella potage clair aux œufs et au fromage

stracotto ragoût de viande avec saucisses, du bœuf et des légumes, mijotés à feu doux dans du vin blanc pendant plusieurs heures (Toscane)

strangola-preti boulette de pain et d'épinards

straniera étrangère (bière)

su ordinazione à la commande

succo di frutta jus de fruits ➤ 51

supplemento supplément

supplì croquettes de riz italiennes, très populaires et savoureuses avec de la mozzarella et de la viande hachée, panées et frites

susina prune (jaune) ou prune reine-claude

T **tacchino** dinde

tagliatelle tagliatelle

tartufi truffes

tartufi di cioccolata truffes au chocolat

tè thé; **~ freddo** thé glacé

timballo con le sarde macaronis, sardines, pignons, fenouil, raisins

timo thym

tiramisù dessert constitué de boudoirs, de mascarpone, de café très fort, de Marsala et de cacao ➤ 48

tisana infusion / tisane

tonno thon

tonno alla livornese thon frit coupé en tranches, cuit en ragoût dans de l'ail et des tomates

tordo grive

Torrone délicieux nougat italien pouvant être dur et croustillant ou mou, également parfumé au chocolat

torta gâteau; tarte

torta di cioccolata gâteau au chocolat

torta di frutta gâteau aux fruits

torta di mandorle tarte aux amandes

torta di mele tarte aux pommes

torta di ricotta délicieuse tarte, à base de ricotta

torta manfreda pâté de foie au Marsala et au parmesan

torta Margherita gâteau composé de couches de meringue, de fruits frais et de crème fouettée

tortelli di zucca tortellinis farcis à la citrouille

tortellini pâtes aux œufs farcies, en forme d'anneaux ➤ 45; **~ alla panna con tartufi** à la crème et aux truffes; **~ di piccioncello** farcies au pigeon

tortino di zucchini courgettes avec une sauce béchamel

triglie mulet rouge; **~ alla livornese** cuit au four; **~ alla siciliana** grillé avec un zeste d'orange et du vin blanc

trippa tripes; **~ alla fiorentina** et bœuf braisés dans une sauce tomate, et servis avec du fromage (Toscane); **~ verde** dans une sauce verte

trota truite **~ alla brace** grillée

tutto mare sauce aux fruits de mer

U uova œufs
uova alla
Romana omelette aux
haricots, oignons et fines
herbes
uova e pancetta œufs et bacon
uova e prosciutto œufs et jambon
uova fritte œufs sur le plat
uova strapazzate œufs brouillés
uovo alla coque œuf à la coque
uva bianca/nera raisins blancs,
noirs
uva passa raisins secs
uva spina groseilles

V vaniglia vanille
veneziana pain sucré avec
amandes entières
verde avec légumes verts à la crème
verdura mista assortiment de
légumes
verdure légumes ➤ 47; ~ di stagione
légumes de saison
vermicelli vermicelles
verza chou vert
vincigrassi pâtes cuites,
accompagnées d'une sauce à la
crème et de jus de viande
vino vin ➤ 49–50
vitello veau; ~ alla bolognese
côtelette cuite avec jambon de
Parme et du fromage; ~ tonnato
froide, avec une sauce au thon; ~
valdostana farcie avec un fromage
doux
vongole palourdes

W whisky (e soda/con seltz)
whisky (et soda)
Würstel saucisses de Francfort

Z zabaglione jaunes d'œufs,
sucre et vin de Marsala

zafferano safran
zampone pied de porc farci
assaisonné, bouilli et servi en
tranches
zenzero gingembre
ziti pâtes sans œufs tubulaires,
longues et solides
zucca citrouille, gourde; ~ gialla al
forno cuite au four et servie avec
du parmesan (en hiver
uniquement)
zucchero sucre
zucchini ripieni courgettes farcies
(contenant généralement de la
viande hachée)
zuppa potage ➤ 44; ~ alla cacciatora
potage à la viande et aux
champignons; ~ alla marinara
ragoût épicé de poissons; ~ alla
pavese consommé avec œuf poché,
croûtons et fromage râpé; ~ alla
senese saucisses avec lentilles; ~
alla veneta potage de légumes au
vin blanc avec nouilles; ~ di bue
con spaghettini spaghetti dans un
potage au bœuf; ~ di cipolle potage
aux oignons avec du cognac; ~ di
cozze potage aux moules; ~ di
datteri di mare potage de dattes de
mer (sortes de moules); ~ di frutti
di mare potage aux fruits de mer;
~ di pesce ragoût de poissons
épicé; ~ di vongole potage aux
palourdes et au vin blanc
zuppa inglese gâteau mousseline
mariné dans du rhum avec fruits
confits et flan ou crème fouettée

Voyage

Sécurité	65	Taxi	84
Arrivée	66	Voiture	85
Avion	68	Location de voitures	86
Train	72	Station-service	87
Autocar	78	Pannes	88
Bus	78	Parties d'une voiture	90
Métro	80	Accidents	92
Bateau/Ferry	81	Questions de droit	93
Bicyclette	82	Demander son	94
Auto-stop	83	chemin	

L'ESSENTIEL

1/2/3 pour ...	**Uno/due/tre per** *ouno/doué/tré pér*
Un billet pour …	**Un biglietto per …** *oun bilyétto pér*
aller-simple	**Solo andata** *solo andâta*
aller-retour	**andata e ritorno** *andâta é ritorno*
C'est combien?	**Quanto è?** *couannto é*

Sécurité Sicurezza

Pouvez-vous m'accompagner …?	**Può accompagnarmi …?** *pouô acommpagnârmi*
jusqu'à l'arrêt d'autobus	**alla fermata d'autobus** *alla férmâta d'aoutobouss*
jusqu'à mon hôtel	**al mio albergo** *al mio albérgo*
Je ne veux pas … tout(e) seul(e).	**Non voglio … da solo(-a).** *nonn volyio … da sôlo(-a)*
rester ici	**rimanere qui** *rimanééré coui*
rentrer à pied	**rientrare a piedi** *riéntrâré a piéédi*
Je ne me sens pas en sécurité ici.	**Non mi sento sicuro(-a) qui.** *nonn mi sénto sicoûro(-a) coui*

POLICE ➤ 161; URGENCES ➤ 224

Arrivée Arrivo

La plupart des visiteurs, dont les citoyens de tous les pays de l'UE (Union européenne) et du Canada n'ont besoin que d'un passeport valide pour entrer en Italie. Les restrictions en matière d'importation entre pays de l'Union européenne ont été assouplies pour les articles d'usage et de consommation personnels achetés avec taxes à l'intérieur de l'UE. Maximum suggéré: 90L de vin ou 60L de vin mousseux, 20L de vin fortifié, 10L d'alcool et 110L de bière. Des magasins hors taxe existent dans les aéroports suivants: Bologne, Gênes, Milan, Naples, Pise, Rimini, Rome Ciampino, Rome Fiumicino, Turin et Venise.

Contrôle des passeports Controllo passaporti

Nous avons un passeport joint.	**Abbiamo un passaporto congiunto.** *abbi̱amo oun passa̱po̱rto conndjounto*
Les enfants sont sur ce passeport.	**I bambini sono su questo passaporto.** *i bamḇi̱ni s̱o̱no sou cou̱e̱sto passa̱po̱rto*
Je suis ici en vacances/ pour le travail.	**Sono qui per vacanza/per lavoro.** *s̱o̱no coui pér va̱canntsa/pér lavo̱ro*
Je suis en transit.	**Sono solo in transito.** *s̱o̱no s̱o̱lo inn trannzito*
Je vais à …	**Vado a …** *va̱do a*
Je suis …	**Sono …** *s̱o̱no*
tout(e) seul(e)	**da solo(-a)** *da s̱o̱lo(-a)*
avec ma famille	**con la mia famiglia** *conn la mi̱a fami̱lya*
avec un groupe	**con un gruppo** *conn oun gro̱upo*

FAMILLE ➤ 120

Douane Dogana

Je n'ai que les quantités autorisées.

Ho solo beni in esenzione fiscale. *o sôlo bééni in ézentsiôné fiscâlé*

C'est un cadeau.

È un regalo. *é oun régâlo*

C'est pour mon usage personnel.

È per mio uso personale. *é pér mio oûzo pérsonâlé*

Ha qualcosa da dichiarare?

Avez-vous quelque chose à déclarer?

Deve pagare il dazio per questo.

Il y a des droits de douane à payer sur cet article.

Dove l'ha comprato?

Où l'avez-vous acheté?

Apra questa borsa, per favore.

Pouvez-vous ouvrir ce sac, s.v.p.?

Ha altri bagagli?

Avez-vous d'autres bagages?

Je voudrais déclarer …

Vorrei dichiarare … *vorréi dikiarârê*

Je ne comprends pas.

Non capisco. *nonn capisco*

Y a-t-il quelqu'un ici qui parle français?

C'è qualcuno qui che parla francese? *tché coualcouno coui ké parla franntchéésé*

IL CONTROLLO PASSAPORTI	contrôle des passeports
LA FRONTIERA	poste frontière
LA DOGANA	douane
NULLA DA DICHIARARE	rien à déclarer
MERCI DA DICHIARARE	marchandises à déclarer
ESENTE DA DAZIO	exonéré de taxe

Marchandises hors taxe Articoli duty-free

C'est en quelle monnaie?

In che valuta è questo? *in ké valouta é couésto*

Est-ce que je peux payer en …?

Posso pagare in … *posso pagârê in*

dollars

dollari *dollari*

euros

euro *éouroh*

Avion Aereo

Les communications entre les villes et les principales îles italiennes sont bonnes grâce au réseau aérien. Il comprend un service de navettes (Acorbaleno) entre Rome et Milan toutes les vingt minutes. Les vols intérieurs sont parfois coûteux. Toutefois, des tarifs plus économiques peuvent être obtenus en périodes creuses, et des tarifs spéciaux sont généralement proposés aux familles, jeunes/étudiants et personnes âgées.

Billets et réservations Biglietti e prenotazioni

A quelle heure est le … vol pour …?	**Quando parte il … volo per …?** *couanndo parté il … vôlo pér*
premier/prochain/dernier	**il primo/il prossimo/l'ultimo** *il prîmo/il prossimo/loultimo*
Je voudrais 2 billets … pour …	**Vorrei due biglietti … per …** *vorréi doué bilyétti … pér*
aller-simple	**di andata** *di anndâta*
aller-retour	**di andata e ritorno** *di anndâta é ritorno*
première classe	**di prima classe** *di prîma classé*
classe économique	**in classe turistica** *in classé touristica*
classe affaires	**in business class** *inn «business class»*
Combien coûte un vol pour …?	**Quanto costa il volo per …?** *couannto costa il vôlo pér*
Je voudrais … ma réservation pour le vol numéro …	**Vorrei … la mia prenotazione per il volo numero …** *vorréi … la mia prénotatsiôné pér il vôlo nouméro*
annuler	**annullare** *annoullâré*
changer	**cambiare** *cammbiâré*
confirmer	**confermare** *connférmâré*

Questions sur le vol Informazioni sul volo

Combien de temps dure le vol?	**Quanto dura il volo?** *couannto doûra il vôlo*
A quelle heure décolle l'avion?	**A che ora decolla l'aereo?** *a ké ôra décolla laéréo*
A quelle heure arriverons-nous?	**A che ora arriveremo?** *a ké ôra arrivéréémo*
A quelle heure est l'enregistrement des bagages?	**A che ora devo registrare i bagagli?** *a ké ôra déévo rédjistrâré i bagâlyi*

CHIFFRES ➤ 216; HEURES ➤ 220

Enregistrement Accettazione

Où est le bureau d'enregistrement pour le vol …?	**Dov'è il banco accettazione per il volo …?** *dové il bannco atchétatsiōné pér il vôlo*
J'ai …	**Ho … o**
3 valises à faire enregistrer	**tre valige da registrare** *tré validjé da rédjistrâré*
2 bagages à main	**due borse a mano** *doué borsé a mâno*

Il suo biglietto/passaporto/ carta d'imbarco, per favore.	Votre billet/passeport/ carte d'embarquement s.v.p.
Preferisce un posto vicino al finestrino o al corridoio?	Préférez-vous une place côté fenêtre ou côté couloir?
Fumatori o non fumatori?	Fumeur ou non-fumeur?
Si accomodi nella sala partenze.	Veuillez vous rendre dans la salle de départ.
Quanti pezzi/quante valige ha?	Combien de bagages/ valises avez-vous?
Ha un eccesso di bagaglio.	Vos bagages sont trop lourds.
Deve pagare un supplemento di … euro per ogni chilo in più.	Vous devrez payer un supplément de … euros pour chaque kilo supplémentaire.
Questo bagaglio a mano è troppo pesante/grande.	Ce bagages à main est trop lourd/grand.
Ha fatto i bagagli personalmente?	Avez-vous fait vos valises vous-même?
Ci sono articoli elettrici o taglienti?	Est-ce qu'ils contiennent des objets électriques ou coupants?

ARRIVI	arrivées
PARTENZE	départs
I CONTROLLI DI SICUREZZA	contrôles de sécurité
TENERE CON SÈ I BAGAGLI	ne laissez pas vos bagages sans surveillance

BAGAGES ➤ 71

Renseignements Informazioni

Est-ce que le vol … a du retard?	**C'è un ritardo sul volo …?** *tché oun ritardo soul vôlo*
Il a combien de retard?	**Di quanto ritarderà?** *di couannto ritardéra*
Est-ce que le vol de … a atteri?	**È atterrato l'aereo da …?** *é attérrâto l'aéréo da*
De quelle porte part le vol …?	**Da quale uscita parte il volo …?** *da couâlé ouchita parté il vôlo*

Embarquement/Vol Imbarco/Volo

Votre carte d'embarquement, s.v.p.	**La sua carta d'imbarco, per favore.** *la soua carta dimbarco pér favôré*
Est-ce que je pourrais avoir quelque chose à boire/ à manger s.v.p?	**Può portarmi qualcosa da bere/da mangiare, per favore?** *pouo portârmi coualcôsa da bééré/da manndjâré pér favôré*
Pouvez-vous me réveiller pour le repas, s.v.p.?	**Mi svegli per il pasto, per favore.** *mi svélyi pér il pasto pér favôré*
A quelle heure arriverons-nous?	**A che ora arriveremo?** *a ké ôra arrivéréémo*
Un sac vomitoire, vite, s.v.p.	**Un sacchetto di carta, presto, per favore.** *oun sakétto di carta présto pér favôré*

Arrivée Arrivo

Où est/sont le/la/les …?	**Dov'è/Dove sono …?** *dové/dôvé sôno*
bureau de change	**l'ufficio cambio** *louffitcho cammbio*
autobus	**gli autobus** *li aoutobouss*
bureau de location de voitures	**il noleggio auto** *il nolédjo aouto*
sortie	**l'uscita** *louchita*
taxis	**i tassì** *i tassi*
Est-ce qu'il y a un bus pour aller en ville?	**C'è un autobus per il centro città?** *tché oun aoutobouss pér il tchéntro tchitta*
Comment est-ce que je peux me rendre à l'hôtel …?	**Come si arriva all' albergo …?** *comé si arrîva allalbérgo*

Bagages Bagagli

Pourboire: le tarif suggéré pour le portier est de
1 –3 euros par bagage; dans les gares ferroviaires, les tarifs
sont généralement affichés.

Porteur! Excusez-moi!	**Facchino! Scusi!** *fakîno. scoûzi*
Pourriez-vous porter mes bagages …?	**Può portarmi i bagagli fino …?** *pouo portârmi i bagalyi fîno*
jusqu'à un taxi/l'arrêt de bus	**al tassì/alla fermata dell'autobus** *al tassi/ alla fémâta délaoutobouss*
Où est/sont …?	**Dov'è/Dove sono …?** *dové /dôvé sôno*
les chariots à bagages	**i carrelli portabagaglio** *i carrélli portabagâlyo*
la consigne automatique	**il deposito bagagli automatico** *il déposito bagalyi aoutomatico*
la consigne	**il deposito bagagli** *il déposito bagalyi*
Où sont les bagages du vol …?	**Dove sono i bagagli del volo …?** *dôvé sôno i bagalyi dél vôlo*

Perte/Dommages/Vols Smarrimento/Danni/Furti

J'ai perdu mes bagages.	**Ho smarrito i bagagli.** *o smarrito i bagalyi*
On m'a volé mes bagages.	**Il mio bagaglio è stato rubato.** *il mio bagâlyo é stâto roubâto*
Ma valise a été abîmée pendant le voyage.	**La mia valigia è stata danneggiata durante** **il viaggio.** *la mia valîdjia é stâta* *dannédjiâta dourannté il viâdjio*

Può descrivere i suoi bagagli?	Pouvez-vous décrire vos bagages?
Ha l'etichetta di ricupero bagagli?	Avez-vous le ticket de consigne?
I suoi bagagli …	Vos bagages …
potrebbero essere stati mandati a …	ont peut-être été envoyés à …
potrebbero arrivare oggi più tardi.	arriveront peut-être dans la journée.
Ritorni domani, per favore.	Veuillez revenir demain, s.v.p.
Chiami questo numero per **controllare se i suoi bagagli** **sono arrivati.**	Téléphonez à ce numéro pour savoir si vos bagages sont arrivés.

POLICE ➤ 161; COULEURS ➤ 144

Train Treno

EuroCity (EC) *éourositi*

Express international reliant les principales villes
européennes, première et seconde classes. Un supplément doit
être payé et les réservations sont obligatoires.

Pendolino-ETR 450 (P) *péndolíno*

Train à grande vitesse reliant les principales villes italiennes. Première
classe de luxe et seconde classe; les billets comprennent le service
d'hôtesse et un repas. Les réservations sont obligatoires.

Rapido *rapido*

Train express longue distance ne desservant que les villes principales; première et deuxième classes.

Intercity (IC) «*intercity*»

Express intercités marquant peu d'arrêts; service international de luxe
pour les première et seconde classes. Il est indispensable de réserver les
places et un supplément spécial est demandé.

Expresso (EXP) *éspréssso*

Train express longue distance, desservant les villes principales.

Diretto (D) *dirétto*

Plus lent que l'express, desservant la plupart des gares.

InterRegionale (IR) *intérrédjionâlé*

Train desservant les gares principales à l'intérieur d'une région.

Regionale (R) *rédjionâlé*

Train local s'arrêtant dans de nombreux petits endroits. Pas très rapide,
mais constitue un excellent moyen de visiter les petits villages de montagne. Marqués par un «R» blanc sur fond noir.

carrozza ristorante *carrottsa ristorannté*

Voiture-restaurant; attachée à la plupart des trains internationaux et
longue distance. Certains services comprennent des voitures-restaurants
libre-service. De plus, la plupart des trains mettent à votre disposition col-
lations et rafraîchissements.

vagone letto *vagôné létto*

Wagons-lits avec compartiment individuel et équipements de toilette. Des
couchettes avec couvertures et oreillers (**carrozza cuccette**) sont également
disponibles sur certaines lignes. Les première et seconde classes se
distinguent par le nombre de couchettes par compartiment.

La société des Chemins de fer nationaux (**ferrovie dello stato – FS**) publie
un indicateur de poche gratuit, facile à consulter des principaux trains
parcourant l'Italie. Les trains italiens sont parfois bondés; si vous n'avez
pas réservé, il est plus raisonnable d'arriver en gare au moins 30 minutes
avant le départ afin d'être sûr d'obtenir une place.

Contrôlez les différentes réductions et cartes de voyage existantes avant
de quitter votre pays.

A la gare Alla stazione ferroviaria

Pour aller à la gare (principale)?	**Come si arriva alla stazione ferroviaria (principale)?** *cômé si arríva alla statsiôné férroviâria (printchipâlé)*
Est-ce que les trains pour … partent de la gare …?	**I treni per … partono dalla stazione di …?** *i tréeni pér … partono dalla statsiôné di*
A quelle distance est-ce?	**Quanto distante?** *couannto distannté*
Je peux laisser ma voiture ici?	**Posso lasciare la mia macchina qui?** *posso lachâré la mia makina coui*

Dans la gare Alla stazione ferroviaria

Où est/sont le/la/les …?	**Dov'è/Dove sono …?** *dové /dôvé sôno*
bureau de change	**l'ufficio cambio** *louffitcho cammbio*
bureau des renseignements	**lo sportello informazioni** *lo sportéllo informatsiôni*
consigne	**il deposito bagagli** *il déposito bagâlyi*
bureau des objets trouvés	**l'ufficio oggetti smarriti** *louffitcho odjétti smarriti*
consigne automatique	**il deposito bagagli automatico** *il déposito bagâlyi aoutomâtico*
quais	**i binari** *i binâri*
snack-bar	**il bar** *il bar*
guichet	**la biglietteria** *la bilyéttéria*
salle d'attente	**la sala d'aspetto** *la sala daspétto*

ENTRATA	entrée
USCITA	sortie
AI BINARI	accès aux quais
INFORMAZIONI	renseignements
PRENOTAZIONI	réservations
ARRIVI	arrivées
PARTENZE	départs

DIRECTIONS ➤ 94

Billets Biglietti

Il est très important de composter vos billets avant d'entamer votre voyage, en introduisant ceux-ci dans les machines (généralement jaunes) placées sur les quais, faute de quoi une amende vous sera infligée.

Je voudrais un billet … pour …	**Vorrei un biglietto … per …** *vorréi oun bilyéto … pér*
aller-simple	**di andata** *di anndâta*
aller-retour	**di andata e ritorno** *di anndâta é ritorno*
de première/deuxième classe	**di prima/di seconda classe** *di prîma/di séconnda classé*
Je voudrais réserver un …	**Vorrei prenotare …** *vorréi prénotâré*
siège près de la fenêtre/ du couloir	**un posto vicino al finestrino/al corridoio** *oun posto vitchîno al finéstrîno/al corridoyo*
Est-ce qu'il y a un wagon-lit?	**C'è un vagone letto?** *tché oun vagôné létto*
Je voudrais une couchette.	**Vorrei una cuccetta …** *vorréi ouna coutchétta*
supérieure/inférieure	**superiore/inferiore** *soupériôré/infériôré*

Prix Tariffe

C'est combien?	**Quant'è?** *couannté*
Y a-t-il une réduction pour …?	**C'è una riduzione per …?** *tché ouna ridoutsiôné pér*
les enfants/les familles	**bambini/famiglie** *bammbîni/familyé*
les personnes âgées	**anziani** *anntsiâni*
les étudiants	**studenti** *stoudénti*
Est-ce que vous offrez un aller-retour dans la même journée bon marché?	**Avete una tariffa economica per una andata e ritorno in giornata?** *avéété ouna tariffa économica pér ouna anndâta é ritorno in djornâta*

Questions Richieste

Est-ce que je dois changer de train?	**Devo cambiare treno?** *dévo cambiâ̱ré tréé̱no*
C'est un train direct.	**È un treno diretto.** *é oun tréé̱no dirétto*
Il faut changer à …	**Deve cambiare a …** *déé̱vé cambiâ̱ré a*
Ce billet est valable pour combien de temps?	**Per quanto tempo è valido questo biglietto?** *pér couannto témpo é valido coué̱sto bilyé̱to*
Est-ce que je peux revenir avec le même billet?	**Posso ritornare con lo stesso biglietto?** *posso ritornâ̱ré conn lo sté̱sso bilyé̱tto*
Dans quel wagon est ma place?	**In quale carrozza è il mio posto?** *inn couâ̱lé carro̱tsa é il mio posto*
Est-ce qu'il y a un wagon-restaurant dans le train?	**C'è un vagone ristorante sul treno?** *tché ou̱n vagô̱né ristorannté soul tréé̱no*

> – Vorrei un biglietto per Siena, per favore.
> (Je voudrais un billet pour Sienne, s.v.p.)
> – *Andata o andata e ritorno? (Aller-simple ou aller-retour?)*
> – Andata e ritorno, per favore. (Aller-retour, s.v.p.)
> – *Fa sedici euro. (Ça fait 16 euros.)*
> – Devo cambiare treno? (Est-ce que je dois changer de train?)
> – *Sì, deve cambiare a Poggibonsi.*
> *(Oui, il faut changer à Poggibonsi.)*

Horaires des trains L'orario ferroviario

Est-ce que je pourrais avoir un horaire, s.v.p.?	**Ha un orario ferroviario, per favore?** *a oun orâ̱rio férroviâ̱rio pér favô̱ré*
A quelle heure part le … train pour …?	**Quando parte il … treno per** *couanndo pâ̱rté il … tréé̱no pér*
premier/prochain/dernier	**il primo/il prossimo/l'ultimo** *il prî̱mo /il pro̱ssimo/ loultimo*

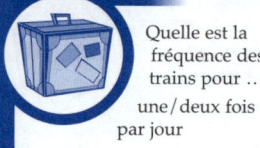

Quelle est la fréquence des trains pour …?	**Che frequenza hanno i treni per …?** *ké frécouéntsa anno i trééni pér*
une/deux fois par jour	**una volta/due volte al giorno** *ouna volta/doué volté al djorno*
cinq fois par jour	**cinque volte al giorno** *tchinncoué volté al djorno*
toutes les heures	**ogni ora** *ogni ôra*
A quelle heure partent-ils?	**A che ora partono?** *a ké ôra partono*
toutes les heures/à l'heure juste	**ad ogni ora precisa** *ad ogni ôra prétchîsa*
A quelle heure le train s'arrête-t-il à …?	**A che ora si ferma il treno a …?** *a ké ôra si férma il trééno a*
A quelle heure le train arrive-t-il à …?	**A che ora arriva il treno a …?** *a ké ôra arrîva il trééno a*
Combien de temps dure le voyage?	**Quanto dura il viaggio?** *couannto doûra il viâdjo*
Est-ce que le train est à l'heure?	**Il treno è in orario?** *il trééno é inn orârio*

Départs Partenze

De quel quai part le train pour …?	**Da quale binario parte il treno per …?** *da couâlé binârio parté il trééno pér*
Où est le quai numéro 4?	**Dov'è il binario quattro?** *dové il binârio couattro*
là-bas	**laggiù** *ladjou*
à gauche/à droite	**a sinistra/a destra** *a sinistra/a déstra*
Où est-ce que je dois changer pour …?	**dove cambio per …?** *dôvé cammbio pér*
Combien de temps dois-je attendre pour une correspondance?	**Quanto devo aspettare per la coincidenza?** *couannto déévo aspéttâré pér la cointchidéntsa*

Embarquement Salire a bordo

Est-ce bien le bon quai pour le train pour …?
È questo il binario del treno a …? *é couésto il binârio dél tréeno a …*

Est-ce que c'est bien le train direct pour …?
È questo il treno diretto a …? *é couésto il tréeno dirétto a*

Est-ce que cette place est occupée?
È occupato questo posto? *é ocoupâto couésto posto*

Je crois que c'est ma place.
Questo è il mio posto, credo. *couésto é il mio posto créédo*

Est-ce qu'il y a des places/ couchettes libres?
Ci sono posti liberi/cuccette libere? *tchi sôno posti libéri/ coutchétté libéré*

Est-ce que ça vous dérange si …?
Le spiace …? *lé spiâtché*

je m'asseois ici
se mi siedo qui *sé mi siéédo coui*

j'ouvre la fenêtre
se apro la finestra *sé apro la finéstra*

Pendant le voyage Durante il viaggio

Combien de temps est-ce que nous nous arrêtons ici?
Per quanto tempo ci fermiamo qui? *pér couannto témpo tchi férmiâmo coui*

Quand arrivons-nous à …?
Quando arriviamo a …? *couanndo arriviâmo a*

Est-ce que nous sommes passés à …?
Abbiamo passato …? *abbiâmo passâto*

Où est le wagon-restaurant/ wagon-lit?
Dov'è la carrozza ristorante/il vagone letto? *dové la carrotsa ristorannté/il vagôné létto*

Où est ma couchette?
Dov'è la mia cuccetta? *dové la mia coutchétta*

J'ai perdu mon billet.
Ho perso il biglietto. *o pérso il bilyétto*

FRENI D'EMERGENZA	arrêt d'urgence
PORTE AUTOMATICHE	portes automatiques
SEGNALE D'ALLARME	sonnette d'alarme

HEURES ➤ 220

Autocar Corriera

Voyager en autocar peut s'avérer un moyen pratique de se rendre dans les villes plus modestes et une façon plus économique d'accéder aux grandes villes. Vous trouverez des informations sur les destinations et les horaires dans les gares autoroutières généralement situées à proximité des gares ferroviaires. Parmi les sociétés principales, citons: **A.M.T.** (Gênes), **Appian Line** (Rome), **Autostradale, Lazzi, Pesci, Sadem, Sita**.

Où est la gare autoroutière?	**Dov'è la stazione delle corriere/ dei pullman?** _dové la statsiōné déllé corriééré/déi pullman_
A quelle heure est le prochain car pour …?	**Quando parte la prossima corriera per …?** _couanndo parté la prossima corriééra pér …_
De quel arrêt part-il?	**Da quale piazzola parte?** _da couâlé piatsôla parté_
Où sont les arrêts de car?	**Dove sono le piazzole di sosta?** _dôvé sôno le piatsôle di sosta_
Est-ce que le car s'arrête à …?	**Questa corriera ferma a …?** _couésta corriééra férma a_
Combien de temps dure le voyage?	**Quanto dura il viaggio?** _couannto doûra il viâdjo_

Bus Autobus

Dans la plupart des villes, les tickets de bus ou de métro sont valables 75 minutes et le tarif est standard, indépendamment de la distance. Si vous avez l'intention de voyager beaucoup dans une ville, renseignez-vous au sujet des billets circulaires spéciaux, tels que le **biglietto giornaliero** (ticket valable un jour).

Deve andare a quella fermata lì.	Il faut aller à cet arrêt là-bas.
Deve prendere quella strada.	Vous devez suivre cette rue.
Deve prendere l'autobus numero …	Vous devez prendre le bus numéro …
Deve cambiare autobus a …	Vous devez changer de bus à …

LA FERMATA D'AUTOBUS	arrêt d'autobus
LA FERMATA A RICHIESTA	arrêt facultatif
VIETATO FUMARE	défense de fumer
USCITA (D'EMERGENZA)	sortie (de secours)

DIRECTIONS ➤ 94; HEURES ➤ 220

Acheter des billets Comprare i biglietti

Où est-ce que je peux acheter des billets?	**Dove si comprano i biglietti?** *dôvé si commprano i bilyéti*
Un billet … , s.v.p.	**Un biglietto …, per favore.** *oun bilyéto pér … pér favôré*
aller	**di corsa semplice** *di corsa sémplitché*
aller-retour	**circolare** *tchircolâré*
passe-bus	**per corse multiple** *pér corsé moultiplé*
pour la journée / la semaine / le mois	**giornaliero/settimanale/mensile** *djornaliééro/séttimanâlé/ménsilé*
Un carnet de tickets, s.v.p.	**Un blocchetto di biglietti, per favore.** *oun blokétto di bilyéti pér favôré*
Combien coûte un ticket pour …?	**Quant'è il biglietto per …?** *couanné il bilyétto pér*

Pour voyager In viaggio

Est-ce que c'est bien le bon bus / tram pour …?	**È questo l'autobus/il tram per …?** *é couésto laoutobouss/il tramm pér*
Pourriez-vous me dire quand il faut descendre?	**Può dirmi quando devo scendere?** *pouo dirmi couanndo déévo chéndéré*
Est-ce que je dois changer de bus?	**Devo cambiare autobus?** *déévo cammbiâré aoutobouss*
Combien d'arrêts est-ce qu'il y a jusqu'à …?	**Quante fermate ci sono per …?** *couannté férmâté tchi sôno pér*
Prochain arrêt, s.v.p.!	**La prossima fermata, per favore!** *la prossima férmâta pér favôré*

⊘   **CONVALIDARE IL BIGLIETTO**   composter le billet   ⊖

– Scusi. È questo l'autobus per il municipio?
(Excusez-moi. Est-ce que c'est bien le bus pour l'hôtel de ville?)
– No. Deve prendere l'autobus numero otto. Eccolo, laggiù.
(Non. Vous devez prendre le bus numéro 8. Le voilà, là-bas.)
– Dove si comprano i biglietti?
(Où est-ce que je peux acheter des billets?)
– In una edicola. (Dans un kiosque à journaux.)
– Può dirmi quando devo scendere?
(Pourriez-vous me dire quand il faut descendre?)
– Fra quattro fermate. (Dans quatre arrêts.)

Métro Metropolitana

Le métro à Rome et à Milan affichent de grandes cartes dans chaque gare afin de faciliter l'utilisation du système. Le tarif est standard, indépendamment de la distance parcourue.

Questions générales Richieste generali

Où est la station de métro la plus proche?
Dov'è la fermata della metropolitana più vicina? *dové la férmâta délla métropolitâna piou vitchîna*

Où est-ce que je peux acheter les billets?
Dove si comprano i biglietti? *dové si commprano i bilyétti*

Est-ce que je pourrais avoir un plan du métro?
Ha una carta/mappa della rete metropolitana? *a ouna carta/mappa délla réété métropolitâna*

En voyage In viaggio

Quelle ligne dois-je prendre pour …?
Che linea devo prendere per …? *ké linéa déévo préndéré pér*

C'est bien la ligne pour …?
È questa la linea per …? *é couésta la linéa pér*

C'est quelle station pour …?
Che fermata è per …? *ké férmâta é pér*

Combien de stations est-ce qu'il y a jusqu'à …?
Quante fermate ci sono per arrivare a …? *couannté férmâté tchi sôno pér arrivâré a*

Est-ce que la prochaine station est bien …?
La prossima/fermata è …? *la prossima (férmâta) é*

Où sommes-nous?
Dove siamo? *dôvé siâmo*

Où est-ce que je dois changer pour …?
Dove devo cambiare per …? *dôvé déévo cambiâré pér*

A quelle heure est la dernière rame pour …?
A che ora è l'ultimo treno per …? *a ké ôra é loultimo trééno pér*

PER ALTRE LINEE/ COINCIDENZE — autres lignes/ correspondances

CHIFFRES ➤ 216; ACHETER DES BILLETS ➤ 79, 74

Ferry traghetto

Des services réguliers de bateaux, ferries et hydroptères opèrent à destination des îles italiennes. Outre les grands services publics tels que **Tirrenia** (en particulier les services à destination de la Sicile et de la Sardaigne), nombre d'autres opérateurs vous emmèneront dans des îles telles que Capri, Ischia, Ponza, Ventotene, les îles Trémiti, l'île d'Elbe et Giglio.

Les voyageurs à destination de Venise peuvent réserver des excursions sur une myriade de canaux, organisées par la *Coopérative des Services des Gondoles*. Le prix est généralement indiqué par gondole, où peuvent prendre place 6 à 8 personnes, pour 45 minutes – il est parfois possible de marchander. Un moyen plus économique, mais moins romantique de se promener est le bateau-omnibus: **Vaporetto** (lent) et **Diretto** (rapide).

A quelle heure est le … car-ferry pour …?	**Quando c'è … traghetto auto per …?** *couanndo tché … traghétto aouto pér*
premier / prochain / dernier	**il primo/il prossimo/l'ultimo** *il prîmo/ il prossimo/ loultimo*
l'aéroglisseur	**l'aliscafo** *laliscâfo*
le bateau	**la nave** *la nâvé*
Un billet aller et retour pour …	**Un biglietto di andata e ritorno per …** *oun bilyétto di anndâta é ritorno pér*
une voiture et une caravane	**un'auto e una carovana** *oun aouto é ouna carovâna*
2 adultes et 3 enfants	**due adulti e tre bambini** *doué adoulti é tré bambîni*
Je voudrais réserver une cabine …	**Vorrei prenotare una cabina …** *vorréi prénotâré ouna cabina*
pour une / deux personne(s)	**singola/doppia** *singgola/doppia*

VIETATO L'ACCESSO AL PONTE AUTO	accès au pont autos interdit
LA SCIALUPPA DI SALVATAGGIO	chaloupe de sauvetage
LA CINTURA DI SALVATAGGIO	ceinture de sauvetage
PUNTO DI RACCOLTA	point de rassemblement

Voyages en bateau Gite in barca

Est-ce qu'il y a …?	**C'è …?** *tché*
un voyage en bateau	**una gita in barca** *ouna djita in bârca*
Où peut-on acheter des billets?	**Dove si comprano i biglietti?** *dové si commpranno i bilyétti*

CHIFFRES ➤ 216; HEURES ➤ 220

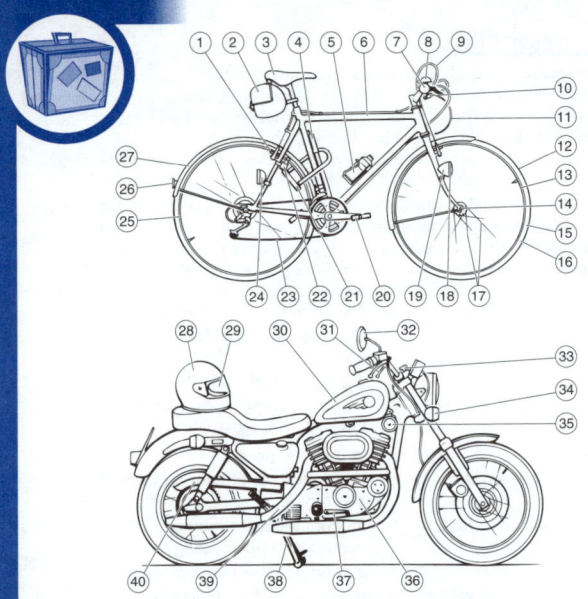

1 plaquette de frein
  il pattino/la pastiglia
2 sacoche de bicyclette **il borsello**
3 selle **il sellino**
4 pompe **la pompa**
5 bidon d'eau **la bottiglia dell'acqua**
6 cadre **il telaio**
7 guidon **il manubrio**
8 sonnette **il campanello**
9 câble de frein **il cavo dei freni**
10 levier de changement de vitesse
   la leva del cambio
11 câble de changement de vitesse
   il cavo del cambio
12 chambre à air **la camera d'aria**
13 roue avant/arrière
   la ruota anteriore/posteriore
14 essieu **l'asse**
15 pneu **il pneumatico**
16 roue **la ruota**
17 rayons **i raggi**
18 ampoule **la lampadina**
19 phare **il fanalino anteriore**

20 pédale **il pedale**
21 antivol **il antifurto**
22 dynamo **la dinamo**
23 chaîne **la catena**
24 feu arrière **il fanalino posteriore**
25 jante **il cerchione**
26 réflecteurs **il catarinfrangente**
27 garde-boue **il parafango**
28 casque **il casco**
29 visière **l'antiabbagliante**
30 réservoir **il serbatoio**
31 embrayage **la leva della frizione**
32 rétroviseur **lo specchietto**
33 contact **l'accensione**
34 clignotant **l'indicatore di posizione**
35 klaxon **il claxon**
36 moteur **il motore**
37 levier de vitesse **la leva del cambio**
38 béquille **il cavalletto**
39 pot d'échappement **la marmitta**
40 couvre-chaîne **il paracatena**

Bicyclette / moto
Bicicletta / motocicletta

Je voudrais louer un/une …	**Vorrei noleggiare …** *vorréi nolédjiâré*
vélo à 3/10 vitesses	**una bici(cletta) a tre/dieci marce** *ouna bitchi(clétta) a tré/diétchi martché*
mobylette	**un motorino** *oun motorîno*
VTT	**una MTB** *ouna émmétibi*
moto	**una moto(cicletta)** *ouna moto (mototchiklétta)*
Ça coûte combien par jour/semaine?	**Quanto costa al giorno/alla settimana?** *couannto costa al djiorno/alla séttimâna*
Est-ce qu'il faut verser des arrhes?	**Vuole un anticipo?** *vouôlé oun anntitchipo*
Les freins ne marchent pas.	**I freni non funzionano.** *i frééni nonn fountsiônano*
Il n'y a pas de feux.	**Non ci sono i fanalini.** *nonn tchi sôno i fannalîni*
Le pneu avant/arrière est crevé.	**il pneumatico anteriore/posteriore è bucato.** *il pnéoumatico anntériôré/postériôré é boucâto*

Faire de l'auto-stop   Fare l'autostop

Où allez-vous?	**Dove va?** *dôvé va*
Je vais vers …	**Vado verso …** *vâdo vérso*
Est-ce que c'est sur la route de …?	**È sulla strada per …?** *é soulla strâda pér*
Est-ce que vous pourriez me déposer …?	**Può farmi scendere …?** *pouô fârmi chéndéré*
ici/à …	**qui/a …** *coui/a*
à la sortie …	**all'uscita …** *allouchita*
dans le centre ville	**in centro città** *in tchéntro tchitta*
Merci de m'avoir emmené.	**Grazie per il passaggio.** *grâtsié pér il passâdjio*

DIRECTIONS ➤ 94; CHIFFRES ➤ 216

Taxi Tassì

Tous les taxis sont légalement tenus d'être munis d'un taximètre, mais il est toujours plus raisonnable de demander le tarif pour les voyages plus longs. Tous les tarifs (dont suppléments pour les dimanches, jours fériés, déplacements de nuit [23.00 h–6.00 h], à destination d'aéroports, bagages) sont indiqués sur un tableau officiel, en principe affiché à l'intérieur du taxi. Avant de vous quereller avec votre chauffeur à l'arrivée ou au départ de l'aéroport, rappelez-vous qu'un supplément pour le retour doit être additionné au tarif indiqué par le taximètre. Prenez garde aux taxis non munis d'une licence (**«abusivi»**), qui racolent la clientèle à destination des aéroports et des gares – leurs tarifs sont nettement supérieurs aux tarifs normaux. Suggestion de pourboire: 10–15% pour le chauffeur.

Où est-ce que je peux trouver un taxi?	**Dove si trovano i tassì?** _dôvé si trôvano i tassì_
Avez-vous le numéro de téléphone pour appeler un taxi?	**Ha il numero dei tassì?** _a il nouméro déi tassì_
Je voudrais un taxi …	**Vorrei un tassì …** _vorréi oun tassì_
maintenant	**subito** _soubito_
dans une heure	**fra un'ora** _fra ounôra_
demain à 9 heures	**per domani alle nove** _pér domâni allé nôvé_

LIBERO   libre

L'adresse est … Je vais à …	**L'indirizzo è … Vado a …** _linndiritso é … vâdo a_
Emmenez-moi à …, s.v.p.	**Per favore, mi porti …** _pér favôré mi porti_
l'aéroport/la gare	**all'aeroporto/alla stazione ferroviaria** _allaéroporto/alla statsiôné férroviâria_
cette adresse	**a questo indirizzo** _a couésto inndiritso_
Combien est-ce que ça coûtera?	**Quanto costerà?** _couannto costéra_
Le compteur indique …	**Sul tassametro è segnato …** _soul tassamétro é ségnâto_
Gardez la monnaie.	**Tenga il resto.** _ténga il résto_

– Per favore, mi porti alla stazione ferroviaria.
(Emmenez-moi à la gare, s.v.p.)
– Certo. (Bien sûr.)
– Quanto costerà? (Combien est-ce que ça coûtera?)
– Tre euro. (3 euros.)
– Grazie. Tenga il resto. (Merci. Gardez la monnaie.)

Voiture Automobile

Lors de vos déplacements en voiture, vous devez disposer en permanence des documents suivants: permis de conduire valide et complet, document d'immatriculation du véhicule (carte grise) et documents d'assurance. Si vous ne possédez pas de permis format CE, une traduction du permis est également nécessaire. Les visiteurs doivent être en possession de leur carte grise et, s'il ne s'agit pas de leur voiture, d'une autorisation écrite du propriétaire.

Le délit le plus communément commis à l'encontre des touristes en Italie est le vol de voitures de location. Tâchez toujours de trouver des aires de stationnement sûres la nuit et n'abandonnez jamais d'objets précieux dans votre véhicule à quelque moment que ce soit.

Equipement indispensable: triangle de signalisation, plaque d'immatriculation nationale; le port des ceintures de sécurité est obligatoire. Les enfants de moins de 13 ans doivent prendre place dans des fauteuils équipés de rehausseurs spéciaux.

Les usagers d'une route principale sont prioritaires; lors du croisement de deux routes équivalentes, la priorité à droite est appliquée. Sur les routes à trois bandes, la bande centrale est réservée au dépassement.

Age minimum de conduite: 18 ans.

Les autoroutes italiennes (**autostrade**) sont à péages (**il pedaggio**). La police de la route est en droit de vous infliger des amendes payables sur-le-champ. Demandez un reçu.

L'usage de l'avertisseur sonore est interdit en agglomération, excepté en cas d'urgence.

Taux d'alcool dans le sang: maximum 80 mg/100 ml.

Réseau routier

Italie: **autostrada** – autoroute à péage; **superstrada** – autoroute sans péage; **strada statale** – route nationale; **strada provinciale** – route secondaire; **strada comunale** – route locale.

Suisse: **A** – autoroute sans péage, mais paiement d'une vignette obligatoire au passage de la frontière; **N** – route nationale; **E**– secondaire.

Limitation de vitesse *km/h*	Zone urbaine	En dehors des zones urbaines		Autoroute
Italie	50	110	routes nationales	130
		90	routes secondaires	
voiture avec remorque/caravane	50	70		80
Suisse	50	80		100-120

Location de voitures Autonoleggio

L'assurance de responsabilité civile (**R.C.A.**) est comprise dans le coût de base, généralement avec une prime-collision sans franchise.

Si vous voyagez en avion ou en train, il se peut que vous désiriez bénéficier d'arrangements spéciaux comprenant la location d'une voiture. Les petites entreprises locales sont généralement plus intéressantes que les principales sociétés italiennes de location ou les multinationales, mais les voitures ne peuvent être louées que localement. Certaines sociétés exigent un âge minimum de 21 ans; un permis valable depuis un an minimum est exigé d'office.

Où est-ce que je peux louer une voiture?	**Dove posso noleggiare un'auto(mobile)?** _dôvé posso nolédjâré ounaouto (ounaoutomobilé)_
Je voudrais louer une voiture …	**Vorrei noleggiare un'auto …** _vorréi nolédjâré ounaouto_
2 portes/4 portes	**a due/a quattro porte** _a doué/a couattro porté_
automatique	**con cambio automatico** _conn cammbio aoutomâtico_
avec climatisation	**con aria condizionata** _conn âria connditsionnâta_
Je voudrais la louer pour un jour/une semaine.	**Vorrei noleggiarla per un giorno/una settimana.** _vorréi nolédjârla pér oun djorno/ouna séttimâna_
Quel est le tarif par jour/semaine?	**Quanto costa al giorno/alla settimana?** _couannto costa al djorno/alla séttimâna_
Est-ce que le kilométrage et l'assurance sont compris?	**Il chilometraggio e l'assicurazione sono inclusi?** _il kilométrâddjo é lassicouratsiôné sôno incloûsi_
Est-ce que je peux laisser la voiture à …?	**Posso lasciare la macchina a …?** _posso lachâré la makina a_
Qu'est-ce qu'il faut mettre comme carburant?	**Che tipo di benzina prende?** _ké tipo di béndzîna préndé_
Où sont les phares/les codes?	**Dove sono gli abbaglianti/anabbaglianti?** _dôvé sôno ly abbalyiannti/ anabbalyiannti_
Est-ce que je peux prendre une assurance tous risques?	**Vorrei una polizza di assicurazione completa.** _vorréi ouna politsa di assicouratsiôné compléta_

Station-service Stazione di servizio

Où est la station-service la plus proche?	**Dov'è la prossima stazione di servizio?** *dové la prossima statsiôné di sérvitsio*
Est-ce que c'est un self-service?	**È un distributore automatico?** *é oun distriboutôré aoutomatico*
Le plein, s.v.p.	**Il pieno, per favore.** *il piééno pér favôré*
… litres d'essence … , s.v.p.	**… litri di benzina …, per favore.** *litri di béndzîna … pér favôré*
super/ordinaire	**super/normale** *soupér/normâlé*
sans plomb/diesel	**verde/diesel** *vérdé/dîsél*
Où est le compresseur d'air/d'eau?	**Dov'è la pompa per l'aria/l'acqua?** *dové la pommpa pér lâria/lacoua*

○	**PREZZO AL LITRO**	prix au litre	○

Stationnement Parcheggio

Le stationnement dans la rue est essentiellement limité aux centre-villes. Vous pourrez vous procurer un disque bleu (**dischi di sosta,** maximum une heure) en zone bleue dans les organismes touristiques, clubs automobiles et stations-service. Affichez votre disque afin de communiquer votre heure d'arrivée et de départ.

A Rome, le stationnement en centre-ville (**la zona tutelata**) est interdit en semaine; punissable par une amende et une peine de prison.

Est-ce qu'il y a un parking près d'ici?	**C'è un parcheggio qui vicino?** *tché oun parkédjo coui vitchîno*
Quel est le tarif par heure/jour?	**Quanto costa all'ora/al giorno?** *couannto costa allôra/ al djorno*
Avez-vous de la monnaie pour le parcomètre?	**Ha moneta per il parchimetro?** *a mônéta pér il parkimétro*
On a mis un sabot de Denver à ma voiture. A qui dois-je téléphoner?	**La mia auto è stata bloccata con ceppo bloccaruote. A chi devo rivolgermi?** *la mia aouto é stâta blocâta conn tchéppo blocarouoté. a ki déévo rivoldjérmi*

CHIFFRES ➤ 216; DIRECTIONS ➤ 94

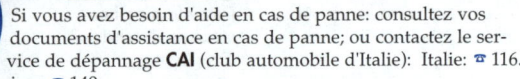

Pannes Guasti

Si vous avez besoin d'aide en cas de panne: consultez vos documents d'assistance en cas de panne; ou contactez le service de dépannage **CAI** (club automobile d'Italie): Italie: ☎ 116.
Suisse: ☎ 140

Où se trouve le garage le plus proche?	**Dov'è l'autorimessa più vicina?** *dové laoutoriméssa piou vitchîna*
Ma voiture est tombée en panne.	**Ho un guasto all'automobile.** *o oun gousto allaoutomobilé*
Pouvez-vous m'envoyer un mécanicien/une dépanneuse?	**Può mandarmi un meccanico/un carro attrezzi?** *pouo manndârmi oun mécannico/oun carro attrétsi*
Je suis membre du service d'assistance routière …	**Sono socio del servizio soccorso stradale …** *sôno sotchio dél sérvitsio socorso stradâlé*
Mon numéro d'immatriculation est …	**La mia targa è …** *la mia targa é*
La voiture est …	**L'auto è …** *laouto é*
sur l'autoroute	**sull'autostrada** *soullaoutostrâda*
à 2 km de …	**a due chilometri da …** *a doué kilométri da*
Combien de temps allez-vous mettre pour arriver?	**Fra quanto tempo arriva?** *fra couannto témpo arrîva*

Qu'est-ce qui ne va pas? Che guasto ha?

Ma voiture ne veut pas démarrer.	**L'auto non parte.** *laouto nonn parté*
La batterie est à plat.	**La batteria è scarica.** *la battéria é scarica*
Je suis en panne d'essence.	**Ho finito la benzina.** *o finito la béndzîna*
J'ai une crevaison.	**Ho un pneumatico forato.** *o oun pnéoumatico forâto*
J'ai un problème avec …	**C'è qualcosa che non funziona con …** *tché coualcôsa ké nonn fountsiôna conn*
J'ai fermé mes clés dans la voiture.	**Ho chiuso le chiavi dentro la macchina.** *o kioûzo lé kiâvi déntro la makina*

Réparations Riparazioni

Faites-vous des réparations?
Fa riparazioni?
fa riparatsiôni

Est-ce que vous pouvez faire une réparation (temporaire)?
Può fare una riparazione (provvisoria)?
pouo fâré ouna riparatsiôné (provizôria)

Faites seulement les réparations essentielles, s.v.p.
Faccia solo le riparazioni essenziali, per favore. *fatcha sôlo lé riparatsiôné ésséntsiâli pér favôré*

Puis-je attendre?
Posso aspettare? *posso aspéttâré*

Pouvez-vous la réparer aujourd'hui?
Può ripararla oggi? *pouo riparârla odji*

Quand sera-t-elle prête?
Quando sarà pronta? *couanndo sara pronnta*

Ça coûtera combien?
Quanto costerà? *couannto costéra*

N'exagérons pas!
Non esageriamo! *nonn ésadjériâmo*

Pouvez-vous me donner un reçu pour l'assurance, s.v.p.?
Mi dia una ricevuta per l'assicurazione, per favore. *mi dia ouna ritchévouta pér lassicouratsiôné pér favôré*

Il/La/Lo ... non funziona.	Le/La ... ne marche pas.
Non ho i pezzi di ricambio necessari.	Je n'ai pas les pièces de rechange nécessaires.
Devo ordinare i pezzi di ricambio.	Il faut que je commande les pièces.
Posso solo fare una riparazione provvisoria.	Je ne peux faire qu'une réparation temporaire.
La sua macchina è inservibile.	Ça ne vaut pas la peine de la faire réparer.
Non si può riparare.	On ne peut pas la réparer.
Sarà pronta ...	Elle sera prête ...
oggi più tardi	dans la journée
domani	demain
fra ... giorni.	dans ... jours

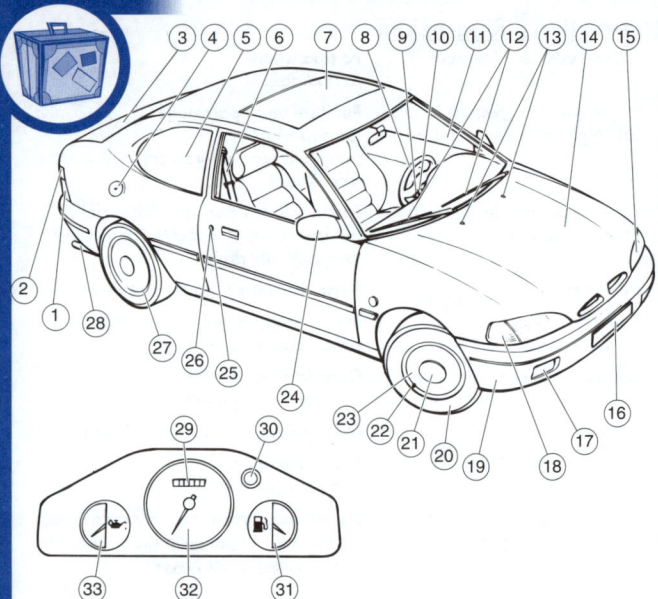

1 feux arrière **i fanali posteriori**
2 feux rouges (des freins) **le luci dei freni**
3 coffre **il baule**
4 bouchon de réservoir (d'essence) **il tapo del serbatoio**
5 vitre **il lunotto**
6 ceinture de sécurité **la cintura di sicurezza**
7 toit ouvrant **il tetto apribile**
8 volant **il volante**
9 contact **l'accensione**
10 clé de contact **la chiave dell'accensione**
11 pare-brise **il parabrezza**
12 essuie-glaces **il tergicristallo**
13 jet lave-glace **i lavacristalli**
14 capot **il cofano**
15 phares **i fari/gli abbaglianti**
16 plaque d'immatriculation **la targa**
17 feu anti- brouillard **il fanale antinebbia**
18 clignotants **gli indicatori di posizione**

19 pare-choc **il paraurti**
20 pneus **i pneumatici**
21 enjoliveur **la coppa**
22 valve **la valvola**
23 roues **le ruote**
24 rétroviseur extérieur **lo specchietto retrovisore esterno**
25 fermeture centrale **la chiusura centralizzata**
26 serrure **la serratura**
27 jante **il cerchione**
28 pot d'échappement **il tubo di scappamento**
29 compteur kilomètrique **il conta chilometri**
30 feu de détresse **le luci d'emergenza**
31 jauge de carburant **l'indicatore della benzina**
32 compteur de vitesse **l'indicatore di velocità**

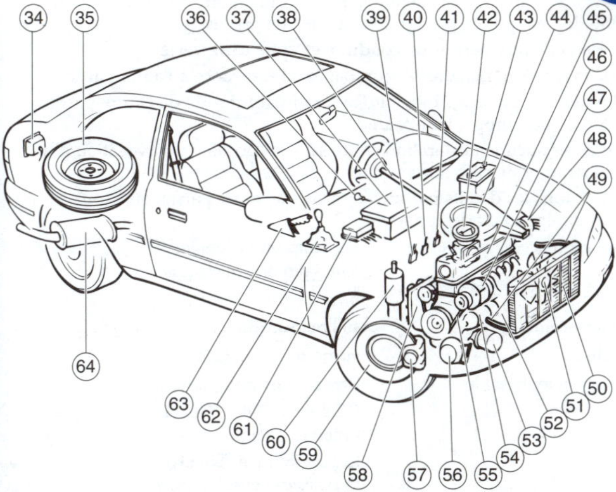

33 jauge d'huile **l'indicatore del livello dell'olio**

34 feux de recul **le luci di retromarcia**

35 roue de secours **il pneumatico/ la gomma di ricambio**

36 starter **il starter**

37 chauffage **l'impianto di riscaldamento**

38 colonne de direction **il piantone di guida**

39 accélérateur **l'acceleratore**

40 pédale **il pedale**

41 embrayage **la frizione**

42 carburateur **il carburatore**

43 batterie **la batteria**

44 alternateur **l'alternatore**

45 arbre à cames **l'albero a camme**

46 filtre à air **il filtro dell'aria**

47 distributeur **il distributore**

48 bougies **le candele**

49 durite **il tubo del radiatore**

50 radiateur **il radiatore**

51 ventilateur **il ventilatore**

52 moteur **il motore**

53 filtre à huile **il filtro dell'olio**

54 démarreur **il motorino d'avviamento**

55 courroie de ventilateur **la cinghia del ventilatore**

56 klaxon **il claxon**

57 plaquettes de freins **la ganascia freno**

58 boîte de vitesses **la scatola cambio**

59 freins **i freni**

60 amortisseurs **gli ammortizzatori**

61 fusibles **i fusibili**

62 levier de vitesses **la leva di cambio**

63 frein à main **il freno a mano**

64 silencieux **il silenziatore**

REPARATIONS ➤ 89

Accidents Incidenti

En cas d'accident:

1. Placez votre triangle de signalisation à une distance d'environ 100 mètres derrière votre voiture;

2. Signalez l'accident à la police (obligatoire en cas de blessure corporelle); ne quittez pas les lieux avant son arrivée;

3. Présentez votre permis de conduire et votre carte verte;

4. Déclinez vos nom, adresse, compagnie d'assurance à l'autre partie;

5. Signalez l'accident au bureau d'assurance approprié de l'autre partie, ainsi qu'à votre propre compagnie;

6. Ne faites aucune déclaration écrite sans le conseil d'un avocat ou d'un administrateur de club automobile;

7. Notez tous les détails pertinents relatifs à l'autre partie, ou à tout témoin indépendant de l'accident.

Il y a eu un accident.	**C'è stato un incidente.** *tché stâto oun intchidénté*
Il est à …	**È …** *é*
sur l'autoroute	**sull'autostrada** *soullaoutostrâda*
près de …	**vicino a …** *vitchîno a*
Où est le téléphone le plus proche?	**Dov'è il telefono più vicino?** *dové il téléfono piou vitchîno*
Téléphonez à …	**Chiami …** *kiâmi*
la police	**la polizia/i carabinieri** *la politsia/i carabignééri*
une ambulance	**un'ambulanza** *oun amboulanntsa*
un docteur	**un medico** *oun médico*
les pompiers	**i pompieri/i vigili del fuoco** *i pompiééri/i vidjili dél fouoco*
Pourriez-vous m'aider, s.v.p.?	**Mi aiuti, per favore!** *mi aiouti pér favôré*

Blessures Ferite

Il y a des blessés.	**Ci sono dei feriti.** *tchi sôno déi férîti*
Il n'y a pas de blessé.	**Non ci sono feriti.** *nonn tchi sôno férîti*
Il est grièvement blessé.	**È gravemente ferito.** *é gravéménté férîto*
Elle a perdu connaissance.	**Ha perso conoscenza.** *a pérso conochéntsa*

Questions de droit Questioni legali

Quelle est votre compagnie d'assurance?	**Qual'è la sua compagnia d'assicurazione?** *couâlé la soua compagnia dassicouratsiône*
Quels sont vos nom et adresse?	**Qual'è il suo nome e il suo indirizzo?** *coualé il souo nomé é il souo indiritso*
Il m'est rentré dedans.	**Mi ha investito.** *mi a invéstito*
Il/elle conduisait trop vite/trop près.	**Stava guidando troppo veloce/troppo vicino.** *stâva gouidanndo troppo vélotché/ troppo vitchino*
J'avais la priorité.	**Avevo la precedenza.** *avéévo la prétchédéntsa*
Je ne faisais que … kilomètres à l'heure.	**Guidavo solo a … chilometri all'ora.** *gouidâvo solo a … kilométri allora*
Je voudrais un interprète.	**Vorrei un interprete.** *vorréi oun intérprété*
Je n'ai pas vu le panneau.	**Non ho visto il segnale.** *nonn o visto il ségnâlé*
Le numéro d'immatriculation était …	**Il numero di targa era …** *il nouméro di targa éra*

Mi faccia vedere … per favore.	Est-ce que je peux voir votre … s.v.p.
la patente di guida	permis de conduire
la polizza d'assicurazione	police d'assurance
i documenti del veicolo.	carte grise
A che ora è successo?	A quelle heure est-ce que ça s'est passé?
Dove è successo?	Où est-ce que ça s'est passé?
C'erano altre persone coinvolte?	Est-ce qu'il y avait quelqu'un d'autre d'impliqué?
Ci sono testimoni?	Est-ce qu'il y a des témoins?
Lei stava accelerando.	Vous alliez trop vite.
Le sue luci non funzionano.	Vos feux ne marchent pas.
Deve pagare un'ammenda/ una multa ora.	Vous devez payer une amende (sur place).
Deve fare una dichiarazione in Commissariato.	Vous devez venir au commissariat pour faire une déposition.

Demander son chemin
Chiedere la strada

Excusez-moi, s.v.p.	**Scusi, per favore.** *scoûzi pér favôré*
Pour aller à …?	**Come si arriva a …?**
	comé si arriva a
Où est …?	**Dov'è … ?** *dové*
Est-ce que vous pouvez me montrer où je suis sur la carte?	**Può indicarmi dove sono sulla carta?** *puo indicàrmi dové sôno soulla carta*
Je me suis perdu(e).	**Mi sono perso/smarrito.** *mi sôno pérso/ smarrito*
Est-ce que vous pouvez répéter?	**Può ripetere, per favore?** *puo ripétéré pér favôré*
Plus lentement, s.v.p.	**Più lentamente, per favore.** *piou léntaménté pér favôré*
Merci pour votre aide.	**Grazie (per il suo aiuto).** *grâtsié (pér il souo aiouto)*

Voyager en voiture Viaggiare in automobile

Est-ce que c'est bien la bonne route pour …?	**È questa la strada per …?** *é couésta la strâda pér*
… c'est loin d'ici?	**È lontano … da qui?** *è lonntâno … da coui*
Où mène cette route?	**Dove porta questa strada?** *dové porta couésta strâda*
Comment est-ce que je peux accéder à l'autoroute?	**Come si entra in autostrada?** *comé si éntra inn aoutostrâda*
Comment s'appelle la prochaine ville?	**Come si chiama la prossima città?** *comé si kiâma la prossima tchitta*
Il faut combien de temps en voiture?	**Quanto tempo ci vuole in macchina?** *couannto témpo tchi vouôlé in makkina*

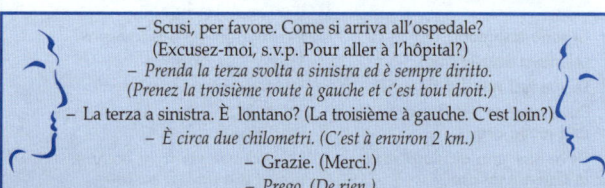

– Scusi, per favore. Come si arriva all'ospedale?
(Excusez-moi, s.v.p. Pour aller à l'hôpital?)
– *Prenda la terza svolta a sinistra ed è sempre diritto.*
(Prenez la troisième route à gauche et c'est tout droit.)
– La terza a sinistra. È lontano? (La troisième à gauche. C'est loin?)
– *È circa due chilometri. (C'est à environ 2 km.)*
– Grazie. (Merci.)
– *Prego. (De rien.)*

Emplacement/Situation Posizione geografica

È ...	C'est ...
(sempre) diritto	tout droit
a sinistra/a destra	à gauche/à droite
dall'altro lato della strada	de l'autre côté de la rue
all'angolo	au coin
dietro l'angolo	après le coin
in direzione di ...	en direction de ...
di fronte .../dietro ...	en face de .../derrière ...
vicino a .../dopo ...	à côté de .../après ...
Scenda ...	Descendez ...
la strada laterale	la rue transversale
la strada principale	la rue principale
Attraversi ...	Traversez la/le ...
la piazza/il ponte	place/pont
Prenda a terza svolta a destra.	Prenez la troisième route à droite.
Giri a sinistra ...	Tournez à gauche ...
dopo il primo semaforo	après les premiers feux
al secondo incrocio	au deuxième carrefour

En voiture In auto/macchina

È ... da qui	C'est ... d'ici.
al nord/al sud	au nord/au sud
all'est/all'ovest	à l'est/à l'ouest
Prenda la strada per ...	Prenez la route de ...
È sulla strada sbagliata.	Vous êtes sur la mauvaise route.
Deve ritornare a ...	Vous devez retourner à ...
Segua le indicazioni per ...	Suivez les panneaux vers ...

C'est loin? È lontano?

È ...?	C'est ...?
vicino/lontano	près d'ici/loin
a cinque minuti a piedi	à 5 minutes à pied
a dieci minuti in auto	à 10 minutes en voiture
a circa dieci chilometri	à environ 10 kilomètres

HEURES ➤ 220; CHIFFRES ➤ 216

Panneaux Segnaletica

ACCESSO LIMITATO	sauf riverains
PERCORSO ALTERNATIVO	itinéraire bis
DEVIAZIONE	déviation
METTERSI IN CORSIA	prenez la bonne file
DARE LA PRECEDENZA	cédez le passage
PONTE BASSO	hauteur limitée
SENSO UNICO	sens unique
STRADA CHIUSA	route barrée
SCUOLA	école
ACCENDERE I FARI	allumez vos phares

Plans de villes Carte della città

aeroporto (m)	*éroporto*	aéroport
attraversamento (m) pedonale	*attravérsaménto pédonâlé*	passage piétons
campo (m) sportivo	*campo sportivo*	terrain de sports
chiesa (f)	*kiééza*	église
cinema (m)	*tchinéma*	cinéma
città (f) storica	*tchitta storica*	vieille ville
commissariato (m)	*commissariâto*	commissariat
edifici (mpl) pubblici	*édifitchi poublitchi*	bâtiment public
fermata (f) d'autobus	*férmâta daoutobouss*	arrêt d'autobus
gabinetti (mpl)	*gabinétti*	cabinets
Lei è qui	*léi é coui*	vous êtes ici
parcheggio (m)	*pârkédjo*	parking
parco (m)	*parco*	parc
percorso (m) d' autobus	*pércorso daoutobouss*	itinéraire des bus
posteggio (m) tassì	*postedjo tassi*	station de taxi
sottopassaggio (m)	*sottopassadjo*	passage souterrain
stadio (m)	*stadio*	stade
stazione (f) (metropolitana)	*statsiôné (métropolitana)*	station de métro
ufficio (m) postale	*uffitchio postâle*	bureau de poste
via (f) principale	*via printchipâlé*	rue principale
zona (f) pedonale	*dzona pédonnâlé*	zone piétonnière

LEXIQUE ➤ 169; VISITES TOURISTIQUES ➤ 97–107

Visites Touristiques

Office du tourisme	97	Qui/Quoi/	104	
Excursions	98	Quand?		
Attractions	99	Eglises		105
touristiques		A la campagne		106
Entrée	100	Promenades		106
Impressions	101	organisées		
Glossaire touristique	102			

Office du tourisme Ufficio turistico

Les offices du tourisme sont souvent situés en centre-ville; cherchez le **ufficio turistico**.

Où est l'office du tourisme?	**Dov'è l'ufficio turistico?** _dov__è_ _l__ou__ffitcho_ _touristico_
Qu'est-ce qu'il y a d'intéressant à voir?	**Quali sono i punti principali d'interesse?** _couâlé_ _s__ô__no_ _i_ _pounti_ _prinntchip__â__li_ _dinntér__é__ss__é_
Nous restons …	**Siamo qui per …** _si__â__mo_ _cou__ï_ _pér_
seulement quelques heures	**solo poche ore** _s__ô__lo_ _pok__é_ _ô__ré_
une journée	**un giorno** _oun_ _dj__o__rno_
une semaine	**una settimana** _ouna_ _séttim__â__na_
Pouvez-vous me/nous suggérer …?	**Può suggerire …?** _pou__ò_ _soudjé__r__î__ré_
une visite touristique	**un giro turistico** _oun_ _dj__î__ro_ _tou__r__istico_
une excursion	**una escursione** _o__una_ _éscoursi__ô__né_
une promenade en bateau	**una gita in barca** _o__una_ _dj__î__ta_ _inn_ _b__a__rca_
Avez-vous des renseignements sur …?	**Ha informazioni su …?** _a_ _innformatsi__ô__né_ _sou_
Y a-t-il des voyages à …?	**Ci sono gite a …?** _tchi_ _s__ô__no_ _dj__î__té_ _a_

JOURS DE LA SEMAINE ➤ _218; DIRECTIONS_ ➤ _94_

Excursions   Escursioni

Combien coûte cette excursion?
Quanto costa il giro?
couannto costa il djîro

Le déjeuner est-il compris?
Il pranzo è compreso?
il pranndzo é commpréézo

D'où partons-nous?
Da dove si parte? *da dôvé si parté*

A quelle heure commence l'excursion?
A che ora comincia la gita?
a ké ôra comminntcha la djita

A quelle heure revenons-nous?
A che ora si ritorna?
a ké ôra si ritorna

Est-ce que nous aurons du temps libre à …?
C'è del tempo libero a …?
tché dél témpo libéro a

Y a-t-il un guide qui parle français?
C'è una guida di lingua francese?
tché ouna gouida di linngoua franntchéésé

En excursion Durante la gita turistica

Est-ce que nous allons voir …?
Andiamo a vedere …?
anndiâmo a védééré

Nous aimerions jeter un coup d'œil à …
Vorremmo dare un'occhiata a …
vorrémmo dâré ounokiâta a

Est-ce que nous pouvons nous arrêter ici …?
Possiamo fermarci qui …?
possiâmo férmârtchi coui

pour prendre des photos
per prendere fotografie
pér préndéré fotografié

pour acheter des souvenirs
per comprare dei ricordi
pér commprâré déi ricordi

pour aller aux toilettes
per la toletta/il gabinetto
pér la tolétta/il gabinnétto

Pourriez-vous nous prendre en photo, s.v.p.?
Le dispiace prendere una fotografia di noi? *lé dispiâtché préndéré ouna fotografia di noi*

Combien de temps avons-nous ici/à …?
Quanto tempo abbiamo qui/a …?
couannto témpo abbiâmo coui/a

Attendez! … n'est pas encore là!
Aspetti! … non è ancora ritornato(-a).
aspétti nonn é anncôra ritornâto(-a)

Attractions touristiques
Luoghi d'interesse turistico

Les plans de villes sont affichés dans les centre-villes, dans les trains, les trams et dans de nombreuses stations de bus, ainsi que dans les offices du tourisme.

Où est le/la/l'/les …?	**Dov'è …?** *dov*é
abbaye	**l'abbazia** *labbatsia*
belvédère	**il belvedere** *il bélvédééré*
cathédrale	**la cattedrale/il duomo** *la cattédrâlé/il douômo*
champ de bataille	**il campo della battaglia** *il cammpo délla battalya*
château	**il castello** *il castéllo*
centre-ville	**il centro città** *il tchéntro tchita*
cimetière	**il cimitero** *il tchimmitééro*
église	**la chiesa** *la kiééza*
fontaine	**la fontana** *la fonntâna*
galerie de peinture	**la galleria d'arte** *la galléria darté*
jardin botanique	**il giardino botanico** *il djardîno botanico*
marché	**il mercato** *il mérkâto*
monastère	**il monastero** *il monnastééro*
monument (aux morts)	**il monumento commemorativo** *il monnouménto commémoratîvo*
musée	**il museo** *il mouzééo*
opéra	**il teatro dell'opera** *il téatro déllopéra*
palais	**il palazzo** *il palatso*
parc	**il parco/il giardino** *il parco/il djardîno*
parlement	**il palazzo del Parlamento** *il palâtso dél parlaménto*
ruines	**le rovine** *lé rovîné*
rues commerçantes	**la zona dei negozi** *la dzona déi négotsi*
statue	**la statua** *la statoua*
vieille ville	**la città vecchia** *la tchitta vékia*
Pouvez-vous me montrer sur la carte?	**Può indicarmi sulla carta?** *pouo inndicarmi soulla carta*

Entrée Ammission

Contrôlez les heures d'ouverture afin d'éviter toute déception:
certains musées ferment leurs portes à 14 heures. Les églises
sont généralement inaccessibles entre midi et 16 heures.

Est-ce que … est ouvert(e) au public?	**… è aperto(-a) al pubblico?** *é apérto(-a) al poûblico*
Est-ce que nous pouvons regarder?	**Possiamo dare un'occhiata in giro?** *possiâmo dâré ounokiâta inn djîro*
Quelles sont les heures d'ouverture?	**Qual'è l'orario di apertura?** *couâlé lorârio di apértoûra*
A quelle heure ferme-t-il?	**A che ora chiude?** *a ké ôra kioûdé*
Est-ce que … est ouvert(e) le dimanche?	**… è aperto(-a) la domenica?** *é apérto(-a) la doménica*
A quelle heure est la prochaine visite guidée?	**Quando è la prossima visita guidata?** *couanndo é la prossima vizita gouidâta*
Avez-vous un guide (en français)?	**Ha una guida (in francese)?** *a ouna gouida (inn franntchéésé)*
Est-ce que je peux prendre des photos?	**Posso fare fotografie?** *posso fâré fotografîé*
Est-ce accessible aux handicapés?	**C'è accesso per disabili?** *tché atchésso per disâbili*
Y a-t-il un guide audio en français?	**C'è una guida registrata in francese?** *tché ouna gouida rédjistrâta inn franntschééssé*

Paiement/Billets Pagare/Biglietti

Combien coûte l'entrée?	**Quant'è il biglietto d'ingresso?** *couannté il bilyétto dinngrésso*
Y a-t-il des réductions pour les …?	**Ci sono riduzioni/tariffe speciali per …?** *tchi sôno ridoutsiôni/tariffé spétchâli pér*
enfants	**bambini** *bammbîni*
groupes	**gruppi** *grouppi*
handicapés	**disabili** *disâbili*
retraités	**anziani** *antsiâni*
1 adulte et 2 enfants, s.v.p.	**Un adulto e due bambini, per piacere.** *oun adoulto é doué bammbîni pér piatchééré*

– Cinque biglietti, per favore. Ci sono tariffe speciali?
(Cinq billets, s.v.p. Y a-t-il des réductions?)
– Sì. Per bambini e anziani si paga a metà prezzo.
(Oui. Pour les enfants et les personnes âgées,
c'est moitié prix.)
– Due adulti e tre bambini, per favore.
(Deux adultes et trois enfants, s.v.p.)

INGRESSO GRATUITO	entrée gratuite
CHIUSO	fermé
ARTICOLI PER REGALO	souvenirs
L'ULTIMO INGRESSO È	dernier billet à 17 h
ALLE ORE DICIASSETTE	
LA PROSSIMA VISITA ALLE ...	prochaine visite à ...
INGRESSO VIETATO	défense d'entrer
VIETATO USARE IL FLASH	photos au flash interdites
APERTO	ouvert

Impressions Impressioni

C'est …	**È ...** é
beau	**bello(-a)** _béllo(-a)_
bizarre	**bizzarro(-a)** _bitsarro(-a)_
ennuyeux	**noioso(-a)** _noiôzo(-a)_
époustouflant	**sensazionale** _sénsatsionâlé_
étrange	**strano(-a)** _strâno(-a)_
extraordinaire	**straordinario(-a)** _straordinârio(-a)_
fantastique	**splendido(-a)** _spléndido(-a)_
intéressant	**interessante** _inntéréssannté_
laid	**brutto(-a)** _broutto(-a)_
magnifique	**magnifico** _magnifico_
merveilleux	**meraviglioso(-a)** _méravilyôso(-a)_
romantique	**romantico(-a)** _romanntico(-a)_
stupéfiant	**stupefacente** _stoupéfatchénté_
superbe	**stupendo(-a)** _stoupéndo(-a)_
terrible	**terribile** _térribilé_
très amusant	**molto divertente** _molto divérténté_
On en a pour son argent.	**Ne vale la spesa** _né valé la spééza_
C'est du vol organisé.	**È una bidonata.** _é ouna bidonâta_
Ça me plaît.	**Mi piace.** _mi piâtché_

Glossaire touristique
Glossario turistico

acquaforte f gravure à l'eau forte
acquarello m aquarelle
affresco m fresque
ala f aile d'édifice
altare m retable
altorilievo m haut-relief
antichità fpl antiquités
appartamenti mpl **reali** appartements royaux
arazzi mpl tapisseries
arco m arc
arco m **rampante** arc rampant
arco m **trionfale** arc de triomphe
argenteria f argenterie
argento m argent
arma f arme
armatura f armure
armeria f armerie
artigianato m **d'arte** articles d'artisanat
atrio m atrium
auriga f aurige
badia f abbaye
basso m **rilievo** bas-relief
biblioteca f bibliothèque
biga f char
campanile m campanile
camposanto m cimetière
cancello m porte
capolavoro m chef-d'œuvre
Cena Cène
ceramica f céramique
ceramiche fpl poteries
chiesa f église
collezione f collection
completato nel ... achevé en
conferenza f conférence
contrafforte f contrefort
cornicione m corniche

coro m chœur (orchestre)
corona f couronne
cortile m cour
costruito(-a) construit en
cupola f dôme
d'oro en or
da par personne
dagherrotipo m daguerréotype
decorato(-a) da décoré par
decorazione f décoration
dettaglio m détail
dipinto m image
dipinto(-a) da peint par
disegnato(-a) da conçu par
disegno m conception, dessin
distrutto(-a) da détruit par
donato(-a) da donné par
dorato(-a) doré
duomo m cathédrale
edificio m édifice
eretto(-a) nel/in érigé en
facciata façade
fibula f broche
finestra f **con vetro colorato** vitrail
fondato(-a) nel fondé en
fonte f source/fonts (baptismaux)
foro m forum
fossato m fossé
fregio m frise
frontone m fronton
garguglia f gargouille
giardino m **formale** jardin formel
gioielli mpl joyaux
guglia f flèche
imperatore m empereur
imperatrice f impératrice
in prestito a en prêt à
incisione f sculpture
ingresso m entrée
iniziò nel commencé en

liberto m esclave affranchi
maestà f majesté
marmo m marbre
mattone m brique
mobilia f/**mobili** mpl mobilier
moneta f pièce de monnaie
morto(-a) nel mort en
mostra f exposition
muro m mur
nato(-a) nel ... a ...
né en l'an ... à ...
navata f nef
oggetto m **esibito/in mostra**
exposition
orecchini mpl boucles d'oreilles
orologio m horloge
padiglione m pavillon
paesaggio m peinture de paysage
palcoscenico m scène
paliotto m devant d'autel
Papato m papauté
pastello m pastel
piano m plan
pietà f pitié
pietra f pierre
pietra f **angolare** pierre d'angle
pietra f **preziosa** pierre précieuse
pietra f **tombale** pierre tombale
pilastro m pilastre, pilier
pittore m, **pittrice** f peintre
pittura f **murale** mural
pitture fpl **a olio** peinture à l'huile
placca f plaque
ponte m pont
porta f **d'ingresso** entrée
ponte m **levatoio** pont-levis
primo livello m niveau 1
quadro m **rappresenta** la peinture
représente
re m roi
regina f reine
regno m règne

restaurato nel
restauré en
ricostruito nel
reconstruit en
ritratto m portrait
rocca m forteresse
rosone m rosace
rovine f ruines
ruderi fpl ruines
sagrestia sacristie
salone m **per cerimonie** salle de
cérémonies
scala uno: cento échelle 1:100
scala f escalier
scavi mpl fouilles
scena f **drammatica** tableau
schiavo m esclave
schizzo m croquis
scoperto(-a) nel découvert en
scultore m, **scultrice** f sculpteur
scuola f **di** école de
secolo m siècle
sette colli fpl Sept Collines
spalti mpl créneau
spina f **de pesce** arête de
poisson
sporgente avant-toit
statua f **di cera** personnage en cire
tapezzerie fpl tapisserie
tela f toile
terme fpl thermes
tetto m toit
tomba f tombe
torre f tour
trittico m triptyque
vetrata f vitrail
vetro m verre
visse vécut
volta f voûte
zoccolo m socle, plinthe

Qui/Quoi/Quand?
Chi/Cosa/Quando?

Quel est ce bâtiment?	**Cos'è quell'edificio?** *cosé couéllédifitcho*
Quand a-t-il été construit/peint?	**Quando fu costruito(-a)/dipinto(-a)?** *couanndo fou costrouito(-a)/dipinnto(-a)*
Qui était … l'architecte/l'artiste?	**Chi era …l'architetto/l'artista?** *ki éra larkitétto/lartista*
C'est quel style/quelle période?	**Che stile/periodo è?** *ké stilé/périôdo é*

Roma repubblicana 500–27avant J.C.
Après des périodes d'influence étrusque (**etrusco**) et grecque (**ellenistico**) en Italie, Rome fut fondée en 753 avant J.C. La République fut déclarée en 509 avant J.C.; la cité étendit son empire pour devenir ce que l'on connaît aujourd'hui (en particulier au cours des guerres puniques contre les Carthaginois, au 2ème siècle avant J.C. environ; et grâce aux triomphes militaires de Jules César). L'assassinat de César (44 avant J.C.) entraîna la guerre civile.

Roma imperiale 27 avant J.C.–467 après J.C.
Le fils adoptif de César, Octave (Auguste), fut le premier empereur. A ses descendants (Tibère, Caligula, Claude, Néron) succédèrent les dynasties des Flaviens, des Antonins et de Sévère. Cette période d'expansion fut le témoin de grandes réalisations artistiques et architecturales. En 382, le christianisme fut établi comme religion d'état. Toutefois, le déclin s'amorça, l'empire fut scindé en deux et le pouvoir déplacé vers Constantinople. Les Goths et les Vandales pillèrent Rome, qui tomba aux mains des Ostrogoths.

Età Mediovale 467–1300
L'Italie resta fracturée, représentée par de puissantes familles telles que les Medicis, des Cités-Etats indépendantes comme Venise, un pouvoir croissant de la papauté (avec Rome comme capitale du christianisme occidental) de par le Saint empire romain (**Santo impero romano**). La participation étrangère (normande, allemande, française, espagnole et autrichienne) se prolongea en Italie au-delà du Moyen-âge, jusqu'au 19ème siècle.

Il Risorgimento 1815–1870
La réunification de l'Italie en tant que royaume unique fut accomplie par Victor Emmanuel II de Piémont en 1861, assisté de son ministre Cavour et par les exploits de Garibaldi. L'ultime étape de cette réunification fut la prise de Rome (1870).

20ème siècle
L'Italie combattit aux côtés des alliés pendant la première guerre mondiale, mais Benito Mussolini s'allia à Hitler pendant la deuxième guerre mondiale avec des conséquences dévastatrices. La République fut établie en 1946, marquée par une succession de gouvernements précaires. L'Italie fut l'un des membres fondateurs du Marché Commun en 1957.

Souverains/Gouvernements
Soverani/Governi

Romano 500 avant J.C.–467 après J.C.
Les Romains furent de grands bâtisseurs: de par l'Italie entière et l'Europe Occidentale, subsistent des vestiges de leurs forums, basiliques, arènes, amphithéâtres, marchés, cirques, bibliothèques, arcs de triomphe, catacombes, thermes, temples, aqueducs, ponts, remparts et mausolées.

Bizantino 400–1100
L'influence byzantine, venue de l'empire chrétien d'Orient mit l'accent sur la grandeur et le mystère avec de somptueux intérieurs décorés de mosaïques (cf. Ravenne; influence tardive également à Venise, en Sicile et à Rome).

Periodo gottico 1300–1400
Le style gothique fut caractérisé par des formes architecturales complexes, faisant usage d'arcs pointus et de voûtes nervurées (en particulier dans les cathédrales de Gêne et de Sienne, les ouvertures de fenêtres ornées des maisons vénitiennes, l'œuvre artistique de Giotto à Padoue, Assise et Florence).

Il Rinascimento 1400–1650
La Renaissance fut un mouvement culturel et artistique extrêmement important, empreint d'une fascination pour l'antiquité et d'une admiration pour la beauté, les couleurs, la lumière, la stabilité et l'équilibre. Elle fut marquée par une créativité artistique stupéfiante au cours du Quatrocento (15e siècle), ainsi qu'en témoignent les statues de Donatello, les peintures de Botticelli; et au cours du Cinquecento (16e siècle), avec des artistes tels que Michel-Ange, Léonard de Vinci, Raphaël et l'école vénitienne (Titien, Tintoret et El Greco).

Mannerismo 1550–1650
Le Maniérisme se délecta de frivolités et d'un usage exagéré des caractéristiques de la Renaissance (cf. Tivoli, Bomarzo, Caravaggio et Palladio).

Barocco e Rococò 1640–1789
Le Baroque mit l'accent sur le mouvement, recourant aux volutes et fioritures (cf. par exemple, la façade de Saint-Pierre à Rome, réalisée par Bernini; artistes: Canaletto et Bellotto).

Eglises Chiese
Essentiellement catholique, l'Italie regorge de cathédrales et d'églises. Demandez l'autorisation si vous désirez photographier; couvrez les épaules nues avant d'entrer.

église catholique/ protestante	**la chiesa cattolica/protestante** *la kiééza catolica/protéstannté*
mosquée/synagogue	**la moschea/la sinagoga** *la moskéa/la sinnagôga*
A quelle heure est la messe/ le culte?	**A che ora è la messa/il servizio?** *a ké ôra é la méssa/il sérvitsio*
Je voudrais me confesser.	**Vorrei confesarmi.** *vorréi connféssarmi*

105

A la campagne In campagna

Je voudrais une carte de / des …	**Vorrei una carta di …** *vorréi ouna carta di*
cette région	**questa regione** *couésta rédjôné*
sentiers de randonnée	**percorsi a piedi** *pércorsi a piéédi*
circuits / pistes cyclables	**percorsi per ciclisti** *pércorsi pér tchiclisti*
Il y a combien de kilomètres jusqu'à …?	**Quanto dista fino a …?** *couannto dista fino a*
Y a-t-il un droit de passage?	**C'è diritto di passaggio?** *tché diritto di passâdjo*
Y a-t-il une route touristique pour aller à …?	**C'è una strada panoramica per …?** *tché ouna strâda pannorâmicoa pér*
Pouvez-vous me le montrer sur la carte?	**Puo indicarmi sulla carta?** *pouo inndicarmi soulla carta*
Je me suis perdu(e).	**Mi sono smarrito(-a).** *mi sôno smarito(-a)*

Promenades organisées Escursioni organizzate

A quelle heure commence la promenade?	**A che ora comincia la passeggiata/ l'escursione?** *a ké ôra comminntcha la passédjâta/léscoursiôné*
Quand reviendrons-nous?	**Quando ritorneremo?** *couanndo ritornéréémo*
C'est quel genre de promenade?	**Com'è la passeggiata?** *comé la passédjâta*
facile / moyenne / difficile	**facile / di media difficoltà / difficile** *fatchilé/di média difficolta/diffitchilé*
Je suis épuisé(e).	**sono esausto(-a).** *sôno ésaousto(-a)*
C'est quel genre de …?	**Che tipo di … è quello?** *ké tipo di … é couéllo*
animal / oiseau	**animale / uccello** *animâlé/outchéllo*
fleur / plante / arbre	**fiore / pianta / albero** *fioré/piannta/albéro*

EQUIPEMENT POUR LA MARCHE ➤ 146

Caractéristiques géographiques
Aspetti geografici

aire de pique-nique	**l'area per pic nic** *lâréa pér piknik*
caverne/grotte	**la caverna/la grotta** *la cavérna/la grotta*
chaîne de montagnes	**la catena di montagne** *la caténa di monntâgné*
champ	**il campo** *il cammpo*
col (de montagne)	**il passo di montagna** *il passo di monntâgna*
colline	**la collina** *la collina*
étang	**lo stagno** *lo stâgno*
falaise	**la scogliera/la rupe** *la scolyééra/la roupé*
ferme	**la fattoria/la cascina** *la fattoria/la cachîna*
forêt	**la foresta** *la forésta*
lac	**il lago** *il lâgo*
mer	**il mare** *il mâré*
montagne	**la montagna** *la monntâgna*
panorama	**il panorama/la vista** *il panorâma/la vista*
parc	**il parco** *il parco*
pic/cime	**il picco/la cima** *il pico/la tchîma*
point de vue	**il punto panoramico** *il pounnto panorâmico*
pont	**il ponte** *il ponnté*
rapides	**le rapide** *lé rapidé*
sentier/chemin	**il sentiero pedestre** *il séntiééro pédéstré*
réserve naturelle	**l'oasi naturale** *loâzi natourâle*
rivière/fleuve	**il fiume** *il fioûmé*
ruisseau/torrent	**il ruscello/il torrente** *il rouchéllo/il torrénté*
vallée	**la valle** *la vallé*
vigne	**la vite** *la vité*
village	**il villaggio** *il vilâdjo*

Loisirs

Qu'y a-t-il à voir?	108	Vie nocturne	112
		Entrée	112
Billets	109	Enfants	113
Cinéma	110	Sports	114
Théâtre	110	A la plage	116
Opéra/Ballet/Danse	111	Ski	117
Musique/Concerts	111	Présentations	118

Qu'y a-t-il à voir? Cosa danno?

Les journaux locaux et, dans les grandes villes, les guides de loisirs hebdo-madaires vous informeront du programme.

Les billets pour les concerts, les représentations théâtrales et autres événe-ments culturels sont en vente dans les agences de spectacles spécialisées (par exemple, **Anteprima, Prenoticket, Prontobiglietto**) ou chez les principaux disquaires (par exemple, **Messaggerie Musicali, Ricordi**).

Avez-vous un programme des spectacles?	**Ha un programma delle manifestazioni?** *a oun programma déllé maniféstatsiǫni*
Pouvez-vous me / nous suggérer …?	**Può suggerire un(a) buon(a) …?** *pouǫ soudjérịré oun(a) bouǫn(a)*
Y a-t-il un …?	**C'è …?** *tché*
ballet / concert	**un balletto/un concerto** *oun ballétto/oun conntchérto*
film	**un film** *oun film*
opéra	**un'opera** *ounopéra*

Disponibilité Disponibilità

A quelle heure commence-t-il?	**A che ora comincia?** *a ké ǫra cominntcha*
A quelle heure finit-il?	**A che ora finisce?** *a ké ǫra finiché*
Est-ce qu'il reste des places pour ce soir?	**Ci sono posti per questa sera?** *tchi sǫno posti pér couésta séera*
Où est-ce que je peux me procurer des billets?	**Dove si comprano i biglietti?** *dǫvé si commprano i bilyétti*
Nous sommes …	**Siamo in …** *siâmo inn*

Billets Biglietti

Combien coûtent les places?	**Quanto costano i posti?** *couannto costano i posti*
Avez-vous quelque chose de moins cher?	**Ha qualcosa di meno caro?** *a coualcôsa di méeno câro*
Je voudrais réserver …	**Vorrei prenotare …** *vorréi prénotâré*
3 places pour dimanche soir	**tre posti per domenica sera** *tré posti pér doménica séera*
1 place pour vendredi en matinée	**un posto per lo spettacolo di venerdì pomeriggio** *oun posto pér lo spéttacolo di vénerdi pomméríîdjo*

Qual è … della sua carta di credito?	Quel(le) est … de votre carte de crédit?
il numero	le numéro
il titolare	le nom
la data di scadenza	la date d'expiration
Venite a ritirare i biglietti … per favore.	Venez chercher les billets …, s.v.p.
alle … di sera	à … heures (du soir)
al banco prenotazioni	au bureau des réservations

Est-ce que je peux avoir un programme, s.v.p.?	**Ha un programma, per piacere?** *a oun programma pér piatchééré*
Où est le vestiaire?	**Dov'è il guardaroba?** *dové il gouardarôba*

> – Buongiorno. Vorrei due biglietti per il concerto di questa sera.
> (Bonjour. Je voudrais 2 billets pour le concert de ce soir.)
> – *Sì, certo. (Bien sûr.)*
> – Vorrei pagare con questa carta di credito.
> (Je voudrais payer avec cette carte de crédit.)
> – *Sì, certo. (Bien sûr.)*
> – Bene, vorrei utilizzare VISA.
> (Bien, je voudrais utiliser le VISA.)
> – *Grazie … firmi qui, per favore.*
> *(Merci … Signez ici, s.v.p.)*

PRENOTAZIONI IN ANTICIPO	réservations
ESAURITO	complet
BIGLIETTI PER LO SPETTACOLO DI OGGI	billets pour aujourd'hui

CHIFFRES ➤ 216

Cinéma Cinema

Les films étrangers sont toujours doublés en italien, mais certains cinémas projettent des films en version originale.
L'Italie possède une prospère industrie cinématographique, avec des metteurs en scène célèbres tels que Fellini, Antonioni et Visconti, et plus récemment Bertolucci, les frères Taviani, Salvatores et Nanni Moretti. Si vous désirez un échantillon d'humour italien, essayez un film de Carlo Verdone.

Y a-t-il un cinéma multiplex près d'ici?	**C'è un cinema multisala qui vicino?** *tché oun tchinéma moultisâla couï vitchîno*
Qu'y a-t-il au cinéma ce soir?	**Cosa danno al cinema questa sera?** *cosa danno al tchinéma couésta séera*
Est-ce que le film est doublé/sous-titré?	**Il film è doppiato/ha i sottotitoli?** *il film é doppiâto/a i sottotitoli*
Est-ce que le film est en version originale française?	**Il film è in lingua originale francese?** *il film è in linngoua oridjinâlé frannttchéésé*
Un/une …, s.v.p.	**…, per favore.** *pér favôré*
boîte de pop-corn	**Una scatola del popcorn** *ouna scatola dél popcorn*
glace au chocolat	**Un pinguino** *oun pinngouîno*
hot dog	**Un cane caldo** *oun câné caldo*
boisson sans alcool	**Una bibita frizzante** *ouna bibita fritsannté*
petit/moyen/grand	**piccolo(-a)/medio(-a)/grande** *picolo(a)/médio(-a)/granndé*

Théâtre Teatro

Qu'est-ce qu'on joue au théâtre …?	**Cosa danno al teatro …?** *… osa danno al téatro*
Qui est l'auteur?	**Chi è il commediografo?** *ki é il commédiogrâfo*
Pensez-vous que ça me plaira?	**Pensa che mi piacerà?** *pénsa ké mi piatchéra*
Je ne comprends pas beaucoup l'italien.	**Non capisco l'italiano molto bene.** *nonn capisco litaliâno molto bééné*

Opéra/Ballet/Danse
Opera/Balletto/Danza

Outre la Scala de Milan de renommée internationale, vous pourrez assister à d'excellentes productions dans les opéras de Bologne, Florence, Naples, Parme, Rome et Turin. Cherchez également des productions en plein air pendant l'été, souvent dans des ruines grecques et romaines.

Où est l'opéra?	**Dov'è il teatro dell'Opera?** *dové il téatro déllopéra*
Qui est le compositeur/soliste?	**Chi è il compositore/il (la) solista?** *ki é il commpozitôré/il (la) solista*
Faut-il être en tenue de soirée?	**È necessario indossare abiti da sera?** *é nétchéssârio inndossâré abiti da sééra*
Qui est-ce qui danse?	**Chi sono i ballerini?** *ki sôno i ballérîni*
Je m'intéresse à la danse contemporaine.	**Mi interessa la danza contemporanea.** *mi inntéréssa la danntsa conntémporânéa*

Musique/Concerts Musica/Concerti

Où est la salle de concerts?	**Dov'è la sala concerti?** *dové la sâla conntchérti*
Quel orchestre/groupe joue?	**Che orchestra/gruppo suona?** *ké orkéstra/groupo souôna*
Qu'est-ce qu'ils jouent?	**Che cosa suonano?** *ké côsa souônano*
Qui est le chef d'orchestre/le soliste?	**Chi è il direttore d'orchestra/il (la) solista?** *ki è il diréttôré dorkéstra/il (la) solista*
Qui est le groupe en lever de rideau?	**Chi è il gruppo di supporto?** *ki é il grouppo di soupporto*
J'aime beaucoup le/la …	**Mi piace molto …** *mi piâtché molto*
musique folk	**la musica folcloristica** *la mouzica folkloristica*
jazz	**il jazz** *il djaz*
musique pop	**la musica pop** *la mouzica pop*
musique rock	**il rock** *il rock*
musique soul	**la musica soul** *la mouzica soul*
musique blues	**il blues** *il bloûz*

Vie nocturne Vita notturna

Qu'est-ce qu'il y a à faire le soir?	**Cosa c'è da fare di sera?** *côsa tché da fâré di séera*
Pouvez-vous me/nous suggérer un(e) …?	**Può suggerire …?** *pouo soudjérîré*
Est-ce qu'il y a un(e) … en ville?	**C'è … in città?** *tché … inn tchitta*
bar	**un bar** *oun bar*
casino	**un casinò** *oun cazino*
discothèque/boîte (de nuit)	**una discoteca/un notturno** *ouna discotéca/oun notourno*
club gay	**un locale gay** *oun locâlé ghé*
night-club	**un nightclub** *oun «nightclub»*
restaurant	**un ristorante** *oun ristorannté*
Quel genre de musique jouent-ils?	**Che tipo di musica suonano?** *ké tipo di mouzica souôgnano*
Comment est-ce que je peux m'y rendre?	**Come si arriva?** *côme si arrîva*

Entrée Ammissione

A quelle heure commence le spectacle?	**A che ora comincia lo spettacolo?** *a ké ôra cominntcha lo spéttâcolo*
Faut-il être en tenue de soirée?	**È necessario l'abito da sera?** *é nétchéssârio labito da séera*
Faut-il payer le couvert?	**Si deve pagare il coperto?** *si déévé pagâré il copérto*
Faut-il réserver?	**Si deve prenotare?** *si déévé prénotâré*
Est-il nécessaire d'être adhérents?	**È necessario essere soci?** *é nétchéssârio ésséré sotchi*
Combien de temps devrons-nous attendre?	**Per quanto tempo si deve aspettare?** *pér couannto témpo si déévé aspéttâré*
Je voudrais une table près de la fenêtre.	**Vorrei un tavolo vicino alla finestra.** *vorréi oun tâvolo vittchîno alla finnéstra*

È COMPRESA UNA BIBITA GRATUITA	une boisson gratuite comprise

Enfants   Bambini

Pouvez-vous recommander
quelque chose pour les enfants?
**Può suggerire qualcosa
per i bambini?**
*pouo soudjérîré
coualcôsa pér i bammbîni*

Où peut-on changer les
couches (de bébé)?
Dove si possono cambiare i pannolini?
*dôvé si possono cammbiâré
i pannolîni*

Où sont les toilettes?
Dove sono le tolette/i gabinetti?
dôvé sôno lé tolétté/i gabinétti

salle de jeux
la sala da giochi
la sâla da djoki

fête (foraine)
la fiera *la fiéra*

pataugeoire
la piscina per bambini
la pichîna pér bammbîni

cour de récréation
il parco giochi *il parco djoki*

jardin d'enfants
un club per bambini/un miniclub *oun
cloub pér bammbîni/oun miniclub*

zoo
il zoo *il dzô*

Garde d'enfants Servizio di babysitter

Pouvez-vous recommander une
baby-sitter?
Può raccomandare una babysitter?
pouo racommanndâré ouna bébysittér

Sont-ils surveillés tout le temps?
C'è sorveglianza continua?
tché sorvélyântsa conntinoua

Le personnel est-il qualifié?
Il personale è addestrato?
li pérsonâlé é addéstrâto

A quelle heure est-ce que je
peux les amener?
Quando posso lasciarli(-le)?
couanndo posso lachiârli(-lé)

Je viendrai les chercher à …
Li (Le) passo a prendere alle …
li (lé) passo a préndéré allé

Je reviens à …
Ritorno alle … *ritorno allé*

Elle a 3 ans et il a 18 mois.
Lei ha tre anni e lui ha diciotto mesi.
léi a tré anni é loui a ditchiotto méezi

113

Sports Sport

Le football, le tennis, la boxe, la lutte, le surf et le cyclisme, ainsi que les courses de voitures et de chevaux figurent parmi les sports les plus populaires pour les spectateurs. Si vous aimez la voile, la pêche, l'équitation, le golf, le tennis, les randonnées, le cyclisme, la natation ou le golf, les occasions ne manqueront pas pour vous de satisfaire votre penchant récréatif.

il calcio *il caltchio*

Le football est une grande passion en Italie, qui peut probablement se prévaloir du meilleur championnat du monde (Série A), avec des équipes du calibre de la Juventus (Turin), l'Inter de Milan, l'AC Milan, Rome et la Sampdoria (Florence). Les fans soutiennent leur équipe avec une telle ferveur qu'une atmosphère palpitante règne pendant les matchs. En outre, les stades de Rome (**Stadio Olimpico**), de Milan (**Stadio San Siro**) et de Naples (**Stadio del Vomero**) sont particulièrement impressionnants.

En spectateurs I spettatori

Y a-t-il un match de football ce soir?	**C'è una partita di calcio questa sera?** *tché ouna partita di caltcho couésta sééra*
Quelles sont les équipes?	**Quali squadre giocano?** *couáli scouâdré djocano*
Pouvez-vous me procurer un ticket?	**Può comprarmi un biglietto?** *pouo commprârmi oun bilyétto*
Combien coûte l'entrée?	**Quanto costa l'entrata?** *couannto costa léntrâta*
Où est l'hippodrome?	**Dov'è l'ippodromo?** *dové lippodromo*
Où est-ce que je peux faire un pari?	**Dove si scommette?** *dôvé si scommétté*
Quelle est la cote de …?	**Qual'è il pronostico su ….?** *couâlé il pronostico sou*
athlétisme	**l'atletica** *l'atlética*
basket(ball)	**la pallacanestro** *la pallacanéstro*
cyclisme	**il ciclismo** *il tchiclismo*
golf	**il golf** *il golf*
courses de chevaux	**l'ippica** *lipica*
football	**il calcio** *il caltchio*
natation	**il nuoto** *nouóto*
tennis	**il tennis** *ténnis*
volley(ball)	**il pallavolo** *pallavollo*

Pour les sportifs Per le persone sportive

Où est le/la … le/la plus proche?	**Dov'è … più vicino(-a)?** *dové … piou vitchîno(-a)*
terrain de golf	**il campo di golf** *il cammpo di golf*
club sportif	**la palestra sportiva** *la paléstra sportîva*
Où sont les courts de tennis?	**Dove sono i campi da tennis?** *dôvé sôno i cammpi da tennis*
Combien ça coûte par …?	**Quanto costa per …?** *couannto costa pér*
jour/partie/heure	**giorno/giro (partita)/ora** *djôrno/djiro (partita)/ôra*
Faut-il être adhérents?	**È necessario essere soci?** *é nétchéssârio ésséré sotchi*
Où est-ce que je peux louer un(e)/du/des …?	**Dove posso noleggiare …?** *dôvé posso nolédjâré*
chaussures	**gli scarponi** *lyi scarpôni*
clubs (de golf)	**le mazze** *lé matsé*
matériel	**l'attrezzatura** *lattrétsatoûra*
raquette	**una racchetta** *ouna rakétta*
Est-ce que je peux prendre des leçons?	**Posso prendere qualche lezione?** *posso préndéré coualké létsiôné*
Avez-vous une salle d'entraînement?	**C'è una sala di allenamento?** *tché ouna sâla di allénamménto*
Est-ce que je peux participer?	**Posso partecipare?** *posso partétchipâré*

Mi dispiace, è tutto prenotato.	Je regrette, nous sommes complets.
C'è una caparra/un anticipo di …	Il faut verser … de caution.
Che taglia/che misura ha ?	Quelle pointure faites-vous?
Deve avere una fotografia formato passaporto.	Il vous faut une photo d'identité.

SPOGLIATOI	vestiaires
PESCA VIETATA	pêche interdite
RISERVATO AI DETENTORI DI LICENZA	permis obligatoire

A la plage In spiaggia

L'Italie abonde de plages et de stations balnéaires, tandis que vous trouverez sans difficulté une crique déserte située à proximité, afin d'y savourer des instants de quiétude. Les centres les plus développés proposent une gamme complète d'équipements pour les sports nautiques. Presque toutes les plages disposent de zones de baignade privées, où vous pouvez louer des cabines, des chaises longues et des lits de bronzage. Les garçons de plage (**bagnini**) sont souvent également sauveteurs, se distinguant par un short rouge et un gilet de sauvetage. Le drapeau rouge signifie mer agitée, le drapeau blanc mer calme et baignade sans risque.

Est-ce que c'est une plage …?	**La spiaggia è …?** *la spiâdja é*
de galets / de sable	**pietrosa/sabbiosa** *piétrôsa/sabbiôsa*
Y a-t-il un(e) … ici?	**C'è … qui?** *tché … coui*
piscine pour enfants	**una piscina per bambini** *ouna pichîna pér bammbîni*
piscine …	**una piscina …** *ouna pichîna*
couverte / en plein air	**invernale/all'aperto** *innvérnâlé/allapérto*
Est-ce qu'on peut se baigner / plonger ici sans danger?	**Si può nuotare/tuffare senza pericolo?** *si puo nouotâré/touffâré séntsa péricolo*
Est-ce sûr pour les enfants?	**È sicuro per i bambini?** *é sicoûro pér i bammbîni*
Y a-t-il un maître-nageur?	**C'è un bagnino?** *tché oun bagnîno*
Je voudrais louer un / une / des …	**Vorrei noleggiare …** *vorréi nolédjâré*
canot automobile	**una barca a motore** *ouna barca a motoré*
chaise longue	**una sedia a sdraio** *ouna séédia a sdraio*
équipement de plongée (sous-marine)	**attrezzature da sub** *attrétsatoûré da soub*
parasol	**un ombrellone** *oun ombréllôné*
planche de surf	**una tavola da surf** *ouna tâvola da surf*
jetski	**una moto acquatica** *ouna moto acouatica*
skis nautiques	**degli sci d'acqua** *délyi chî dacoua*
Pendant … heures.	**Per … ore.** *pér … ôré*

Ski Sci

Les conditions de ski sont excellentes pour les enthousiastes, tant pour les débutants que pour les spécialistes, dans les Dolomites et les Alpes italiennes (Val d'Aoste); plus au sud, les Apennins offrent également des possibilités aux skieurs.

Est-ce qu'il y a beaucoup de neige?	**C'è molta neve?** *tché molta néévé*
Comment est la neige?	**Com'è la neve?** *comé la néévé*
lourde / verglacée	**spessa/ghiacciata** *spéssa/ghiatchâta*
poudreuse / mouillée	**farinosa/bagnata** *farinnôsa/bagnâta*
Je voudrais louer des …	**Vorrei noleggiare …** *vorréi nolédjâré*
bâtons	**i bastoncini** *i bastonntchîni*
patins (à glace)	**i pattini (da ghiaccio)** *i pattîni (da ghiatcho)*
chaussures de ski	**gli scarponi (da sci)** *lyi scarpôni (da chî)*
skis	**gli sci** *lyi chî*
Ils sont trop …	**Questi(-e) sono troppo …** *couésti(-é) sôno troppo*
grands / petits	**grandi/piccoli(e)** *granndi/picoli(-é)*
Ils ne sont pas confortables.	**sono scomodi(-e).** *sôno scomodi(-é)*
Un forfait remonte-pente pour une journée / cinq jours, s.v.p.	**Una tessera per la sciovia per un giorno/cinque giorni, per favore.** *ouna tésséera pér la chiovia pér oun djorno/tchinncoué djorni pér favôré*
Je voudrais m'inscrire à l'école de ski.	**Vorrei inscrivermi alla scuola sci.** *vorréi innscrivérmi alla scouôla chi.*
Je suis débutant.	**Sono un principiante.** *sôno oun prinntchipiannté*
J'ai de l'expérience.	**Ho esperienza.** *o éspériéntsa*

LA FUNIVIA	téléphérique / œufs
LA SEGGIOVIA	télésiège
LA SCIOVIA	remonte-pente / tire-fesses

Présentations Presentazioni

Les présentations varient selon votre degré de connaissance de la personne. Voici un guide:

La politesse consiste à serrer la main, aussi bien lorsque vous rencontrez votre interlocuteur que quand vous en prenez congé.

Entamez toute conversation formelle avec quelqu'un, qu'il s'agisse d'un vendeur ou d'un agent de police, en disant **Buongiorno**.

Ciao! est une expression familière, universelle, signifiant à la fois «salut, bonjour» et «salut, à la prochaine».

En italien, deux formes servent à exprimer la deuxième personne (prenant différentes formes verbales): **tu** (singulier) et **voi** (pluriel) sont employés pour s'adresser à des membres de la famille, amis proches et enfants (ainsi qu'entre jeunes gens).

Lei (singulier) et **loro** (pluriel) sont utilisés dans tous les autres cas (avec la troisième personne du singulier / pluriel du verbe).

Bonjour, nous ne nous connaissons pas?	**Buongiorno, non ci conosciamo?** *bouonndjorno nonn tchi connochiâmo*
Je m'appelle …	**Sono …** *sôno*
Puis-je vous présenter …?	**Posso presentarle …?** *posso présentârlé*
Enchanté. Très heureux(-se).	**Piacere/Molto lieto(-a).** *piatchééré/molto liééto(-a)*
Comment vous appelez-vous?	**Come si chiama?** *cômé si kiâma*
Comment allez-vous?	**Come sta?** *cômé sta*
Très bien, merci, et vous?	**Bene, grazie, e Lei?** *bééné grâtsié é léi*

– Buongiorno, signora. Come sta?
(Bonjour, madame. Comment allez-vous?)
– *Molto bene, grazie e Lei?*
(*Très bien, merci. Et vous?*)
– Bene, grazie.
(Bien, merci.)

D'où êtes-vous ? Da dove viene?

D'où venez-vous ?	**Da dove viene?** *da dôvé viééné*
Où êtes-vous né(e)?	**Dove è nato(-a)?** *dové é nâto(-a)*
Je viens de (la)/du/de …	**Vengo …** *véngo*
Belgique	**del Belgio** *dél béldjio*
Canada	**del Canada** *dél cannada*
France	**della Francia** *délla franntchia*
Luxembourg	**del Lussemburgo** *dél loussémbourgo*
Suisse	**della Svizzera** *délla svidzéra*
Afrique	**del Africa** *dél africa*
Antilles	**delle Antille** *déllé antilyé*
Où habitez-vous?	**Dove vive?** *dôvé vîvé*
Vous êtes de quelle région de …	**Da quale parte … viene?** *da couâlé parté … viééné*
Italie	**dell'Italia** *déllitâlia*
Sicile	**della Sicilia** *délla sitchilia*
Nous venons ici tous les ans.	**Veniamo qui ogni anno.** *véniâmo coui ogni anno*
C'est la première fois que je viens/nous venons.	**È la mia/nostra prima visita.** *é la mia/nostra prîma vizita*
Est-ce que vous êtes déjà allé(é)s …?	**È già stato …?** *é djia stâto*
en France/au Canada	**nella Francia/nel Canada** *nella franntchia/nel cannada*
Ça vous plaît ici?	**Le piace questo posto?** *lé piâtché couésto posto*
Que pensez-vous de …?	**Cosa pensa di …?** *côsa pénsa di*
J'adore le/la … ici.	**Mi piace molto il/lo/la … qui.** *mi piâtché molto il/lo/la … coui*
Je n'aime pas beaucoup la/les … ici.	**Non mi piace molto … qui.** *nonn mi piâtché molto coui*
cuisine/gens	**la cucina/la gente** *la coutchîna/la djénté*

119

Avec qui êtes vous?/La famille
Con chi è?/La famiglia

Avec qui êtes-vous?	**Con chi è?** *conn ki é*
Je suis tout(e) seul(e).	**Sono(da) solo(a).** *sôno(da) sôlo(a)*
Je suis avec un(e) ami(e).	**Sono con un amico/un'amica.** *sôno conn oun amico/ounamica*
Je suis avec mon/ma/mes …	**Sono con …** *sôno conn*
femme	**mia moglie** *mia molyé*
mari	**mio marito** *mio marito*
famille	**la mia famiglia** *la mia familya*
enfants	**i miei figli** *i miéi filyi*
parents	**i miei genitori** *i miéi djénitôri*
mon amie	**il mio ragazzo/la mia ragazza** *il mio ragatso/la mia ragatsa*
père/fils	**mio padre/figlio** *mio padré/filyo*
mère/fille	**mia madre/figlia** *mia madré/filya*
frère/oncle	**mio fratello/mio zio** *mio fratéllo/mio dzio*
sœur/tante	**mia sorella/zia** *mia sorrélla/dzia*
Comment s'appelle votre fils/femme?	**Come si chiama suo figlio/sua moglie?** *cômé si kiàma suo filyo/soua molyié*
Êtes-vous marié(e)?	**È sposato(-a)?** *é sposâto(-a)*
Je suis …	**Sono …** *sôno*
marié(e)/célibataire	**sposato(-a)/celibe** *sposâto(-a)/tchélibé*
divorcé(e)/séparé(e)	**divorziato(-a)/separato(-a)** *divortsiàto(-a)/sépérâto(-a)*
fiancé(e)	**fidanzato(-a)** *fidanntsâto(-a)*
Nous vivons ensemble.	**Viviamo insieme.** *viviàmo innsiéémé*
Avez-vous des enfants?	**Ha bambini/figli?** *a bammbîni/filyi*
Deux garçons et une fille.	**Due ragazzi e una ragazza** *doué ragatsi é ouna ragatsa*
Quel âge ont-ils?	**Quanti anni hanno?** *couannti anni anno*

Qu'est-ce que vous faites? Che cosa fa?

Qu'est-ce que vous faites?	**Che cosa fa?** _ké côsa fa_
Dans quelle branche êtes-vous?	**Che lavoro fa?** _ké lavôro fâ_
Qu'est-ce que vous étudiez?	**Che cosa studia?** _ké côsa stoûdia_
J'étudie …	**Studio …** _stoûdio_
Je suis dans …	**Mi occupo di …** _mi ocoupo di_
le commerce	**commercio** _commértchio_
l'ingénierie	**ingegneria** _inndjégnéria_
la vente au détail	**commercio al dettaglio** _commértchio al déttalyo_
la vente	**vendite** _véndité_
Pour qui travaillez-vous …?	**Per chi lavora?** _pér ki lavôra_
Je travaille pour …	**Lavoro per …** _lavôro pér_
Je suis …	**Sono …** _sôno_
comptable	**ragioniere(-a)** _radjionnyééré(-a)_
femme au foyer	**casalinga** _cazalingga_
étudiant(e)	**studente(ssa)** _stoudénté(ssa)_
retraité(e)	**in pensione** _inn pénsiôné_
au chômage	**disoccupato** _dizocoupâto_
Je travaille à mon compte.	**Lavoro in proprio.** _lavôro inn proprio_
Quels sont vos intérêts/ hobbies?	**Quali sono i suoi interessi/hobbies?** _couâli sôno i souoi inntéréssi/hobbies_
J'aime le/la …	**Mi piace …** _mi piâtché_
musique	**la musica** _la mouzica_
lecture	**leggere** _lédjéré_
sport	**lo sport** _lo sport_
Je joue …	**Gioco …** _djioco_
Voulez-vous jouer …?	**Le piacerebbe giocare …** _lé piatchérébbé djiokâré_
aux cartes	**a carte** _a carté_
aux échecs	**a scacchi** _a scaki_

PROFESSIONS, HOBBIES ➤ LEXIQUE 169

Quel temps! Che tempo!

Quelle belle journée!	**Che bella giornata!** *ké bélla djiornâta*
Quel temps horrible!	**Che tempo orribile!** *ké témpo orrîbilé*
Qu'est-ce qu'il fait froid/chaud aujourd'hui!	**Che caldo/freddo oggi!** *ké caldo/fréddo odji*
Fait-il aussi chaud d'habitude?	**È così caldo di solito?** *é così caldo di solito*
Pensez-vous que demain …?	**Pensa che domani …?** *pénsa ké domâni*
il fera beau	**sarà una bella giornata** *sara ouna bélla djiornâta*
pleuvra	**pioverà** *piovéra*
neigera	**nevicherà** *névikéra*
Quelles sont les prévisions?	**Che previsioni ci sono?** *ké prévisiôné tchi sôno*
C'est nuageux.	**È nuvoloso.** *é nouvolôso*
C'est orageux.	**È temporalesco** *témporalésco*
Il y a …	**È …** *é*
du brouillard	**nebbioso** *nébbiôso*
du givre	**gelato** *djélâto*
du verglas	**ghiacciato** *giatchiâto*
du vent	**ventoso** *véntôso*
Il pleut.	**Piove.** *piôvé*
Il neige.	**Nevica.** *névica*
Il fait du soleil.	**C'è il sole.** *tché il sôlé*
Il fait ce temps-là depuis longtemps?	**Il tempo è così da molto tempo?** *il témpo é così da molto témpo*
Quel est le taux de pollen?	**Com'è il conteggio del polline?** *comé il conntédjio dél pollinné*
élevé/moyen/bas	**alto/medio/basso** *alto/méédio/basso*
Quelle est la météo pour le ski?	**Che previsioni ci sono per sciare?** *ké prévisioni tchi sôno pér chiâré*

Passez-vous de bonnes vacances?
Si sta divertendo?

È in vacanza?	Est-ce que vous êtes en vacances?
Come è arrivato qui?	Comment êtes-vous venu(e)(s) ici?
Dove alloggia?	Où logez-vous?
Da quanto tempo è qui?	Depuis combien de temps êtes-vous ici?
Quanto tempo si trattiene?	Combien de temps restez-vous?
Cosa ha fatto finora?	Qu' avez-vous fait jusqu'à présent?
Dove andrà dopo?	Où irez-vous ensuite?
Si sta divertendo?	Est-ce que vous vous amusez bien?

Je suis ici en …	**Sono qui …** _sôno coui_
voyage d'affaires	**per affari** _pér affâri_
vacances	**in vacanza** _inn vacanntsa_
Nous sommes venus en …	**Siamo venuti(-e) in …** _siâmo vénoûti(-é) inn_
train/bus/avion	**treno/pullman/aereo** _trééno/poullman/aéréo_
voiture/ferry	**auto/traghetto** _aouto/traghétto_
J'ai une voiture de location.	**Ho noleggiato una macchina.** _o nolédjiâto ouna makina_
Nous logeons …	**Alloggiamo …** _allodjiâmo_
dans un appartement	**in un appartamento** _inn oun appartamménto_
à l'hôtel/dans un camping	**in un albergo/un campeggio** _inn oun albérgo/oun cammpéédjio_
chez des amis	**con amici** _conn amitchi_
Pouvez-vous nous suggérer …?	**Può suggerire …?** _pouo soudjérîré_
quelque chose à faire	**cose da fare** _cosé da fâré_
des endroits pour manger	**posti per mangiare** _posti pér mandjiâré_
des endroits à visiter	**luoghi di interesse** _louôghi di inntéréssé_
Nous nous amusons/ennuyons.	**Ci stiamo divertendo/annoiando.** _tchi stiâmo divérténdo/annoianndo_

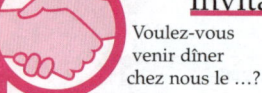

Invitations Inviti

Voulez-vous venir dîner chez nous le …?
Vuole venire a cena da noi il …?
vuo̯lé vénïré a tchééna da noi il

Est-ce que je peux vous inviter à déjeuner?
Posso invitarla a pranzo?
posso innvitârla a pranndzo

Est-ce que vous pouvez venir prendre un café ce soir?
Vuole venire a prendere il caffè da noi questa sera? *vuo̯lé vénïré a préndéré il caffè da noi couésta sééra*

Nous donnons une soirée. Pouvez-vous venir?
Facciamo una festa. Vuole venire?
fatchiâmo ouna fésta. vuo̯lé vénïré

Est-ce que nous pouvons nous joindre à vous?
Possiamo venire anche noi? *possiâmo vénïré annké noi*

Voulez-vous vous joindre à nous?
Vuole venire anche Lei?
vuo̯lé vénïré anké léi

Sortir Uscire

Qu'avez-vous de prévu pour …? **Cosa fa …?** *co̯sa fa*

aujourd'hui/ce soir
oggi/questa sera
odji/couésta sééra

demain
domani *domâni*

Est-ce que vous êtes libre ce soir?
È libero(-a) questa sera?
é libéro(-a) couésta sééra

Est-ce que vous aimeriez …? **Le piacerebbe …?** *lé piatchérébbé*

aller danser
andare a ballare *anndâré a ballâré*

aller au bar/restaurant
andare al bar/al ristorante
anndâré al bar/al ristorannté

faire une promenade
fare una passeggiata
fâré ouna passédjiâta

faire des courses
fare acquisti *faré acouisti*

J'aimerais aller à …
Mi piacerebbe andare …
mi piatchérébbé anndâré

J'aimerais voir …
Mi piacerebbe vedere …
mi piatchérébbé védééré

Aimez-vous …?
Le piace …? *lé piâtché*

Accepter/Décliner Accettare/Declinare

Avec plaisir.	**Sarebbe magnifico.** *sarébbé magnifico*
Merci, mais j'ai à faire.	**Grazie, ma ho un'altro impegno.** *grâtsié ma ho oun altro immpégno*
Est-ce que je peux amener un(e) ami(e)?	**Posso portare un amico(-a).** *posso portâré oun amico(-a)*
Où nous retrouvons-nous?	**Dove ci incontriamo?** *dôvé tchi innconntriâmo*
Je vous retrouve …	**La incontro …** *la innconntro*
devant votre hôtel	**di fronte al suo albergo** *di fronnté al souo albérgo*
Je t'appellerai à 8.00/20.00 heures.	**Ti chiamo alle otto/venti.** *ti kiâmo allé otto/vénti*
un peu plus tard/tôt	**un po' più tardi/presto** *oun po piou tardi/présto*
Peut-être un autre jour?	**Forse un'altro giorno?** *forsé ounaltro djiorno*
D'accord.	**Va bene.** *va bééné*

Invitation à dîner Invitare a cenare

La ponctualité varie d'une région à l'autre en Italie. Quinze minutes de retard peuvent être acceptables dans le sud, alors que, dans le nord, cinq suffiraient à s'attirer des reproches.

Permettez-moi de vous offrir quelque chose à boire.	**Mi permetta di offrirle una bibita.** *mi pérméta di offrirlé ouna bibita*
Aimez-vous …?	**Le piace …?** *lé piâtché*
Qu'est-ce que vous prenez?	**Cosa prende?** *côsa préndé*
Quel bon repas.	**Che pasto squisito!** *ké pasto scouizito*

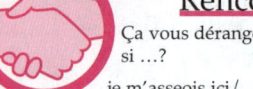

Rencontres Incontri

Ça vous dérange si …?
Le dispiace se …?
lé dispi<u>a</u>tché sé

je m'asseois ici/ je fume
mi siedo qui/fumo
mi si<u>éé</u>do coui/<u>foû</u>mo

Puis-je vous offrir quelque chose à boire?
Posso offrirle una bibita?
po<u>s</u>so offr<u>i</u>rlé <u>ou</u>na <u>bi</u>bita

J'aimerais bien que vous veniez me tenir compagnie.
Mi piacerebbe avere un po' di compagnia. *me piatchér<u>é</u>bbé av<u>éé</u>ré oun po di commpa<u>gn</u>ia*

Pourquoi riez-vous?
Perchè ride? *pérk<u>é</u> r<u>î</u>dé*

Est-ce que mon italien est si mauvais que ça?
Parlo tanto male l'italiano?
p<u>a</u>rlo t<u>a</u>nnto m<u>â</u>lé litali<u>â</u>no

Si on allait dans un endroit un peu plus calme?
Andiamo in un posto più tranquillo?
andi<u>â</u>mo inn oun <u>p</u>osto piou trancou<u>i</u>llo

Laissez-moi tranquille!
Mi lasci in pace!
mi l<u>â</u>chi inn p<u>â</u>tché

Tu es très beau/belle!
Sei stupendo(-a)! *s<u>é</u>i stoup<u>é</u>ndo(-a)*

Est-ce que je peux t'embrasser?
Posso baciarti? *po<u>s</u>so bat<u>chi</u>ârti*

Est-ce que tu veux venir chez moi?
Vuoi venire da me?
vou<u>o</u>i vén<u>î</u>ré da mé

Je ne suis pas encore prêt pour ça.
Non sono pronto(-a) per questo. *nonn s<u>ô</u>no pronn<u>to</u>(-a) pér cou<u>é</u>sto*

Merci pour cette bonne soirée.
Grazie per la serata.
gr<u>â</u>tsié pér la sér<u>â</u>ta

Il faut que nous partions maintenant.
Penso che sia ora di partire.
p<u>é</u>nso ké s<u>i</u>a <u>ô</u>ra di part<u>î</u>ré

Est-ce que je peux vous revoir demain?
Posso rivederla domani?
po<u>s</u>so rivéd<u>é</u>rla dom<u>â</u>ni

A bientôt.
A presto. *a pr<u>é</u>sto*

Est-ce que je peux avoir votre adresse?
Posso avere il suo indirizzo?
po<u>s</u>so av<u>éé</u>ré il s<u>ou</u>o inndir<u>i</u>tso

Téléphoner Telefonare

Les téléphones payables modernes acceptent les pièces de monnaie et les cartes téléphoniques.

Vous pouvez également utiliser votre carte de crédit téléphonique pour appeler votre domicile.

De nombreux cafés et bars publics disposent de téléphones publics pour les appels locaux. Vous devrez payer après l'appel ou acheter un jeton (**gettone**) à insérer dans le téléphone.

Pour appeler votre domicile depuis l'Italie, composez le 00, suivi de: Canada 1, France 33, Belgique 32, Suisse 41, Luxembourg 352. Notons que vous devrez généralement omettre le 0 initial du code zonal. Pour appeler l'Italie il ne faut plus omettre le 0.

Pouvez-vous me donner votre numéro de téléphone?	**Mi da il suo numero di telefono?** *mi da il souo nouméro di téléfonno*
Voilà mon numéro.	**Ecco il mio numero.** *éco il mio nouméro*
Appelez-moi, s.v.p.	**Mi chiami, la prego.** *mi kiâmi la préégo*
Je vous appellerai.	**La chiamerò.** *la kiaméro*
Où est la cabine téléphonique la plus proche?	**Dov'è il telefono pubblico più vicino?** *dové il téléfono poubblico piou vitchîno*
Est-ce que je peux me servir de votre téléphone?	**Posso usare il suo telefono?** *posso* *ouzâré il souo téléfono*
C'est urgent.	**È un'emergenza.** *é oun émérdjéntsa*
Je voudrais téléphoner en France.	**Vorrei fare una chiamata in Francia.** *vorréi faré ouna kiamâta inn Franntchia*
Quel est le code pour …?	**Qual'è il prefisso per …?** *coualé il préfisso pér*
Quel est le numéro des Renseignements?	**Qual'è il numero per Informazione Elenco Abbonati?** *coualé il nouméro pér innformatsiôné élénco abbonâti*
Je voudrais le numéro de …	**Vorrei il numero per …** *vorréi il nouméro pér*
Je voudrais faire un appel en P.C.V.	**Vorrei telefonare a carico del destinatario.** *vorréi téléfonâré a carico dél déstinnatârio*

Parler au téléphone Parlare al telefono

Allô. C'est …
Pronto. Parla …
pronnto. parla

Je voudrais
parler à …
Vorrei parlare a …
vorréi parlâré a

Poste …
Interno … *inntérno*

Pouvez-vous parler plus fort/
plus lentement, s.v.p.
Può parlare/più forte/più lentamente, per piacere. *puo parlâre/piou forté/piou léntaménté pér piatchééré*

Pouvez-vous répéter, s.v.p?
Può ripetere, per piacere?
puo ripétéré pér piatchééré

Je regrette, il/elle n'est pas là.
Mi dispiace, non è qui.
mi dispiâtché nonn é coui

Vous avez fait un faux numéro.
Ha sbagliato numero.
a zbalyâto nouméro

Un instant.
Un momento. *oun moménto*

Ne raccrochez pas, s.v.p.
Resti in linea, per piacere.
résti inn linéa pér piatchééré

Quand reviendra-t-il/elle?
Quando rientra?
couanndo riéntra

Pouvez-vous lui dire que
j'ai appelé?
Per favore, gli/le dica che ho chiamato.
pér favôré lyi/lé dica ké o kiamâto

Je m'appelle …
Mi chiamo …
mi kiâmo

Pouvez-vous lui demander de
me rappeler?
Può dirgli/dirle di richiamarmi?
puo dirlyi/dirlé di rikiammârmi

Il faut que je vous quitte,
maintenant.
Devo andare ora.
déévo andâré ôra

J'ai été content(e) de
vous parler.
È stato un piacere parlare con Lei.
é stâto oun piatchééré parlâré conn léi

Je vous téléphonerai.
La contatterò. *la conntattéro*

Au revoir.
Arrivederci. *arrivédértchi*

Magasins et Services

Magasins et services	130	Articles ménagers	
Heures d'ouverture	132		149
Services	133	Bijouterie	150
Préférences	134	Marchand	151
Décisions	135	de journaux	
Payer	136	Photographie	152
Plaintes	137	Bureau de poste	153
Réparations	137	Télécommunications	154
Banque/Change	138	Souvenirs	155
Pharmacie	140	Cadeaux	155
Articles de toilette	143	Musique	156
Habillement	144	Jouets et jeux	156
Couleur	144	Antiquités	156
Tailles	147	Supermarché/	157
Santé et beauté	148	Minimarché	
Coiffeur	148		

Si vous désirez un aperçu de ce que les Italiens achètent, visitez les grandes surfaces des chaînes **La Rinoscente**, **Upim** et **Standa**, qui ont des filiales dans la plupart des villes.

Vérifiez localement l'emplacement et les heures des marchés en plein air, qui ont généralement lieu au moins une fois par semaine dans la plupart des centres touristiques.

L'ESSENTIEL

Je voudrais …	**Vorrei …** *vorréi*
Avez-vous …?	**Ha …?** *a*
C'est combien?	**Quanto costa?** *cuannto costa*

APERTO	Ouvert
CHIUSO	Fermé

Magasins et services
Negozi e servizi
Où est …? Dov'è …?

Où est … le/la plus proche?	**Dov'è … più vicino(-a)?** *dové … piou vitchîno*
Où y a-t-il un(e) bon(ne) …?	**Dove c'è un(a) buon(a) …?** *dôvé tché oun(a) bouon(a)*
Où est le centre commercial principal?	**Dov'è la zona dei negozi?** *dové la dzôna déi négotsi*
Est-ce loin d'ici?	**È lontano da qui?** *é lontâno da cui*
Comment puis-je y aller?	**Come ci arrivo?** *côme tchi arrîvo*

Magasins Negozi

antiquaire	**il negozio di antiquariato** *il négotsio di annticouariâto*
banque	**la banca** *la bannca*
bijouterie	**la gioielleria** *la djioiélléria*
boucherie	**la macelleria** *la matchélléria*
boulangerie	**la panetteria** *la pannéttérîa*
bureau de tabac	**la tabaccheria** *la tabakéria*
centre commercial	**il centro commerciale** *il tchénntro commértchiâlé*
charcutier/traiteur	**la salumeria** *la salouméria*
droguerie	**la drogheria** *la droghéria*
épicier	**il negozio di alimentari** *il négotsio di aliméntâri*
fleuriste	**il fioraio** *il fiorâio*
grand magasin	**il grande magazzino** *il granndé magatsîno*
kiosque à journaux	**l'edicola** *lédicola*
librairie	**la libreria** *la libréria*
magasin d'articles de sport	**il negozio di articoli sportivi** *il négotsio di articoli sportîvi*
magasin de cadeaux	**il negozio di articoli da regalo** *il négotsio di articoli da régâlo*
magasin de chaussures	**il negozio di scarpe/la calzoleria** *il négotsio di scârpé/la caltsoléria*

magasin de diététique	**il negozio di dietetica** *il négotsio di diétético*
magasin de disques	**il negozio di musica** *il négotsio di moûzica*
magasin de jouets	**il negozio di giocattoli** *il négotsio di djiocâttoli*
magasin de photos	**il negozio di foto** *il négotsio di foto*
magasin de souvenirs	**il negozio di ricordi** *il négotsio di ricôrdi*
magasin de vêtements	**il negozio di abbigliamento** *il négotsio di abbilyaménto*
marchand de fruits et légumes	**il fruttivendolo** *il froutivéndolo*
marchand de vins et spiritueux	**la bottiglieria** *la bottilyéria*
marché	**il mercato** *il mércâto*
pâtisserie	**la pasticceria** *la pastitchéria*
pharmacie	**la farmacia** *la farmatchia*
poissonnerie	**la pescheria** *la péskéria*
supermarché	**il supermercato** *il soupérmércâto*

Services Servizi

bibliothèque	**la biblioteca** *la bibliotéca*
coiffeur (femmes/hommes)	**il parrucchiere/la parrucchiera** *il parroukiééré/la parroukiéra*
commissariat	**il commissariato/la questura** *il commissariâto/la couéstoûra*
dentiste	**il/la dentista** *il/la déntista*
hôpital	**l'ospedale** *lospédâlé*
laverie automatique	**la lavanderia a gettone** *la lavanndéria â djétôné*
médecin/docteur	**il medico/il dottore(-ressa)** *il médico/il dottôré(-réssa)*
opticien	**l'ottico/il negozio di ottica** *lottico/il négotsio di ottica*
pressing/nettoyage à sec	**la tintoria/la lavanderia a secco** *la tinntoria/la lavanndéria a séco*

Heures d'ouverture Orario di apertura

Dans les villes importantes, telles que Rome, Milan, Bologne et Florence, les magasins ferment généralement le samedi après-midi pendant l'été; pendant les vacances du mois d'août (**Ferragosto**), vous trouverez probablement un nombre très restreint de magasins ouverts, étant donné que la plupart des habitants auront fui en direction de la mer ou des montagnes pour échapper à l'humidité.

Horaires généraux pour :	Ouverture	Fermeture	Pause-déjeuner	Fermeture
magasins (hiver)	9h00	19h30	13h00–15h00	Dim. un 1/2 jour
(été)	9h00	20h00	13h00–16h00	pendant la semaine
certaines zones commerciales	10h00	19h00	aucune	Dim. lun. matin
postes (bureau de poste)	8h30	18h00	aucune	Sam. après-midi, dim.
	8h30	18h00	aucune	Sam. après-midi, dim.
banques bureaux principaux	8h30	16h00	13h00–15h00	week-end

A quelle heure ouvre / ferme le / la …? **Quando apre/chiude …?** *couanndo apré/kioûdé …*

Etes-vous ouverts en soirée? **È aperto la sera?** *é apérto la sééra*

Fermez-vous pour le déjeuner? **Chiude per pranzo?** *kioûdé pér pranndzo*

Où est le / la / l' …? **Dov'è …?** *dové*

caisse **la cassa** *la cassa*

escalier roulant **la scala mobile** *la scâla môbilé*

ascenseur **l'ascensore** *lachénsôré*

plan du magasin **la guida del magazzino** *la gouîda dél magatsîno*

rez-de-chaussée **il pianterreno** *piântérééno*

premier étage **il primo piano** *prîmo piâno*

ORARIO DI APERTURA	heures d'ouverture
CHIUSO PER LA PAUSA DI MEZZOGIORNO	fermé pour le déjeuner
APERTO TUTTO IL GIORNO	ouvert toute la journée
L'USCITA	sortie
L'INGRESSO	entrée
LA SCALA MOBILE	escalier roulant
L'USCITA D'EMERGENZA	sortie de secours
L'ASCENSORE	ascenseur
LE SCALE	escaliers

Services Servizi

Pouvez-vous m'aider?	**Può aiutarmi?** *pouo aioutârmi*
Je cherche …	**Cerco …** *tchérco*
Je jette seulement un coup d'œil.	**Sto solo dando un'occhiata.** *sto sôlo danndo oun okiâta*
C'est mon tour.	**È il mio turno.** *é il mio tourno*
Avez vous …?	**Ha …?** *a*
Je voudrais acheter …	**Vorrei comprare …** *vorréi commprâré*
Pourriez-vous me faire voir …?	**Può farmi vedere …?** *pouo fârmi védééré*
Combien coûte ceci/celà?	**Quant'è questo/quello?** *couannté couésto/couéllo*
C'est tout, merci.	**È tutto, grazie.** *é toutto grâtsié*

Buongiorno/buonasera signora/signore.	Bonjour/bonsoir madame/monsieur.
Desidera?	Vous désirez?
Cosa desidera?	Qu'est-ce que vous désirez?
Glielo(-a) controllo subito.	Je vais vérifier.
È tutto?	Ce sera tout?
Nient'altro?	Et avec ça?

– Cosa desidera? (Qu'est-ce que vous désirez?)
– Sto solo dando un'occhiata.
(Je jette seulement un coup d'œil.)

– Scusi. (Excusez-moi.)
– Sì, desidera? (Oui, vous désirez?)
– Quant'è quello? (Combien coûte cela?)
– Um, controllo subito … Costa trenta euro.
(Hmm, je vais vérifier … Ça coûte 30 euros.)

IL SERVIZIO (ASSISTENZA) CLIENTI	accueil clients
SALDI/LIQUIDAZIONI	soldes

Préférences Preferenze

Je voudrais quelque chose de …	**Voglio qualcosa di …** _volyo coualcôsa di_
Ça doit être …	**Deve essere …** _déévé ésséré_
grand / petit	**grande/piccolo(-a)** _granndé/ piccolo(-a)_
bon marché / cher	**economico(-a)/caro(-a)** _éconnomico(-a)/câro(-a)_
foncé / clair	**scuro(-a)/chiaro(-a)** _scoûro(-a)/ kiâro(-a)_
léger / lourd	**leggero(-a)/pesante** _lédjééro(-a) pézannté_
ovale / rond / carré	**ovale/rotondo(-a)/quadrato(-a)** _ovâlé/ rotonndo(-a)/couadrâto(-a)_
original / d'imitation	**genuino(-a)/imitazione** _djénouîno(-a)/imitatsiôné_
Je ne veux pas quelque chose de trop cher.	**Non voglio niente di troppo caro.** _nonn volyo niénté di troppo câro_
Dans les … euros environ.	**Sulle … euro.** _soullé … éouroh_
Avez-vous quelque chose de …?	**Ha qualcosa di …?** _a coualcôsa di_
plus grand	**più largo** _piou lârgo_
meilleure qualité	**di qualità migliore** _di coualita milyôré_

Che … desidera/vuole?	Quel(le) … désirez / voulez-vous?
colore/forma	couleur / forme
qualità/quantità	qualité / quantité
Che tipo preferisce?	Quel genre préférez-vous?
Su che prezzi vuole rimanere?	Dans quel ordre de prix cherchez-vous?

moins cher	**meno caro** _mééno câro_
plus petit	**più piccolo** _piou piccolo_
Pouvez-vous me montrer …?	**Può mostrarmi …?** _pouo mostrârmi_
celui-là / celui-ci	**quello/questo** _couéllo/couésto_
ceux-ci / ceux-là	**questi/quelli** _couésti/couélli_

Conditions d'achat
Condizioni di vendita

Y a-t-il une garantie?

C'è una garanzia?
tché ouna garanntsia

Est-ce qu'il y a des instructions?

Ci sono anche delle istruzioni?
tchi sôno annké déllé istroutsiôni

Epuisé Esaurito

Mi dispiace, non ne abbiamo.	Je regrette, nous n'en avons pas.
È esaurito(-a)	Il/elle est épuisé(e).
Posso mostrarle qualcos'altro/ un tipo diverso?	Est-ce que je peux vous montrer quelque chose d'autre?
Glielo(-a) ordino?	Voulez-vous que nous vous le commandions?

Pouvez-vous me le commander?

Può ordinarmelo(-a)?
pouo ordinnârmélo(-la)

Il faudra combien de temps?

Quanto tempo occorre?
couannto témpo occorré

Où est-ce que je pourrais trouver …?

Dove posso trovare …
dôvé posso trovâré

Décision Decisione

Ce n'est pas vraiment ce que je veux.

Non è esattamente quello che voglio.
nonn é éssattaménté couéllo ké volyo

Non, ça ne me plaît pas.

No, non mi piace. *no nonn mi piâtché*

C'est trop cher.

È troppo caro. *é troppo câro*

Je voudrais réfléchir.

Vorrei pensarci. *vorréi pénsârtchi*

Je le/la prends.

Lo/La prendo. *lo/la préndo*

– Buongiorno, signora. Vorrei una blusa.
(Bonjour madame. Je voudrais une blouse.)
– Certo. Che colore preferisce?
(Certainement. Quel couleur préférez-vous?)
– Bianca, per piacere. Deve essere larga.
(Blanche, s.v.p. Ça doit être grande.)
– Ecco. Sono cento euro. (Voilà. C'est 100 euros.)
– Non è esattamente quello che voglio. Grazie comunque.
(Ce n'est pas vraiment ce que je cherche. Merci tout de même.)

Paiement Pagare

La plupart des magasins, restaurants et hôtels, de même que certaines stations-service d'autoroutes acceptent les principales cartes de crédit, les chèques de voyage et eurochèques – cherchez les indications sur la porte.

Les taxes peuvent être réclamées sur les achats plus conséquents après votre retour au pays (en dehors de l'UE).

Où dois-je payer?	**Dove si paga?** _dôvé si pâga_
C'est combien?	**Quant'è/Quanto costa?** _couannté/couannto costa_
Pourriez-vous me l'écrire, s.v.p.?	**Può scrivermelo, per favore?** _pouo skrîvérmélo pér favôré_
Acceptez-vous les chèques de voyage?	**Accetta assegni turistici?** _atchétta asségni touristitchi_
Je paie …	**Pago …** _pâgo_
en liquide	**in contanti** _inn conntannti_
avec une carte de crédit	**con carta di credito** _conn carta di crédito_
Je n'ai pas de monnaie.	**Non ho spiccioli.** _nonn o spitchiôli_
Je regrette, je n'ai pas assez d'argent.	**Mi dispiace, non ho abbastanza soldi.** _mi dispiâtché nonn o abbastanntsa sôldi_
Est-ce que je peux avoir un ticket de caisse?	**Mi dà la ricevuta, per favore?** _mi da la ritchévouta pér favôré_
Je crois que vous vous êtes trompé en me rendant la monnaie.	**Credo che si sia sbagliato(-a) nel darmi il resto.** _crédo ké si sia zbalyiâto(-a) nél dârmi il résto_

Come paga?	Comment payez-vous?
Questa operazione non è stata approvata/accettata.	Cette transaction n'a pas été approuvée/acceptée.
Questa carta non è valida.	Cette carte n'est pas valide.
Ha un altro documento d'identità?	Avez-vous une autre pièce d'identité?
Ha spiccioli?	Avez-vous de la monnaie?

CASSA	caisse
I TACCHEGGIATORI SARANNO PUNITI A NORMA DI LEGGE	les voleurs seront poursuivis (en justice)

Plaintes Reclami

Il y a un défaut.
Questo è difettoso(-a).
couésto é diféttôzo(-a)

Pouvez-vous échanger ceci, s.v.p.?
Può cambiare questo, per favore? *pouọ cammbiâré couésto pér favôré*

Je voudrais être remboursé(e).
Vorrei un rimborso.
vorréi oun rimborso

Voici le ticket de caisse.
Ecco la ricevuta. *éco la ritchévouta*

Je n'ai pas le ticket de caisse.
Non ho la ricevuta. *nonn o la ritchévouta*

Je voudrais voir le gérant du magasin.
Vorrei vedere il gestore.
vorréi védééré il djéstôré

Réparations/Nettoyage Riparazioni/Pulitura

C'est cassé. Pouvez-vous le réparer?
Questo è rotto(-a). Può ripararlo(-a)?
couésto é rotto(-a) pouọ riparârlo(-la)

Avez-vous … pour ceci?
Ha … per questo? *a … pér couésto*

une pile
una pila *ouna pîla*

des pièces de rechange
dei pezzi di ricambio
déi pétsi di ricammbio

Quelque chose ne marche pas dans …
C'è qualcosa che non va con …
tché coualcôsa ké nonn va conn

Pouvez-vous … ça?
Può … questo(-a) …? *pouọ … couésto(-a)*

nettoyer
pulire *poulîré*

repasser
stirare *stirâré*

réparer/raccommoder
riparare/rammendare
riparâré/ramméndâré

Pouvez-vous faire des retouches?
Può aggiustarmi questo(-a)?
pouọ adjioustârmi couésto(-a)

Quand sera-t-il prêt?
Quando sarà pronto(-a)?
couanndo sara pronnto(-a)

Ce n'est pas à moi.
Questo non è mio.
couésto nonn é mîo

Il manque …
Manca … *mannca*

HEURES ➤ 220; DATES ➤ 218

Banque/Bureau de change
Banca/Ufficio Cambio

Dans certaines banques, vous pouvez vous procurer du liquide dans les distributeurs automatiques avec les cartes Visa, l'Eurocard, American Express et de nombreuses autres cartes internationales. Les instructions sont souvent énoncées en français.

Il vous est également possible de changer de l'argent dans la plupart des hôtels, mais le taux ne sera pas aussi avantageux. Les principales gares ferroviaires et aéroports sont également pourvus de bureaux de change.

N'oubliez pas votre passeport lorsque vous voulez changer de l'argent.

Où est … le/la plus proche?	**Dov'è … più vicino(-a)?** *dové … piou vitchîno(-a)*
la banque	**la banca** *la bannca*
le bureau de change	**l'ufficio cambio** *louffitcho cammbio*

TUTTE LE OPERAZIONI	toutes transactions
SPINGERE/TIRARE/PREMERE	poussez/tirez/appuyez
APERTO/CHIUSO	ouvert/fermé
CASSA	caisse

Pour changer de l'argent Cambiare la valuta

Est-ce que je peux changer des devises étrangères ici?	**Si può cambiare la valuta straniera qui?** *si puo cammbiâré la valouta stragnéra coui*
Je voudrais changer …	**Vorrei cambiare alcuni …** *vorréi cammbiâré alcouni …*
Je voudrais encaisser des chèques de voyage/Eurochèques.	**Voglio incassare dei traveller's cheques/ Eurocheques.** *volyo inncassâré déi travéllérs tchékés/éourotchékés*
Quel est le taux (de change)?	**Quant'è il cambio?** *couannté il cammbio*
Quelle commission prenez-vous?	**Quanto prende di commissione?** *couannto préndé di commissiôné*
Est-ce que je pourrais avoir des billets plus petites/de la petite monnaie?	**Posso avere delle banconote di taglio più piccolo/spiccioli?** *posso avééré déllé banncoté di talyo piccolo/spitchiôli*
J'ai perdu mes chèques de voyage. Voici les numéros.	**Ho perso i miei traveller's cheques. Ecco i numeri.** *o pérso i miéi travéllérs tchékés. eco i nouméri*

Sécurité   Sicurezza

Posso vedere ...?	Est-ce que je peux voir...?
il suo passaporto	votre passeport
un documento d'identità	une pièce d'identité
la sua carta bancaria	votre carte bancaire
Qual'è il suo indirizzo?	Quelle est votre adresse?
Dove alloggia?	Où logez-vous?
Compili questo modulo, per favore.	Pouvez-vous remplir cette fiche, s.v.p.
Per favore firmi qui.	Signez ici, s.v.p.

Distributeurs automatiques Bancomat/Cassa automatica

Est-ce que je peux retirer de l'argent avec ma carte de crédit ici?	**Posso fare un prelievo con la mia carta di credito qui?** *posso fâré oun préliévo conn la mia carta di crédito coui*
Où sont les distributeurs automatiques?	**Dove sono i Bancomat/le casse automatiche?** *dové sôno i banncomat/lé cassé aooutomatiké*
Est-ce que je peux me servir de ma carte ... dans ce distributeur?	**Posso usare la mia carta ... nel Bancomat?** *posso ouzâré la mia carta ... nél banncomat*
Le distributeur a avalé ma carte.	**Il Bancomat ha mangiato la mia carta.** *il banncomat a mandjiâto la mia carta*

BANCOMAT/ CASSA AUTOMATICA	DISTRIBUTEUR AUTOMATIQUE

Unité monétaire en Suisse:

Pièces: 5, 10, 20, 50 ct.; $^{1}/_{2}$, 1, 2, 5 **franchi**

Billets: 10, 20, 50, 100, 500, 1 000 **franchi**

100 centesimi = 1 **franco**

Pharmacie Farmacia

Les pharmacies sont facilement reconnaissables à leur enseigne: une croix verte, généralement lumineuse.

Si vous cherchez une pharmacie de nuit, un dimanche ou un jour férié, vous trouverez une liste des adresses des pharmacies de garde (**farmacia di turno**) dans le journal, ou affichée dans les vitrines des pharmacies.

Où est la pharmacie (de garde) la plus proche?	**Dov'è la farmacia (di turno) più vicina?** *dové la farmatchia (di tourno) piou vitchîna*
A quelle heure ouvre/ferme la pharmacie?	**A che ora apre/chiude la farmacia?** *a ké ora apré/kioûdé la farmatchia*
Pouvez-vous me préparer cette ordonnance?	**Può farmi questa ricetta?** *pouo fârmi couésta ritchétta*
Est-ce que j'attends?	**Devo aspettare?** *dévo aspéttâré*
Je reviendrai la chercher.	**Passerò a ritirarla.** *passéro a ritirârla*

Posologie Dosi e uso

Combien dois-je en prendre?	**Quanto devo prenderne?** *couannto déévo préndérné*
Combien de fois dois-je le prendre?	**Con quale frequenza devo prenderlo(-la)?** *conn couâlé frécouéntsa déévo préndérlo(-la)*
Est-ce que ça convient aux enfants?	**È adatto per bambini?** *é adatto pér bambîni*

Prenda ... pastiglie/cucchiaini ...	Prenez ... comprimés/ cuillerées à café ...
prima/dopo i pasti	avant/après les repas
con acqua	avec de l'eau
intero(-a)	entier
la mattina/la sera	le matin/le soir
per ... giorni	pendant ... jours

J'ai un/une …	**Ho … o**
ampoule	**una vescica** _ouna véchica_
blessure	**una ferita** _ouna férita_
bosse	**un bernoccolo** _oun bérnoccolo_
brûlure	**una scottatura** _ouna scottatoûra_
contusion/bleu	**una contusione/un livido** _ouna conntousiõné/oun livido_
coupure	**un taglio** _oun talyo_
enflure	**un gonfiore** _oun gonnfiôré_
éraflure	**un'escoriazione** _oun éscoriatsiõné_
éruption cutanée	**un'eruzione della pelle** _oun éroutsiõné délla péllé_
furoncle	**un foruncolo** _oun forouncolo_
mal de tête	**un mal di testa** _oun mal di testa_
piqûre d'insect	**una puntura d'insetto** _ouna pountoûra dinnsétto_
piqûre	**una puntura** _ouna pountoûra_
rhume	**un raffreddore** _oun raffrédôré_

DATA DI SCADENZA	date d'expiration
SOLO PER USO ESTERNO	pour usage externe uniquement
NON PER USO INTERNO	ne pas avaler
SOLO CON RICETTA	seulement sur ordonnance

– Ho un raffreddore. Che cosa mi raccomanda?
(J'ai un rhume. Que me recommandez-vous?)

– _Questa medicina è efficiente contro il raffreddore._
(Ce médicament est efficace contre le rhume.)

– Quante pastiglie devo prendere?
(Combien de pastilles dois-je prendre?)

– _Una ogni quattro ore. Le raccomando vedere il dottore si non ci_
sta meglio tra due giorni. (Une toute les quatre heures. Je vous
recommande de voir le docteur si vous n'allez pas mieux dans 2 jours.)

Demander conseil
Chiedere consiglio

Qu'est-ce que vous me conseillez pour un/une/des …?	**Che cosa consiglia per …?** *ké cǒsa connsilya pér*
coup de soleil	**una scottatura solare** *ouna scottatoûra solâré*
diarrhée	**la diarrea** *la diarréa*
gueule de bois	**i postumi di una sbornia** *i postoûmi di ouna zbornia*
mal au ventre	**mal di stomaco** *mal di stomaco*
mal de gorge	**il mal di gola** *il mal di gôla*
mal des transports	**la cinetosi** *la tchinnétôzi*
piqûre d'insectes	**le punture d'insetto** *lé pountoûré dinnsétto*
rhume	**un raffreddore** *oun raffrédôré*
toux	**la tosse** *la tossé*
rhume des foins	**la febbre del fieno** *la fébbré dél fiééno*
Puis-je l'obtenir sans ordonnance?	**Si può comprare senza ricetta?** *si pouo comprâré séntsa ritchétta*

Médicaments délivrés sans ordonnance
Trattamento senza ricetta

Pouvez-vous me donner …?	**Ha …?** *a*
analgésiques	**dell'analgesicos** *déll annaldjézicos*
aspirine (soluble)	**dell'aspirina (solubile)** *déllaspirîna (soloubilé)*
bandage	**delle bende** *déllé béndé*
coton (hydrophile)	**del cotone idrofilo** *dél cotôné idrofilo*
crème antiseptique	**della pomata antisettica** *délla pomâta antiséttica*
crème contre les insectes/ atomiseur insecticide	**della pomata contro gli insetti/dello spray insetticida** *délla pomâta conntro lyi innsétti/déllo spré innséttitchîda*
préservatifs	**dei profilattici** *déi profilattitchi*
vitamines	**delle vitamine** *déllé vitamîné*

Articles de toilette Articoli da toletta

Je voudrais de/du/de la/des … **Vorrei …** vor<u>ré</u>i

crème hydratante
una crema idratante
<u>ou</u>na <u>cré</u>ema idra<u>tann</u>té

crème/lotion solaire
una crema/una lozione
abbronzante <u>ou</u>na <u>cré</u>ma/<u>ou</u>na
lotsi<u>ô</u>né abbronndz<u>a</u>nnté

dentifrice
un dentifricio oun dénti<u>fri</u>tchio

déodorant
un deodorante oun déodo<u>rann</u>té

écran total
un blocco antisolare
oun <u>blo</u>co anntisol<u>â</u>ré

facteur …
fattore … fat<u>tô</u>ré

lames de rasoir
delle lamette da barba
<u>dé</u>llé la<u>mé</u>tté da <u>bâ</u>rba

lotion après-rasage
un dopobarba oun dopob<u>â</u>rba

lotion après-soleil
una lozione doposole
<u>ou</u>na lotsi<u>ô</u>né dopos<u>ô</u>lé

mouchoirs en papier
dei fazzoletti di carta
<u>dé</u>i fatso<u>lé</u>tti di <u>ca</u>rta

papier-toilette
della carta igienica <u>dé</u>lla <u>ca</u>rta idji<u>é</u>nica

savon
del sapone dél sap<u>ô</u>né

serviettes hygiéniques
degli assorbenti <u>dé</u>lyi assor<u>bé</u>nti

tampons
dei tamponi <u>dé</u>i tamp<u>ô</u>ni

Soins des cheveux Prodotti per i capelli

peigne
un pettine oun pé<u>tt</u>iné

après-shampooing
del balsamo dél <u>ba</u>lsamo

mousse pour cheveux
della schiuma volumizzante
<u>dé</u>lla ski<u>oû</u>ma voloumidz<u>ann</u>té

laque
della lacca per capelli
<u>dé</u>lla <u>la</u>cca pér cap<u>é</u>lli

shampooing
dello shampoo <u>dé</u>llo shamp<u>ou</u>

Pour le bébé Per il neonato

aliments pour bébé
degli alimenti per neonati
<u>dé</u>lyi ali<u>mé</u>nti pér neon<u>â</u>ti

lingettes
dei fazzolettini/delle salviette per neonati
<u>dé</u>i fatsolé<u>tt</u>ini/<u>dé</u>llé
salvi<u>é</u>tté pér néon<u>â</u>ti

couches
dei pannolini <u>dé</u>i panno<u>lî</u>ni

Habillement Abbigliamento

La capitale de la mode italienne est Milan, où de nombreux grands stylistes, tels que **Armani, Versace, Trussardi, Ferré, Moschino** et **Krizia**, comptent des salons.

Vous constaterez que les boutiques d'aéroport, qui vendent des articles hors-taxe, proposent parfois des prix plus intéressants mais un choix réduit.

Généralités Generali

Je voudrais …	**Vorrei …** *vor<u>ré</u>i*
Avez-vous des …?	**Avete …?** *av<u>éé</u>té*

ABBIGLIAMENTO PER DONNA	vêtements femmes
ABBIGLIAMENTO PER UOMO	vêtements hommes
ABBIGLIAMENTO PER BAMBINI	vêtements enfants

Couleur Colore

Je cherche quelque chose en …	**Cerco qualcosa in …** *tch<u>é</u>rco coualc<u>ô</u>sa inn*
beige	**beige** <u>*beige*</u>
blanc	**bianco** *bia<u>nn</u>co*
bleu	**blu** *blou*
gris	**grigio** *gr<u>î</u>djio*
jaune	**giallo** *dji<u>a</u>llo*
marron	**marrone** *marr<u>ô</u>né*
noir	**nero** <u>*néé*</u>*ro*
orange	**arancione** *aranntchi<u>ô</u>né*
rouge	**rosso** <u>*rosso*</u>
rose	**rosa** <u>*rô*</u>*sa*
vert	**verde** *v<u>é</u>rdé*
violet	**viola** *vi<u>ô</u>la*
… clair	**… chiaro** *… ki<u>â</u>ro*
… foncé	**… scuro** *… sc<u>oû</u>ro*
Je veux une teinte plus foncée / claire.	**Vorrei una tonalità più scura/chiara.** *vor<u>ré</u>i <u>ou</u>na tonnalita piou sc<u>oû</u>ra/ki<u>â</u>ra*
Avez-vous le même en …?	**Ce l'ha anche in …?** *tché la <u>ann</u>ké inn*

Vêtements et accessoires
Capi di abbigliamento e accessori

bas	**le calze** *lé caltsé*
bikini	**il bikini** *il bikîni*
caleçon	**le mutande** *lé moutanndé*
casquette	**il berretto** *il bérrétto*
chapeau	**il cappello** *il capéllo*
ceinture	**la cintura** *la tchinntoûra*
chaussettes	**i calzini** *i caltsîni*
chemise	**la camicia** *la cammitchia*
chemisier	**la camicetta** *la cammitchétta*
collant	**il collant** *il collannt*
costume	**il completo** *il commpléto*
cravate	**la cravatta** *la cravatta*
culotte	**le mutandine** *lé moutanndîné*
écharpe	**la sciarpa/il foulard** *la chiarpa/il foular*
imperméable	**l'impermeabile** *limmpérméâbilé*
jean	**i jeans** *i djîns*
jupe	**la gonna** *la gonna*
maillot de bain	**il costume da bagno** *il costoûmé da bagno*
manteau	**il cappotto** *il cappotto*
pantalon	**i pantaloni** *i pantaloni*
pull-over / pull	**la maglia/il maglione** *la malyia/il malyiôné*
robe	**il vestito** *il véstito*
sac à main	**la borsetta** *la borsétta*
short	**gli shorts** *lyi shorts*
slip de bain	**i calzoncini da bagno** *i caltsonntchîni da bagno*
slip	**le mutande** *lé moutanndé*
soutien-gorge	**il reggiseno** *il rédjiséno*
survêtement	**la tuta da ginnastica** *la touta da djinnastica*
sweat-shirt	**la felpa/il sweat-shirt** *la félpa/il swétcheurt*
T-shirt	**la T-shirt/la maglietta** *la ti shirt/la malyétta*
veste	**la giacca** *la djiacca*

Chaussures Scarpe

Une paire de	**un paio di** *oun pâyo di*
bottes	**gli stivali** *lyi stivâli*
chaussures	**le scarpe** *lé scarpé*
chaussures de ski	**gli scarponi** *lyi scarpôni*
chaussures de sport	**le scarpe da ginnastica** *lé scarpé da djinnastica*
pantoufles	**le pantofole** *lé panntofolé*
sandales	**i sandali** *i sandâli*
tongs	**le ciabatte** *lé tchiabatté*

Equipement pour la marche
Abbigliamento escursionismo

blouson imperméable	**la giacca impermeabile** *la djiacca impérméâbilé*
chaussures de marche	**gli scarponi** *lyi scarpôni*
coupe-vent	**la giacca a vento** *la djiacca a vénto*
sac à dos	**lo zaino** *lo dzaîno*

Tissus Stoffe

Je veux quelque chose en …	**Vorrei qualcosa in …** *vorréi coualcôsa inn*
coton	**cotone** *cotôné*
cuir	**pelle cuoio** *péllé couôio*
dentelle	**pizzo** *pitso*
jean	**tela jeans** *téla «djìns»*
laine	**lana** *lâna*
lin	**lino** *lîno*
Est-ce …?	**È …?** *é*
pur coton	**in puro cotone** *inn poûro cotôné*
en synthétique	**in fibra sintetica** *inn fibra sinntética*
Est-ce lavable à la main/ en machine?	**Si può lavare a mano/in lavatrice?** *si pouo lavâré a mâno/inn lavatritché*

LAVARE A SECCO	nettoyage à sec
LAVARE A MANO	lavage main
NON STIRARE	ne pas repasser
COLORI SOLIDI	grand teint/ne déteint pas

Ça vous va? Come le va?

Est-ce que je peux essayer ça?	**Me lo/la posso provare?** *mé lo/la posso provâré*
Où est la cabine d'essayage?	**Dov'è la cabina di prova?** *dové la cabîna di prôva*
Ça me va bien. Je le prends.	**Mi va bene. Lo/La prendo.** *mi va béné. lo/la préndo*
Ça ne me va pas.	**Non mi va bene.** *nonn mi va béné*
C'est trop …	**È troppo …** *é troppo*
court / long	**corto(-a)/lungo(-a)** *corto(-a)/loungo(-a)*
étroit / ample	**stretto(-a)/largo(-a)** *strétto(-a)/largo(-a)*
Est-ce que vous avez ceci dans la taille …?	**Ha questo nella taglia/misura …?** *a couésto nélla taliya/misoûra*
C'est quelle taille?	**Che taglia è?** *ké talya é*
extra grand / grand	**extra grande/grande** *extra granndé/granndé*
moyen / petit	**media/piccola** *média/picola*

Taille Misura

Robes/Costumes						Chaussures de femmes			
Canadien	8	10	12	14	16 18	6	7	8	9
Continental	36	38	40	42	44 46	37	38	40	41

Chemises					Chaussures d'hommes									
Canadien	15	16	17	18	5	6	7	8	8$_{1/2}$	9	9$_{1/2}$	10	11	
Continental	38	41	43	45	38	39	41	42	43	43	44	44	45	

– Me lo posso provare?
(Est-ce que je peux essayer ça?)
– Certo. Che taglia ha?
(Bien sûr. Quelle taille prenez-vous?)
– Mia taglia è …
(Ma taille est le …)
– Ecco, prova questa.
–(Voici, essayez celle-ci.)

Santé et beauté
Salute e bellezza

Je voudrais un/une/des … | **Vorrei …** *vorréi*

soins du visage | **un trattamento per il viso** *oun trattaménto pér il vîzo*

manucure | **una manicure** *ouna manicoûré*

un massage | **un massaggio** *oun massâdjio*

épilation à la cire | **una ceretta** *ouna tchérétta*

Coiffeur Parrucchiere

Pourboire: normalement jusqu'à 15%

Je voudrais prendre un rendez-vous pour … | **Vorrei un appuntamento per …** *vorréi oun appuntaménto pér*

Est-ce que je peux venir un peu plus tôt/tard? | **Può venire un po' più presto/tardi?** *pouò vénîré oun po piou présto/tardi*

Je voudrais … | **Vorrei …** *vorréi*

coupe et brushing | **un taglio e asciugatura con fon** *oun talyo é achougatoûra conn fôn*

shampooing et mise en plis | **uno shampoo e messa in piega** *ouno champou é méssa inn piééga*

Je voudrais me faire égaliser les pointes. | **una spuntatina** *ouna spountatîna*

Je voudrais … | **Vorrei …** *vorréi*

des mèches | **fare il colore** *fâré il colôré*

une permanente | **una permanente** *ouna pérmanénté*

Ne les coupez pas trop court. | **Non li tagli troppo corti.** *nonn li talyi troppo corti*

Pouvez-vous en couper un peu plus …? | **Tagli ancora un po' …** *talyi ancôra oun po*

derrière/devant | **dietro/davanti** *diétro/davannti*

dans le cou/sur les côtés | **al collo/ai lati** *al collo/aï latti*

sur le dessus | **in cima** *inn tchîma*

Très bien, merci. | **Va bene, grazie.** *va bééné grâtsié*

148

Articles ménagers
Articoli casalinghi

Je voudrais un/une/du/des …	**Vorrei …** *vorréi*
adaptateur	**un trasduttore** *oun trasdouttôré*
allumettes	**dei fiammiferi** *déi fiammiféri*
ampoule	**una lampadina** *ouna lampadîna*
bougies	**delle candele** *déllé canndéélé*
ciseaux	**un paio di forbici** *oun paio di forbitchi*
film étirable	**della pellicola trasparente** *délla péllicola trasparénté*
ouvre-boîte	**un apriscatole** *oun apriscatolé*
ouvre-bouteilles	**un apribottiglie** *oun apribottilyié*
papier aluminium	**della carta stagnola** *délla carta stagnôla*
pinces à linge	**delle mollette da bucato** *déllé mollétté da boukâto*
prise	**una spina elettrica** *ouna spîna éléttrica*
serviettes en papier	**dei tovaglioli di carta** *déi tovalyoli di carta*
tire-bouchon	**un cavatappi** *oun cavatappi*
tournevis	**un cacciavite** *oun catchiavité*

Produits de nettoyage Articoli di pulizia

détergent vaisselle	**un detersivo per lavastoviglie** *oun détérsîvo pér lavastovilyié*
eau de Javel	**della candeggina** *délla canndédjîna*
lavette	**uno strofinaccio per i piatti** *ouno strofinnatchio pér i piatti*
lessive	**un detersivo per lavatrice** *oun détérsîvo pér lavatritché*
liquide vaisselle	**un detersivo per i piatti** *oun détérsîvo pér i piatti*
sacs poubelles	**dei sacchetti per i rifiuti** *déi sakétti pér i rifiouti*

Vaisselle/Couverts Stoviglie e posate

chopes	**dei boccali** *déi bocâli*
couteaux	**dei coltelli** *déi coltélli*
fourchettes	**delle forchette** *déllé forkétté*
tasses	**delle tazze** *déllé tatsé*
verres	**dei bicchieri** *déi bikiéri*

Bijouterie Gioielleria

Même si vous n'avez pas les moyens d'acheter les articles de **Bulgari** ou **Buccellati**, les orfèvres italiens les plus à la mode, vous trouverez que les bijoux italiens sont magnifiques et que l'or 18 carats offre un excellent rapport qualité/prix.

Est-ce que je pourrais voir …?	**Vorrei vedere …?** *vorréi védéré*
ceci/cela	**questo/quello** *couésto/couéllo*
C'est en vitrine.	**È in vetrina/nell'armadietto vetrina.** *é inn vétrina/néll armadiétto vétrina*
Je voudrais un/une/des …	**Vorrei …** *vorréi*
bague	**un anello** *oun anéllo*
boucles d'oreilles	**degli orecchini** *délyi orékîni*
bracelet	**un braccialetto** *oun bratchialétto*
broche	**una spilla** *ouna spilla*
chaîne(tte)	**una catenina** *ouna caténîna*
collier	**una collana** *ouna collâna*
montre	**un orologio da polso** *oun orolodjio da polso*
pendule	**un orologio** *oun orolodjio*
pile de montre	**una pila per orologi** *ouna pila pér orolodji*
réveil	**un orologio sveglia** *oun orolodjio zvélyia*

Matériaux Materiali

Est-ce que c'est de l'argent/de l'or veritable?	**È argento/oro vero?** *é ardjénto/ôro véro*
Y a-t-il un certificat de garantie?	**C'è un certificato di garanzia?** *tché oun tchértifikâto di garantsia*
Avez-vous quelque chose en …?	**Ha qualcosa …?** *a coualcôsa*
argent	**in argento** *inn ardjénto*
cristal	**in cristallo** *inn cristallo*
cuivre	**in rame** *inn râmé*
diamant	**con diamante** *conn diamannté*
émail	**in smalto** *inn smalto*
étain	**in peltro** *inn péltro*
or	**in oro** *inn ôro*
perles de culture	**con perle cultivate** *conn pérlé coultivâté*
plaqué or	**placcato d'oro** *placâto dôro*
platine	**in platino** *inn platîno*
verre taillé	**in vetro tagliato** *inn vétro talyiâto*

Marchand de journaux / Tabac
Giornalaio/Tabaccaio

Les journaux étrangers sont généralement en vente dans les gares ou aéroports, ou dans les kiosques à journaux des grandes villes.

Le commerce du tabac est un monopole de l'Etat en Italie. Les marchands de tabac agréés se distinguent par un grand «**T**» blanc sur fond noir. Les cigarettes sont également en vente dans certains cafés et bars titulaires d'une licence de tabac.

Avez-vous des livres / journaux français?	**Ha libri/giornali francesi?** *a libri/djiornâli franntchéési*
Je voudrais un / une / du / des …	**Vorrei …** *vorréi*
allumettes	**dei fiammiferi** *déi fiâmmiféri*
bonbons	**delle caramelle/dei dolci** *déllé caraméllé/déi doltchi*
briquet	**un accendino** *oun atchéndino*
carte postale	**una cartolina** *ouna cartolîna*
carte routière de …	**una carta stradale di …** *ouna carta stradâlé di*
chewing gum	**della gomma da masticare** *délla gomma da masticâré*
cigares	**dei sigari** *déi sîgari*
cigarettes	**delle sigarette** *déllé sigarétté*
crayon	**una matita** *ouna matîta*
dictionnaire	**un dizionario** *oun ditsionnârio*
enveloppes	**delle buste** *déllé bousté*
guide de / sur …	**una guida di …** *ouna gouida di*
italien / français	**italiano/francese** *italiâno franntchéésé*
journal	**un giornale** *oun djiornâlé*
livre	**un libro** *oun libro*
magazine	**una rivista** *ouna rivista*
papier	**della carta** *délla carta*
paquet de cigarettes	**un pacchetto di sigarette** *oun pakétto di sigarétté*
stylo / bille	**una penna** *ouna penna*
tabac	**del tabacco** *dél tabaco*
tablette de chocolat	**una tavoletta di cioccolata** *ouna tavolétta di tchiokcolâta*
timbres	**dei francobolli** *déi franncobolli*

Photographie Fotografia

Je cherche un appareil-photo …	**Cerco una macchina fotografica …** *tchérco* <u>ou</u>na makinna foto<u>gra</u>fica
automatique	**automatica** *aout<u>o</u>matica*
compact	**compact** <u>*comm*</u>*pakt*
jetable	**usa-e-getta** <u>*ouza*</u> *é dj<u>e</u>tta*
reflex	**SLR** <u>*éssé*</u> <u>*éllé*</u> *érré*
Je voudrais un/une …	**Vorrei …** *vorr<u>é</u>i*
couvercle d'objectif	**un cappuccio per l'obiettivo** *il cappoutchio pér lobyéttivo*
filtre	**un filtro** *oun <u>fil</u>tro*
flash électronique	**un flash (elettronico)** *oun flash (éléttr<u>o</u>nnico)*
objectif	**un'obiettivo** *oun obiét<u>ti</u>vo*
pile	**una pila** <u>*ou*</u>*na <u>pi</u>la*
sac photo	**una custodia per macchina fotografica** <u>*ou*</u>*na cous<u>to</u>dia pér <u>ma</u>kinna fotog<u>ra</u>fica*

Développement Sviluppo

Je voudrais une pellicule … pour cet appareil photo.	**Vorrei una pellicola … per questa macchina (fotografica).** *vorr<u>é</u>i <u>ou</u>na <u>pél</u>licola … pér cou<u>é</u>sta <u>ma</u>kinna (fotog<u>ra</u>fica)*
noir et blanc	**in bianco e nero** *inn bi<u>a</u>nnco é <u>né</u>éro*
couleur	**a colori** *a col<u>ô</u>ri*
24/36 poses	**da 24/36 pose** *da vénticou<u>a</u>tro/trénta<u>sé</u>i p<u>ô</u>zé*
Je voudrais faire développer cette pellicule.	**Vorrei fare sviluppare questa pellicola.** *vorr<u>é</u>i <u>fa</u>ré zviloup<u>â</u>ré cou<u>é</u>sta <u>pé</u>licola*
Pourriez-vous agrandir ceci?	**Può ingrandire questa, per favore?** *pou<u>o</u> inggrannd<u>i</u>ré cou<u>é</u>sta pér fav<u>ô</u>ré*
Combien coûte le développement?	**Quanto costa lo sviluppo?** *cou<u>a</u>nnto <u>co</u>sta lo zvil<u>ou</u>ppo*
Quand est-ce que les photos seront prêtes?	**Quando saranno pronte le foto?** *cou<u>a</u>nndo sar<u>a</u>nno <u>pro</u>nnté lé <u>fo</u>to*
Je viens chercher mes photos. Voilà le reçu.	**Vorrei ritirare le mie foto. Ecco la ricevuta.** *vorr<u>é</u>i ritir<u>â</u>ré lé m<u>i</u>é <u>fo</u>to. <u>e</u>co la ritchévo<u>û</u>ta*

Bureau de poste Ufficio postale

Les bureaux de poste italiens portent le signe **PT.** Les boîtes
postales sont rouges en Italie, bien que certains bureaux de
postes soient munis de boîtes jaunes réservées au courrier urgent.

Dans les grandes villes, les principaux bureaux de poste sont
normalement ouverts de 8.30 h à 18.00 h, tandis que les agences plus modestes
ferment leurs portes à 14.00 h. Vous pouvez vous procurer des timbres chez
les buralistes (**tabaccaio**), dans certaines réceptions d'hôtels, de même que
dans les bureaux de poste.

Informations générales Informazioni generali

Où est le bureau de poste principal?	**Dov'è l'ufficio postale principale?** *dové louffitchio postâlé prinntchipâlé*
A quelle heure ouvre / ferme la poste?	**A che ora apre/chiude l'ufficio postale?** *a ké ôra apré/kioûdé louffitchio postâlé*
Est-elle fermée pour le déjeuner?	**Chiude per pranzo?** *kioûdé pér pranndzo*
Où est la boîte aux lettres?	**Dov'è la cassetta delle lettere?** *dové la cassétta déllé léttéré*
Où est la poste restante?	**Dov'è il Fermo Posta?** *dové il férmo posta*
Est-ce qu'il y a du courrier pour moi?	**C'è posta per me? Mi chiamo …** *tché posta pér mé. mi kiâmo*

Acheter des timbres Comprare francobolli

Un timbre pour cette carte postale, s.v.p.	**Un francobollo per questa cartolina, per favore.** *oun franncobollo pér couésta cartolîna pér favôré*
Un timbre à … , s.v.p.	**Un francobollo da …, per favore.** *oun franncobollo da … pér favôré*
Quel est le tarif pour une lettre pour …?	**Quanto costa spedire una lettera a …?** *couannto costa spédîré ouna léttéra a*
Y a-t-il un distributeur automatique de timbres ici?	**C'è un distributore automatico di francobolli qui?** *tché oun distribuoutôré aoutomâtico di franncobolli coui*

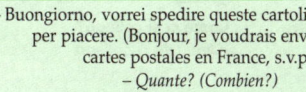

– Buongiorno, vorrei spedire queste cartoline in Francia,
per piacere. (Bonjour, je voudrais envoyer ces
cartes postales en France, s.v.p.)
– *Quante? (Combien?)*
– Dieci, per favore. (10, s.v.p.)

Envoyer des colis Mandare pacchi

Je voudrais envoyer … ce paquet	**Voglio spedire questo pacco …** _volyo spédiré couésto paco_
par avion	**per via aerea** _pér via aéréa_
en exprès	**per espresso** _pér ésprésso_
Il contient …	**Contiene …** _conntiééné_

Deve compilare il modulo per la dogana.	Veuillez remplir la déclaration de douane.
Che valore ha?	Quelle est la valeur?
Cosa c'è dentro?	Qu'y a-t-il dedans?

Télécommunications Telecomunicazioni

Je voudrais une Télécarte, s.v.p.	**Vorrei una carta telefonica, per favore.** _vorréi ouna carta téléfonica pér favôre_
Est-ce qu'il y a un photocopieur?	**Ha un servizio fotocopie?** _a oun sérvitsio fotocopié_
Je voudrais … copies.	**Vorrei … copie.** _vorréi … copié_
Je voudrais envoyer un message …	**Vorrei trasmettere un messaggio …** _vorréi trasméttéré oun méssâdjio_
par e-mail / fax.	**per posta elettronica/fax.** _pér posta élétronnica/fax_
Quelle est votre adresse e-mail?	**Qual'è il suo indirizzo di e-mail?** _couâlé il souo inndiritso di i-mail_
Est-ce que je peux accéder à l'internet ici?	**Posso accedere all'internet da qui?** _posso atchéédéré alinntérnet da coui_
C'est combien par heure?	**Quanto si paga all'ora?** _couannto si pâga allôra_
Comment est-ce que j'entre en communication?	**Come ci si collega?** _cômé tchi si colléga_

Souvenirs Ricordi

L'Italie est un pays féérique pour quiconque aime pratiquer le lèche-vitrines, et jamais vous n'y serez à court d'idées de souvenirs et de cadeaux à emporter au pays.

Les vêtements des stylistes italiens pour hommes, dames et enfants jouissent d'une renommée internationale, il en va de même pour les chaussures, les accessoires et autres articles en cuir (sacs à main, trousses de maquillage, valises). Vous y trouverez également des tricots, divers tissus (soie, lin) et de la dentelle; ou des bijoux, entre autres d'or et d'argent.

Parmi les produits d'artisanat régional, citons la poterie, la céramique, le travail de l'olivier, du verre et du cristal, ainsi que les objets en paille et en raphia.

antiquités	**gli oggetti di antiquariato** *lyi odjétti di annticouariãto*
bijoux	**i gioielli** *i djioiélli*
broderie	**il ricamo** *il ricâmo*
ceramique	**la ceramica** *la tchérâmica*
lainage	**la maglieria** *la malyiéria*
objets en bois	**il lavoro in legno** *il lavoro inn légno*
soie	**la seta** *la séta*
verre	**gli articoli di vetro** *lyi articoli di vétro*

Cadeaux Regali

boîte de chocolats	**una scatola di cioccolatini** *ouna scâtola di tchiocolatini*
bouteille de vin	**una bottiglia di vino** *ouna bottilyia di vino*
calendrier	**un calendario** *oun caléndârio*
carte postale	**una cartolina** *ouna cartolîna*
guide-souvenir	**una guida-ricordo** *ouna gouida ricôrdo*
plat céramique	**un piatto in ceramica** *oun piatto inn tchérâmica*
porte-clefs	**un portachiavi** *oun portakiâvi*

Musique Musica

Je voudrais un/une …	**Vorrei …** *vorréi*
cassette	**un nastro/una cassetta** *oun nastro/ouna cassétta*
compact disc/CD	**un compact/un CD** *oun compact/oun tchî dî*
disque	**un disco** *oun disco*
cassette vidéo	**una videocassetta** *ouna vidéo cassétta*
Quels sont les chanteurs/groupes italiens populaires?	**Chi sono i cantanti/gruppi italiani più famosi?** *ki sono i canntannti/grouppi italiâni piou famôzi*

Si vous envisagez d'acheter une vidéo en souvenir de votre voyage en Italie, assurez-vous qu'elle est bien en SECAM.

Jouets et jeux Giocattoli e giochi

Je voudrais un jouet/un jeu …	**Vorrei un giocattolo/un gioco …** *vorréi oun djiocâttolo/oun djioco*
pour un garçon	**per un bambino** *pér oun bammbîno*
pour une fille de cinq ans	**per una bambina di cinque anni** *pér ouna bammbîna di tchinncoué anni*
un seau et une pelle	**un secchiello e una paletta** *oun sékiéllo é ouna palétta*
un jeu d'échecs	**un gioco degli scacchi** *oun djioco délyi scaki*
une poupée	**una bambola** *ouna bammbola*
un jeu électronique	**un gioco elettronico** *oun djioco éléttronnico*
un ours en peluche	**un orsacchiotto** *oun orsakiotto*

Antiquités Oggetti di antiquariato

Cela a quel âge?	**Quanti anni ha questo(-a)?** *couannti anni a couésto(-a)*
Avez-vous quelque chose de la période …?	**Ha qualcosa del periodo …?** *â coualcôsa dél périôdo*
Pouvez-vous me l'envoyer?	**Può spedirmelo(-la)?** *pouo spédirmélo(-la)*
J'aurai des problèmes à la douane?	**Avrò problemi con la dogana?** *avro problémi conn la dogâna*
Y a-t-il un certificat d'authenticité?	**C'è un certificato di autenticità?** *tché oun tchértificâto di aouténtitchita*

Supermarché/Minimarché
Supermercato/Negozio di alimentari

Des supermarchés et négociants en alimentation se trouvent dans la plupart des centres touristiques et dans toutes les villes; l'Italie abonde toutefois en marchés, boutiques et charcuteries (**salumeria**), où faire ses emplettes peut s'avérer bien plus amusant.

Au supermarché   Al supermercato

Excusez-moi. Où puis-je trouver …?	**Scusi. Dove posso trovare …?** *scoûzi. dôvé posso trovâré*
Je paye ça ici ou à la caisse?	**Pago qui o alla cassa?** *pâgo coui o alla cassa*
Où sont les paniers/ les chariots?	**Dove sono i cestelli/carrelli?** *dôvé sôno i tchestélli/carrélli*
Y a-t-il un/une … ici?	**C'è … qui?** *tché … coui*
charcuterie	**una salumeria** *ouna salouméria*
pharmacie	**una farmacia** *ouna farmatchia*
boulangerie	**una panetteria** *ouna pannéttéria*
Où puis-je trouver des/du… ?	**Dove posso trovare …** *dôvé posso trovâré …*
céréales	**delle cereale** *déllé tchéréâlé*
produits de toilette	**dei prodotti di toletta** *déi prodotti di tolétta*
boîtes de conserve	**delle scatole di conserva** *déllé scâtolé di consérva*
café/thé	**del caffè/tè** *dél caffé/té*
la deuxième allée a gauche	**la seconda corsia a sinistra** *la séconnda corsia a sinistra*
Pourrais-je avoir un sac, s.v.p?	**Posso avere una borsa, per favore?** *posso avééré ouna borsa pér favôré*
Je pense qu'il y a une erreur dans le reçu.	**Penso che ci sia un errore nella ricevuta.** *pénso ké tchi sia oun érrôre nélla ritchévoûta*

PANE E DOLCI	boulangerie et pâtisserie
PRODOTTI DI PULIZIA	produits d'entretien
LATTICINI	produits laitiers/crémerie
PESCE FRESCO	poissonnerie
CARNI FRESCHE	boucherie
PRODOTTI FRESCHI	produits frais
PRODOTTI SURGELATI	produits surgelés
ARTICOLI CASALINGHI	articles ménagers
POLLAMI	volaille
FRUTTA E VERDURA	fruits et légumes
VINI E LIQUORI	vins et spiritueux

CONSUMARE ENTRO …	à consommer dans les …
DAL GIORNO DI APERTURA.	jours après ouverture
TENERE IN FRIGORIFERO	à conserver au réfrigérateur
ADATTO(-A) ALLA COTTURA	pour four à micro-ondes
NEL FORNO A MICROONDE	
DATA DI SCADENZA …	date limite …
PER VEGETARIANI	pour végétariens

del pane *dél pâné*

Le pain, très populaire et de grandes variétés, nous ne citerons que le **pane all'olio** (à l'huile d'olive), le **pane al latte** (pain au lait), le **panettone** (spécialité de Noël au beurre avec les fruits confis et des raisins secs), le **pandoro** (une mousseline couverte de sucre vanillé), le **pangiallo** et le **panforte** (spécialité de Sienne aux amandes et au miel), le **panpepato** (pain épicé aux noisettes) et la **veneziana** (pain doux avec amandes entières).

focaccia *focâtchia*

Pain plat qui peut être épicé – **alla salvia** (sauge), – **alla salsiccia** (saucisse) ou **alle noci** (aux noix).

– Scusi, dove posso trovare del formaggio?
(Excusez-moi, où puis-je trouver du fromage?)
– Fresco o già confezionato? (Frais ou déjà conditionné?)
– Confezionato, per favore. (Conditionné, s.v.p.)
– Bene, la seconda corsia a sinistra.
(Bien, la deuxième allée à gauche.)

Au magasin d'alimentation
Al negozio di alimentazione

Je voudrais de ça / ceci.	**Vorrei un pò di quello/ questo.** *vorréi oun po di couéllo/couésto*
celui-ci / ceux-là	**questo/quelli** *couésto/couélli*
à gauche / droite	**a sinistra/destra** *a sinnistra/déstra*
là-bas / ici	**lì/qui** *li/coui*
lequel / laquelle / lesquel / lesquelles?	**quale/quali** *couâlé/couâli*
C'est tout, merci.	**È tutto, grazie.** *é toutto grâtsié*
Je voudrais un / une …	**Vorrei …** *vorréi*
kilo de pommes	**un chilo di mele** *oun kilo di méélé*
livre de tomates	**un mezzo chilo di pomodori** *oun métso kilo di pomodôri*
100 grammes de fromage	**cento grammi di formaggio** *tchénnto grammi di formâdjio*
litre de lait	**un litro di latte** *oun litro di latté*
demi-douzaine d'œufs	**una mezza dozzina di uova** *ouna métsa dotsîna di ouôva*
… tranches de jambon	**… fette del prosciutto affettato** *…fétté dél prochoutto afféttâto*
morceau de gâteau	**un pezzo di torta** *oun pétso di torta*
boîte de chocolats	**una scatola di cioccolatini** *ouna scâtola di tchocolatîni*
bouteille de vin	**una bottiglia di vino** *ouna bottilyia di vîno*
brique de lait	**una scatola di latte** *ouna scâtola di latté*
pot de confiture	**un vasetto di marmellata** *oun vasétto di marméllâta*

– Vorrei mezzo chilo di quel formaggio, per favore.
(Je voudrais demi kilo de ce fromage, s.v.p.)
– Questo? (Celui-ci?)
– Sì, il gorgonzola, per piacere.
(Oui, le gorgonzola, s.v.p.)
– Certo. È tutto? (Très bien. Et avec ça?)
– E 300 grammi di quel prosciutto a sinistra, per favore.
(Et 300 g. de ce jambon à gauche, s.v.p.)
Ecco. (Voilà.)

Provisions / Pique-nique   Provviste/Picnic

beurre	**il burro** *il bourro*	
biscuits	**i biscotti** *i biscotti*	
boisson sans alcool	**la bibita analcolica** *la bibita annalcolica*	
bouteille de vin	**la bottiglia di vino** *la bottilya di vino*	
café soluble	**il caffè solubile** *il caffè soloûbile*	
frites	**le patate fritte** *lé patâté fritté*	
fromage	**il formaggio** *il formâdjo*	
glace	**il gelato** *il djélâto*	
lait	**il latte** *il latté*	
margarine	**la margarina** *la margarîna*	
œufs	**l'uova** *louôva*	
pain	**la pagnotta di pane** *a pagnotta di pâné*	
petits pains	**i panini** *i panîni*	
pommes chips	**le patatine confezionate** *lé patatîné connfètsionâté*	
raisin	**l'uva** *loûva*	
sachets de thé	**le bustine di tè** *lé boustîné di té*	
saucisses	**le salsicce** *lé saltchitchié*	
yaourt	**yogurt** *yogourt*	

VIANDE ➤ 46; *LEGUMES* ➤ 47

Urgences/Santé

Police	161	Parties du corps	166
Pertes/Vol	162		
Médecin/Généralités	163	Gynécologue	167
		Hôpital	167
Symptômes	164	Opticien	167
Questions du docteur	165	Dentiste	168
		Paiement/Assurance	168

Police Polizia

En Italie, composez le ☎ **113** pour tous les services d'urgence et le ☎ **115** en cas d'incendie.

Composez le ☎ **117** pour appeler la police en Suisse.

Prenez garde aux voleurs à la tire, en particulier dans les endroits très fréquentés. Signalez tout vol à la police locale dans les 24 heures, afin que puisse intervenir votre assurance personnelle.

Où est le … le plus proche?	**Dov'è … più vicino(-a)?** *dové … piou vitchîno(-a)*
commissariat de police	**il Commissariato/la Questura** *il commissariâto/la couéstoûra*
Est-ce qu'il y a a quelqu'un qui parle français?	**C'è qualcuno che parla francese?** *tché coualkouno ké pârla franntchéésé*
Je veux signaler …	**Voglio denunciare …** *volyio dénountchiâré*
un accident/une attaque	**un incidente/un'aggressione** *oun inntchidénté/oun agréssiône*
une agression/un viol	**un'aggressione per rapina/uno stupro** *oun aggréssiône pér rapîna/ ouno stoupro*
Mon enfant a disparu.	**Il/la mio(-a) bambino(-a) è scomparso(-a).** *il/la mio(-a) bammbîno(-a) é scommpârso(-a)*
Quelqu'un me suit.	**Qualcuno mi sta seguendo.** *coualcouno mi sta ségouéndo*
Je voudrais un avocat qui parle français.	**Vorrei un avvocato che parla francese.** *vorréi oun avocâto ké pârla franntchéésé*

Pertes/Vol Oggetti smarriti/Furti

Je veux signaler un cambriolage.	**Voglio denunciare un furto/una rapina.** *volyio dénountchiâré oun fourto/ ouna rapîna*
J'ai été agressé/volé.	**Sono stato aggredito/derubato.** *sôno stâto aggrédito/déroubâto*
J'ai perdu …	**Ho perso …** *o pérso*
On m'a volé mon/ma/mes …	**Mi hanno rubato …** *mi anno roubâto*
vélo	**la bicicletta** *la bitchiklétta*
appareil-photo	**la macchina fotografica** *la makinna fotografica*
voiture (de location)	**l'auto (noleggiata)** *laouto (nolédjiâta)*
cartes de crédit	**le carte di credito** *lé carté di crédito*
sac à main	**la borsetta** *la borsétta*
argent	**i soldi** *i soldi*
passeport	**il passaporto** *il passaporto*
porte-monnaie	**il portamonete** *il portammonéété*
billet	**il biglietto** *il bilyiétto*
portefeuille	**il portafoglio** *il portafolyio*
montre	**l'orologio da polso** *lorolodjio da polso*
Que dois-je faire?	**Cosa faccio?** *côsa fatchio*
Il me faut un certificat de police pour ma compagnie d'assurances.	**Devo avere una copia della mia denuncia per la mia assicurazione.** *déévo avééré ouna copia délla mia dénountchia pér la mia assicouratsiôné*

Cosa manca?	Qu'est-ce qui (vous) manque?
Quando è successo?	Quand cela s'est-il passé?
Dove alloggia?	Où logez-vous?
Da dove è stato(-a) preso(-a)?	Où a-t-il/elle été volé(e)?
Dov'era lei in quel momento?	Où étiez-vous à ce moment-là?
Le abbiamo chiamato un interprete.	Nous allons vous procurer un interprète.
Ci occuperemo della faccenda.	Nous allons nous occuper de l'affaire.
Compili questo modulo, per favore.	Pouvez-vous remplir ce formulaire, s.v.p.?

Médecin/Généralités
Dottore/Espressioni generali

Assurances et paiements (➤ 168 pour expressions)

En Italie, les citoyens de l'UE munis d'un formulaire E111 bénéficient gratuitement de traitements médicaux, dispensés par la sécurité sociale italienne.

Le département des urgences du centre hospitalier (**Pronto Soccorso**) traitera toutes les urgences.

Toutefois, si vous n'êtes pas citoyen de l'UE ou si vous ne possédez pas de formulaire E111, vous devrez signer ultérieurement une déclaration à votre charge ou à celle de votre consulat.

Où est-ce que je peux trouver un médecin/dentiste?	**Dove posso trovare un medico/ un dentista?** _dové posso trovâré oun méédico/oun déntista_
Où y a-t-il un médecin qui parle français?	**C'è un medico che parla francese?** _tché oun méédico ké pârla franntchéésé_
Quelles sont les heures de consultation au cabinet?	**Quando apre l'ambulatorio?** _couanndo apré lamboulatôrio_
Est-ce que je peux prendre rendez-vous pour …?	**Vorrei (fissare) un appuntamento per …?** _vorréi (fissâré) oun appountaménto pér_
aujourd'hui/demain	**oggi/domani** _odji/domâni_
C'est urgent.	**È urgente.** _é ourdjénté_
J'ai rendez-vous avec le docteur/la doctoresse …	**Ho un appuntamento con il dottore/ la dottoressa …** _o oun apountaménto con il dottôré/la dottoréssa_
Mon/Ma … s'est fait mal/ est blessé(e).	**… si è fatto(-a) male/è ferito(-a).** _si é fatto(-a) mâlé/é férito(-a)_
mari/femme	**Mio marito/Mia moglie** _mio marito/mia molyié_
fils/fille	**Mio figlio/Mia figlia** _mio fílyio/mia fílyia_
ami(e)	**Il mio amico/La mia amica** _il mio amico/la mia amica_
bébé	**Il mio bambino/La mia bambina** _il mio bambîno/la mia bambîna_
Il/Elle est sans connaissance.	**Ha perso conoscenza.** _a pérso conochéntsa_
Il/Elle saigne (beaucoup).	**Perde (molto) sangue.** _pérdé (molto) sanngoué_

Symptômes   Sintomi

Je suis malade depuis … jours.	**Mi sento male da … giorni.** *mi sénto mâlé da … djiôrni*
Je vais m'évanouir.	**Mi sento svenire.** *mi sénto svénîré*
J'ai de la fièvre.	**Mi sento la febbre.** *mi sénto la fébbré*
J'ai vomi.	**Ho vomitato.** *o vomitâto*
J'ai la diarrhée.	**Ho la diarrea.** *o la diârréa*
J'ai [un/une/des] …	**Ho …** *o*
coup de soleil	**un colpo di sole** *oun colpo di sôlé*
crampes	**i crampi** *i crammpi*
mal au dos	**male alla schiena** *mâlé alla skiééna*
rhume	**il raffreddore** *il raffréddôré*
mal à l'oreille	**male alle orecchie** *mâlé allé orrékié*
mal à la tête	**mal di testa** *mâl di tésta*
mal à la gorge	**mal di gola** *mâl di gôla*
torticolis	**il torticollo** *il torticollo*
mal à l'estomac	**mal di stomaco** *mâl di stommaco*

Problèmes médicaux Stato di salute

J'ai de l'arthrite.	**Ho l'artrite** *o lartrîté*
J'ai de l'asthme.	**Ho l'asma** *o lasma*
Je suis …	**Sono …** *sôno*
sourd	**sordo(-a)** *sôrdo(-a)*
diabétique	**diabetico(-a)** *diabético(-a)*
épileptique	**epilettico(-a)** *épiléttico(-a)*
handicapé(e)	**disabile** *disâbilé*
enceinte (de … mois)	**incinta di … mesi** *inntchinnta di … méési*
Je souffre du cœur.	**Ho disturbi cardiaci.** *o distourbi cardiatchi*
J'ai de l'hypertension.	**Ho la pressione alta.** *o la préssiôné alta*
J'ai eu une crise cardiaque il y a … ans.	**Ho avuto un infarto … anni fa.** *o avouto oun innfârto … anni fa*

Questions du docteur
Domande del dottore

Da quanto tempo si sente così?	Depuis combien de temps vous sentez-vous comme ça?
È la prima volta che ha avuto questo?	Est-ce que c'est la première fois que vous avez ça?
Prende altre medicine?	Est-ce que vous prenez d'autres médicaments?
È allergico(-a) a qualcosa?	Est-ce que vous êtes allergique à quelque chose?
È vaccinato(-a) contro il tetano?	Est-ce que vous avez été vacciné(e) contre le tétanos?
Ha perso l'appetito?	Est-ce que vous avez perdu l'appétit?

Examen La visita medica

Le prendo la temperatura/ la pressione del sangue.	Je vais vous prendre la température/ tension.
Arrotoli/tiri sù la manica, per favore.	Remontez votre manche, s.v.p.
Si spogli fino alla vita, per favore.	Déshabillez-vous jusqu'à la ceinture, s.v.p.
Si sdrai, per favore.	Allongez-vous, s.v.p..
Apra la bocca.	Ouvrez la bouche.
Respiri profondamente.	Respirez profondément.
Tossisca, per favore.	Toussez, s.v.p.
Dove le fa male?	Où est-ce que vous avez mal?
Fa male qui?	Est-ce que ça vous fait mal ici?

Diagnostic Diagnosi

Deve fare una radiografia.	Il faut vous faire une radio.
Voglio un campione di sangue/feci/urina.	J'ai besoin d'une prise de sang/ d'un examen des selles/ d'une analyse d'urine.
Deve farsi visitare da uno specialista.	Je veux que vous alliez voir un spécialiste.
Deve andare in ospedale.	Je veux vous hospitaliser.
È rotto(-a)/slogato(-a).	C'est cassé/foulé.
È dislocato(-a)/strappato(-a).	C'est disloqué/déchiré.

Traitement Cura

Le do ...	Je vais vous donner ...
un antisettico	un antiseptique
un analgesico	un analgésique
Le prescrivo ...	Je vais vous prescrire ...
una cura di antibiotici	des antibiotiques
delle supposte	des suppositoires
È allergico(-a) a qualche medicina?	Est-ce que vous êtes allergique à certains médicaments?
Prenda una pillola ...	Prendre une pilule/un comprimé
ogni ... ore/... volte al giorno	...toutes les ... heures/... fois par jour
prima/dopo dei pasti	avant/après les repas
in caso di dolore	en cas de douleurs
per ... giorni	pendant ... jours
Ritorni fra ... giorni.	Revenez dans ... jours.
Consulti un medico quando ritorna a casa.	Consultez un médecin à votre retour.

Parties du corps Parti del corpo

amygdales	le tonsille *lé tonnsillé*
appendice	l'appendice *lappéndithé*
articulation	l'articolazione *larticolatsiôné*
cœur	il cuore *il couŏré*
côte	la costola *la costôla*
cou	il collo *il collo*
dos	il dorso/la schiena *il dorso/la skiéena*
épaule	la spalla *la spalla*
estomac	lo stomaco *lo stommaco*
foie	il fegato *il fégato*
glande	la ghiandola *la ghianndola*
gorge	la gola *la gôla*
langue	la lingua *la linngoua*
mâchoire	la mascella *la machélla*
main	la mano *la mâno*
muscle	il muscolo *il mouscolo*
os	l'osso *losso*
peau	la pelle *la péllé*
poitrine	il torace *il torâtché*
rein	il rene *il réné*
tête	la testa *la tésta*
veine	la vena *la véna*

Gynécologue Ginecologo

J'ai …

Ho … o

des douleurs abdominales

dolori addominali
dolóri addominnâli

des règles douloureuses

mestruazioni dolorose
méstrouatsiǫni dolorôsé

une infection vaginale

un'infezione vaginale
oun innfétsiǫné vadjinnâlé

Je n'ai pas eu mes règles
depuis … mois.

Non ho le mestruazioni da … mesi.
non o lé méstroutsiǫni da … méési

Je prends la pilule.

Prendo la pillola (anticoncezionale).
préndo la pillola (anticonntchétsionâlé)

Hôpital Ospedale

Prévenez ma famille, s.v.p.

Per favore informi la mia famiglia.
pér favǫré innformi la mia familyia

J'ai mal./Je souffre.

Ho dolori. *o dolǫri*

Je ne peux pas manger/dormir.

Non posso mangiare/dormire.
non posso mandjiâré/dormîré

Quand est-ce que le
docteur passera?

Quando verrà il dottore?
couannndo vérra il dottôré

Opticien Ottico

Je suis myope/presbyte.

Sono miope/presbite.
sôno miopé/présbité

J'ai perdu …

Ho perso … *o pérso*

une de mes lentilles de contact

una delle mie lenti a contatto
ouna déllé mié lénti a conntatto

mes lunettes

i miei occhiali *i miéi okiâli*

un verre

una lente *ouna lénté*

Pourriez-vous me le/la changer?

Può sostituirmelo(-la)?
pouǫ sostitouirmélo(-la)

167

Dentiste Dentista

Si vous devez vous rendre chez le dentiste, vous devrez probablement régler ses honoraires sur-le-champ; conservez tout reçu en vue du remboursement.

J'ai mal aux dents.	**Ho mal di denti.** *o mâl di dénti*
Cette dent me fait mal.	**Questo dente mi fa male.** *couésto dénté mi fa mâlé*
J'ai perdu un plombage/ une dent.	**Ho perso un'otturazione/un dente.** *o pérso oun ottouratsiôné/oun dénté*
Est-ce que vous pouvez réparer ce dentier?	**Può riparare questa dentiera?** *pouo riparâré couésta déntiéra*
Je ne veux pas que vous me l'arrachiez.	**Non voglio un'estrazione.** *non volyio oun éstratsiôné*

Le faccio un'iniezione/ un'anestesia locale.	Je vais vous faire une piqûre/ une anesthésie locale.
Ci vuole un'otturazione/ una capsula/una corona.	Il faut vous faire un plombage/ vous mettre une couronne.
Devo fare un'estrazione.	Je dois l'arracher.
Posso fissarlo solo temporaneamente.	Je ne peux vous donner qu'un traitement provisoire.
Non mangi niente per … ore.	Ne mangez rien pendant … heures.

Paiement/Assurance
Pagamento/Assicurazione

Combien je vous dois?	**Quanto le devo?** *couannto lé déévo*
J'ai une assurance.	**Sono assicurato.** *sôno assicourâto*
Puis-je avoir un reçu pour mon assurance maladie?	**Vorrei una ricevuta per la mia assicurazione medica.** *vorréi ouna ritchévoûta pér la mia assicouratsiôné méédica*
Pourriez-vous remplir cette feuille d'assurance maladie?	**Compili questo modulo di assicurazione medica, per favore.** *commpíli couésto modoûlo di assicouratsiôné méédica pér favôré*
Est-ce que vous avez …?	**Ha …?** *a*
le formulaire E111/une assurance maladie	**il modulo E111/l'assicurazione medica** *il modoulo é-tchento-ounditchi/ lassicouratsiôné médica*

Lexique
Français – Italien

Pour tirer le maximum d'avantages de ce lexique, la plupart des termes sont soi, suivies d'une expression, soi d'une référence à une page dans laquelle le terme apparaît dans son contexte. Les notes ci-dessous donnent les grandes lignes de base de la grammaire italienne.

Les noms

Les noms sont classés en genre masculin ou féminin comme en français. Les noms se terminant par **-o** sont généralement masculins (ils forment leur pluriel en remplaçant le **-o** par un **-i**). Les noms se terminant par **-a** sont généralement féminins (ils forment leur pluriel en remplaçant le **-a** par un **-e**). Les noms se terminant par **-e** sont de l'un ou de l'autre genre (ils forment leur pluriel en remplaçant le **-e** par un **-i**). Les articles dépendent du genre du nom et de sa première lettre:

	article défini *(le, la, les)*		article indéfini *(un, une, des)*	article partitif *(du, de la, des)*	
	singulier	pluriel		singulier	pluriel
masculin commençant avec:					
une voyelle	l'amico	gli amici	un amico	dell'amico	degli amici
z ou **s** + consonne	lo studio	gli studi	uno studio	dello studio	degli studi
toutes les autres consonnes	il treno	i treni	un treno	del treno	dei treni
féminin commençant avec:					
une voyelle	l'ora	le ore	un'ora	dell'ora	delle ore
une consonne	la casa	le case	una casa	della casa	delle case

Les adjectifs

Les adjectifs s'accordent en genre et en nombre avec le nom qu'ils qualifient; pour mettre un adjectif au féminin on remplace le **-o** par un **-a**. Les adjectifs se terminant par **-e** peuvent être soit masculin ou féminin. Le pluriel se forme comme celui des noms.

leggero/leggera — léger/légère

il museo grande/la casa grande — le grand musée/la grande maison

il museo italiano – i musei italiani — **la cattedrale interessante – le cattedrali interessanti**

Dans ce lexique vous trouverez seulement la forme masculin.

Les verbes

Les verbes sont en général présentés à l'infinitif ici. Voici le présent des verbes réguliers des trois groupes:

	amare (aimer)	**vendere** (vendre)	**partire** (partir)
	terminaison en **-are**	terminaison en **-ere**	terminaison en **-ire**
io (je)	amo	vendo	parto
tu (tu)	ami	vendi	parti
lui, lei (il, elle)	ama	vende	parte
noi (nous)	amiamo	vendiamo	partiamo
voi (vous)	amate	vendete	partite
essi/esse (ils, elles)	amano	vendono	partono

Nota bene: les pronoms sujets sont généralement omis en italien, à moins que l'on désire insister. On forme en général la forme négative en mettant **non** devant le verbe: **Non vado a Roma**. Je ne vais pas à Rome.

A
à *(+ heure)* alle 13; **à 2 km de …** a due kilometri da 88

à bientôt a presto 126

abîmé danneggiato(a) 71

à côté des pommes accanto alle mele 12

à l'avance in anticipo 21

à l'étage: ~ d'en bas al piano inferiore 12; **~ d'en haut** al piano superiore 12

à l'étranger all'estero

à l'extérieur all'esterno

à quelle heure: ~ commence-t-il? a che ora comincia? 108; **~ heure finit-il?** a che ora finisce? 108

abbaye abbazia f 99

accélérateur acceleratore m 91

accepter accettare 125

accès accesso m 100

accessible: est-ce accessible aux handicapés? c'è accesso per disabili?

accident incidente m 92, 161

accompagnement contorno m 38

accompagner accompagnare 65

accueil ricezione f

acheter comprare

acide acido 41

acier inoxydable acciaio inossidabile m

acteur/actrice attore/attrice m/f

addition: l'addition, s.v.p.! il conto per piacere 42

adjacentes adiacenti 22

adresse indirizzo m 84, 93, 126, 139

adulte adulto m 100

aéroglisseur aliscafo m 81

aéroport aeroporto m 84, 96

affaires: pour affaires per lavoro 66

Afrique Africa f 119

agence de voyages agenzia viaggi 26

agent immobilier agente m immobiliare

agrandir ingrandire 152

agréable gradevole 14

agressé aggredito 162

agression aggressione f 161

aide aiuto m 94

aider aiutare 18, 92, 224; **aidez moi** mi aiuti 92

aimable amichevole

aimer: j'aime mi piacce 121; **j'aimerais** mi piacerebbe; **je t'aime** ti amo; **aimez-vous …?** le piace …? 125

alarme d'incendie allarme m antincendio

alcool alcool m

aliments pour bébé alimenti per neonati mpl 143

allée *(supermarché)* corsia f 158

aller andare 18, 83; **allons-nous en!** andiamo!; **où allez-vous?** dove va? 83; **pour aller à…?** come si arriva a …? 94; **ça vous va?** *(vêtements)* come le va? 147; **allez** va 12; **allez-vous en!** Se ne vada!

aller faire les courses andare a fare la spesa

aller-retour andata e ritorno 68, 74, 81

aller-simple andata f 68, 74

allergie allergia f

allergique allergico 165, 166

alliance anello matrimoniale m

allô pronto 128

allumer accendere 25

allumettes fiammiferi mpl 31, 151

alors poi 13

alternateur alternatore m 91

ambassade ambasciata f

ambassadeur ambasciatore/
ambasciatrice m/f

ambulance ambulanza f 92

amende ammenda f 93

amener portare 125

amer amaro 41

ami amico 120, 163

amortisseurs ammortizzatori mpl 91

ample largo 147

ampoule vescica f 141; **~ électrique**
lampadina f 82, 149

amusant divertente 101

amuser, s' divertirsi; **nous nous
amusons** ci stiamo divertendo 123

amygdales tonsille fpl 166

an anno m

analgésique analgesico m 142, 66

analyse d'urine campione di
urina 165

anesthésie anestesia f

anesthésie locale anestesia
locale f 168

angine angina f

animal animale m 106

année anno m 218

anniversaire compleanno m 219

annuaire elenco m abbonati

annuler annulare 68

antibiotiques antibiotici mpl 166

Antilles Antille fpl 119

antiquaire antiquariato m 130

antiquités oggetti di antiquariato mpl 156

antiseptique antisettico m 166

antivol antifurto m 82

août agosto 218

aphte afta f

appareil de surdité protesi f per
udito

appareil photo
macchina fotografica
f 152, 162

appartement
appartamento m 28, 123

appel téléphonique telefonata f 32

appeler chiamare; **appelez-moi**
(téléphone) mi chiami 127; **il
s'appelle** si chiama 120;

appeler, s' chiamarsi 120; **je
m'appelle** mi chiamo

appendice appendicite f 166

apprendre apprendere

après dopo 13, 95

après-midi pomeriggio; **l'après-midi**
di pomeriggio 220

après-shampooing balsamo m 143

arbre albero m 106

arbre à cames albero a camme m 91

architect architetto(-a) m/f

argent *(métal)* argento m 150

argent *(a. liquide)* contanti 42

argent *(monnaie)* soldi mpl 136, 162

arracher *(dent)* estrazione f 168

arrêt fermata f 79

arrêt d'autobus fermata
d'autobus f 65, 96

arrêter, s' fermarci 98; **nous nous
arrêtons** ci fermiamo 77

arrêts *(de bus/de car)* piazzole di
sosta fpl 78

arrhes anticipo m 24, 83

arrivée arrivo m 66, 70

arriver arrivare 17; **quand arrivons-
nous?** quando arriviamo? 77;
j'arrive à 5 heures arrivo alle
cinque

art arte f

arthrite artrite f 164

articles de toilette articoli da
toletta mpl 143

A-Z

articulation articolazione f 166
artisanat artigianato m
artiste artista m/f
ascenseur acensore m 26, 132
aspirine aspirina f 142
aspirine soluble aspirina solubile f
asseoir: je m'asseois ici mi siedo
qui 126; **asseyez-vous, s.v.p.** si
accomodi, per favore; **pouvons-
nous nous asseoir** vorremmo
sederci … 36
assez abbastanza 15
assiette piatto m 39, 149;
~ anglaise antipasto assortito
m 43
assurance assicurazione f 86, 162;
compagnie d'~ compagnia
d'assicurazione f; **~ au tiers**
assicurazione di responsabilità
civile **~ tous risques** assicurazione
completa f 86; **feuille d'~ maladie**
modulo di assicurazione
medica m 168
asthme astma f 164
attaque aggressione f 161
**attendre: combien de temps devrons-
nous attendre?** quanto tempo si
deve aspettare? 112; **attendez!**
aspetti! 98
attention: faites attention! faccia
attenzione!
attraper (train, bus) prendere
au moins minimo 23
au revoir arrivederci 10, 128, 224
auberge ostello m 20; osteria f 33;
~ de jeunesse ostello m della
gioventù 20, 29
aucun(e) nessuno 15, 16
augmenter (chauffage) aumentare il
riscaldimento
aujourd'hui oggi 89, 124, 163, 218

aussi così/tanto
auteur commediografo m 110
auto-stop autostop m 83
autocar corriera f 78
automne autunno m 219
autoroute autostrada f 85, 92
autour de intorno
autre altro; **autre chose?** nient'
altro? **quelque chose d'autre**
qualcos'altro
avance: en avance di anticipio
m 221
Autriche Austria f
avant prima 13
avec con
avion aereo m 168, 123; **par ~** per
via aerea f 154
avocat avvocato m 161
avoir avere 18; **avez-vous …?**
ha …? 129
avril aprile 218

B **baby-sitter** babysitter f 113
bagages bagagli mpl 32, 67,
71; **~ à main** borse a mano fpl 69
bagarre rissa f
bague anello m 150
baigner, se nuotare 116
bain bagno m
baisser (chauffage) abbassare il
riscaldimento
balcon balcone m 29
ballet balletto m 108, 111
bandages bende mpl 142
banque banca 130, 138
bar bar 26, 35, 112, 124
barbe barba f
bas basso 122
bas (vêtement) calze fpl 145
baskett pallacanestro f 114

bateau nave f 81
bâtiment edificio m
bâtons *(de ski)* bastoncini mpl 117
batterie batteria f 88, 91
bavoir bavaglino m
beau bello 14, 101
beaucoup molto 15; **~ plus** molto di più 15
bébé bambino m 163, neonato m 143
beige beige 144
belge belga
Belgique Belgio m 119
béquille il cavalletto 82
béquilles stampelle f
berceau culla f 22
berline berlina f
besoin: j'ai besoin bisogno
bêtises stupidaggini mpl 19
beurre burro m 38, 43, 160
biberon poppatoio m
bibliothèque biblioteca f 131
bicyclette bicicletta f 83
bidet bidè m
bidon d'eau bottiglia f dell'acqua 82
bien bene
bien sûr certo 19
bientôt presto/fra poco 13
bienvenue à benvenuto a …
bière birra f 40, 49
bigoudis bigodino m
bijouterie gioielleria f 130, 150
billet biglietto m 65, 75, 162, 100; **~ pour la journée** biglietto m giornaliero
biscuits biscotti fpl 160
bizarre bizzarro 101
blaireau *(à raser)* spazzola f per barba
blanc bianco 144

blessé ferito 92, 163; **il/elle est grièvement blessé** è gravemente ferito 92
blessure ferita f 92, 141
bleu blu 144
blouson imperméable giacca impermeabile f 146
boire bere
bois de chauffage legna f ardere
boisson bevande fpl 49, 51; **~ sans alcool** bibita analcolica f 160
boîte scatola f 110, 159; **~ aux lettres** buca f delle lettere 153; **~ de chocolats** scatola di cioccolatini f 155
boîte de nuit locale m notturno
boîte de vitesses scatola f cambio 91
bon buono 14
bon anniversaire! buon compleanno! 219; **~ appétit** buon appetito m 37; **~ marché** a buon prezzo 14, 35, economico 134; **~ voyage!** buon viaggio! 219
bonbons caramelle f 151
bonjour buongiorno m 10, 224
bonne année! felice Anno Nuovo! 219
bonne chance! buona fortuna! 219
bonne nuit buonanotte f 10
bonsoir buona sera f 10, 224
bosse bernoccolo m 141
bottes stivali mpl 146
bouché bloccato 25
bouche bocca f 165, 166
boucherie macelleria f 130
bouchon tappo m; **tire-bouchon** cavatappi m
bouchon de réservoir *(d'essence)* tapo m del serbatoio 90

A-Z

boucles d'oreilles orecchini mpl 150
bouée de sauvetage salvagente m
bougies candele f 91, 149
bouilli bollito
bouilloire bollitore m 29
bouillon brodo m 44
bouillote borsa dell'acqua calda f
boulangerie panetteria 130, 157
bouteille bottiglia f 37, 159; ~ **de vin**
   bottiglia di vino f 155; ~ **thermos**
   bottiglia thermos f; ~ **de gaz**
   bombole di gas fpl 28
bouton bottone m
bracelet braccialetto m 150
bras braccio m
brillant *(photo)* smaltato
brique *(de lait)* scatola f 159
briquet accendino m 151
broderie ricamo m 155
bronchite bronchite f
bronzage bronzatura f
bronzer, se abbronzarsi
brosse à cheveux spazzola f
brosse à dents spazzolino da
   denti m
brouillard: il y a du ~
   è nebbioso 122
brûlure scottatura f 141
bruyante rumorosa 24
bureau ufficio m; ~ **de change**
   ufficio cambio m 70, 73, 138; ~ **de**
   poste ufficio postale m 96, 153;
   ~ **des objets trouvés** ufficio
   oggetti smarriti m 73; ~ **des**
   renseignements sportello
   informazioni m 73; ~ **des**
   réservations botteghino m 109
bus autobus m 17, 78;
   pullman m 123

C **c'est** è 14, 16, 17
ça suffit! basta! 19
câble de changement de vitesse
   cavo m del cambio 82
câble de frein cavo m dei freni 82
cabine pour deux cabina doppia f
   81; ~ **pour une personne** cabina
   singola f 81; ~ **téléphonique**
   cabina f telefonica 127; ~
   d'essayage cabina di prova 147
cabinet médical ambulatorio m 163
cabinets gabinetti mpl 96
câbles de secours *(pour batterie)* cavi
   della batteria mpl
cadeau regalo m 67
cadenas lucchetto m
cadre telaio m 82
cafard scarafaggio m
café caffè m 40, 51, 157; ~ **soluble**
   caffè solubile m 160
caisse cassa f 132, 157
caleçon mutande fpl 145
calendrier calendario m 155
calme tranquillo 126
cambriolage rapina f 162
camion camion m/autocarro m
campagne campagna f 106
camping campeggio m 30, 123
camping-gaz campingas m 31
Canada Canada m 119
canadien canadese
cancer cancro m
canne à pêche canna f da pesca
canot automobile barca f a
   motore 116
capot cofano m 90
carafe caraffa f 37
caravane carovana f 30, 81
carburant benzina f 86
carburateur carburatore m 91

cardiaque (*problèmes*) disturbi cardiaci fpl 164

carnet de billets blocchetto di biglietti m 79; **~ de chèque** assegno m/libretto m degli assegni

carré quadrato 134

carrefour incrocio m 95

carte carta f 94, 99, 106

carte bancaire carta f bancaria; carta f assegni; **~ d'abonnement** tessera f; **~ de crédit** carta di credito f 17, 42, 109, 136; **~ des vins** la lista f dei vini 37; **~ grise** documenti del veicolo mpl 93; **~ postale** cartolina f 151, 155; **~ routière** carta stradale f 151

casque casco m 82

casque à vélo casco m per ciclista

cassé rotto 25, 137, 165

casse-croûte spuntini mpl

casser: nous avons cassé abbiamo rotto 28

casserole pentola f 29

cassette cassetta f 156

cassette nastro m 156

cassette vidéo videocassetta f 156

cathédrale cattedrale f duomo m 99

catholique cattolica 105

caverne caverna f 107

CD un CD m 156

CD, disque compact compact m; CD m

ce soir questa sera 124

ceinture de sécurité cintura f di sicurezza 90

ceinture cintura f 145; **~ de sauvetage** cintura di salvataggio f 81

cela questo

célèbre famoso

célibataire celibe 120

celle-ci questa 16

celle-là quella 16

celui-ci questo 16

celui-là quello 16

cendrier portacenere m 39

cent cento 217

centre centro m 17, 83; **~ commercial** zona dei negozi f 130; **~ -ville** centro città m 21, 99

céramique ceramica f

certificat certificato m 150; **~ d'authenticité** certificato di autenticità m 156; **~ de police** copia della mia denuncia f 162

chaîne catena f 82

chaîne de montagnes catena f di montagne 107

chaise haute (*pour bébé*) seggiola per bambini f 39

chaise longue sedia a sdraio f 116

chaise pliante sedia pieghevole f

chaloupe de sauvetage scialuppa di salvataggio f 81

chambre camera f 21, 24, 25, 27; camera da letto f 29; **~ à un lit** camera matrimoniale f 21; **~ pour 2 personnes** camera f doppia 21

chambre à air la camera f d'aria 82

champ campo m 107; **~ de bataille** campo di battaglia m 99

champignons funghi mpl 47

changer cambiare 68, 75, 79, 138

chanteur(euse) cantante f/m

chapeau cappello m 145

chaque ogni 13; **~ jour** ogni giorno

charbon carbone m 31

charcutier salumeria f 130

chariot carrello m; **~ à bagages** carrelli portabagagli mpl 71; **~** (*supermarché*) carrelli mpl 157

chasse d'eau: la chasse d'eau ne marche pas la sciacquone f non funziona

château castello m 99

chaud caldo 14, 24

chauffage riscaldamento m 25; **~ central** riscaldamento centrale m

chauffage *(voiture)* impianto m di riscaldamento 91

chauffe-eau scaldacqua m 28

chauffeur conducente m; autista m

chaussettes calzini mpl 145

chaussures scarpe fpl 146; scarponi mpl 115; **~ de marche** scarponi mpl 146; **~ de ski** scarponi da sci mpl 117; **~ de sport** scarpe da ginnastica fpl 146; **~ tennis** scarpe fpl tennis

chef *(de groupe)* capo (del gruppo)

chef d'orchestre direttore d'orchestra m 111

chemin via f 18

chemise camicia f 145

chemisier camicetta f 145

chèque assegno m; **carnet de ~** libretto m degli assegni; **~ de voyage** assegno turistico m 136

cher caro 14, 134

chercher cercare 18; **je cherche** cerco 133; **je viendrai les ~** li passo a prendere 113

cheval cavallo m

chewing-gum gomma da masticare f 151

chien cane

chinois cinese 35

choc *(électrique)* scossa f elettrica

chocolat *(chaud)* cioccolata calda f 51

chopes boccali mpl 149

chose cosa f **quelque chose** qualcosa

choses intéressantes à voir punti principali d'interesse mpl 97

chou cavolo m 47

cigares sigari mpl 151

cigarettes sigarette fpl 151

cime cima f 107

cimetière cimitero m 99

cinéma cinema m 96, 110

cinq cinque 15, 216

cinquante cinquanta 217

cinquième quinto 217

cintres grucce per abiti fpl 27

cirage lucido m per scarpe

circulation circolazione f; traffico m 15

ciseaux paio di forbici mpl 149

citron limone m 38

classe classe f; **première ~** di prima classe 68; **~ économique** classe turistica 68; **~ affaires** business class 68

clair chiaro 14, 134, 144

clé chiave f 27, 28

clé de contact chiave f dell'accensione 90

climatisation climatizzazione f 22, 25; aria condizionata f 86

clubs *(de golf)* mazze fpl 115

clignotant indicatore f di posizione 82, 90

code codice m

code *(téléphone)* prefisso m 127

codes *(voiture)* anabbaglianti mpl 86

cœur cuore m 166

coffre baule m 90

coffre-fort cassa forte f 27

coiffeur(euse) parrucchiere(-a) m/f 131, 148

coin: au coin all'angolo m 95

col passo m 107

colis pacco m 154

collant collant m 145

collier collana f 150

colline collina f 107

colonne de direction piantone m di guida 91

colonne vertébrale colonna vertebrale f

combien quanto 15; **~ ça coûtera?** quanto costerà? 84; **c'est ~?** quanto costa? 15, 84, 129, 136; **~ coûte …?** quant'è …? 100; **~ de temps …?** quando tempo …? 98; **depuis combien de temps?** da quanto tiempo? 123

commander (nourriture) ordinare 37; **pouvez-vous me le ~** può ordinarmelo 135

comme ça come questo

commencer cominciare 108

comment come 17; **~ allez-vous?** come sta? 118; **~ ça va?** come vanno le cose? 19; **~ vous appelez-vous?** come si chiama? 118

commissariat (de police) commissariato m 93, 96, 131, 161; questura f 131, 161

commission commissione f 138

compact disc un compact m 156

compagnie compagnia f 126

compartiment (train) scompartimento m

complet completo 21, 36

compositeur compositore m 111

composter convalidare 79

comprendre capire 11; **je ne comprends pas** non capisco 224; **est-ce que cela comprend …?** il prezzo incude …? 24

compresseur d'air pompa per l'aria f 87

comprimé pillola f 166

comprimés pastiglie fpl 140

compris compreso 23, 42

comptable ragioniere m/f 121

comptable (expert) ragioniere m/f

compteur de vitesse indicatore m di velocità 90

compteur électrique contattore d'elettricità m 28

compteur kilomètrique conta m chilometri 90

concert concerto m 108, 111

confesser: je voudrais me confesser vorrei confessarmi 105

confirmer confermare 22, 68

confiture marmellata f 43, 160

confortable comodo ; **ne pas ~** scomodo 117

congélateur congelatore m 29

connaissance: elle/il a perdu connaissance ha perso conoscenza f 92

connaître: nous ne nous connaissons pas non ci conosciamo 118

conscient: il est conscient ha ripreso conoscenza f

conseiller consigliare 35, 142

conserve conserva f 157

conserver tenere 158

consigne deposito bagagli m 73; **~ automatique** deposito bagagli automatico m 71, 73; **~ des bagages** deposito bagagli m 71

constipation costipazione f

consulat consolato m

contact contatto m

contact (voiture) accensione m 82, 90

A-Z

contacter: je peux vous contacter posso contattarla? 28

contenir contenire 154

continuer à continuare a; **continuez** continui 19

contraceptif antifecondativo m

contre contro

contrôle des passeports controllo passaporti m 66

contrôler: pourriez-vous le contrôler? può farlo controllare? 25

contusion contusione f

convenir à convenire

copie copia f

corde corda f

cordonnerie calzoleria f

corps corpo m

correct corretto

correspondance coincidenza f 76

costume (complet) completo m 145

côte (*corps*) costola f 166

côte (*mer*) costa f

côté: à côté de vicino a 95

coton cotone m 146

coton hydrophile cotone idrofilo m 142

cou collo m 166

couche (*pour bébé*) pannolino m 143

couches pannolini mpl 113

couchette cuccetta f 77

couleur colore m 134

couleur (*pellicule*) a colori 152

couloir corridoio m 74

coup d'œil: je jette juste un ~ do solo un occhiata

coup de soleil colpo di sole 164

coup de cheveux taglio m di capelli

coup et brushing taglio m e asciugatura f 148

coupure taglio m 141

coupure de courant interruzione f della corrente

cour de récréation parco giochi m 113

courant d'air corrente f d'aria

couronne (*dentaire*) corona f 168

courrier posta f 27, 153

courrier en recommandé posta f raccomandata

courroie de ventilateur cinghia f del ventilatore 91

cours de langue corso m di lingua

course gara f

courses: faire des courses fare acquisti 124

court corto 147, 148

cousin(e) cugino

couteau coltello m 39, 149

coûter costare 84

couverts coperti mpl 29; posate fpl 149

couverture coperta f 27

couvre-chaîne paracatena m 82

crampes crampi mpl 164

crèche asilo m infantile

crédit credito m

crème à raser crema f per barba

crème antiseptique pomata antisettica f 142; **~ solaire** crema abbronzante f 143

crevaison un pneumatico forato m 88

crevé bucato 83

crise cardiaque infarto m 164

cristal cristallo m 150

croire credere

croisière crociera f

croix croce f

cuillère cucchiaio m 39; **~ à café** cucchiaino m

cuillerées à café cucchiaini mpl 140

cuir cuoio m 146

cuisine cucina f 29, 119

cuisiner (faire la cuisine) cucinare

cuisinier(ère) cuoco(-a) m/f

cuisinière stufa f 28

cuisse coscia f 166

cuite cotta 41

cuivre rame m 150

culte servicio m 105

cure-pipe puliscipipa m

cyclisme ciclismo m 114

D **d'accord** d'accordo 10; **je suis ~** sono d'accordo

dangereux pericoloso

dans in; **~ 20 minutes** in venti minuti 12; **~ ... jours** fra ... giorni 89; **~ ... minutes** in...minuti 13

danse danza f 111; **~ contemporaine** danza contemporanea f 111

danser danzare 111; **aller ~** andare a ballare 124

date de naissance data di nacita 23

de 9 h à 18 h dalle nove alle diciotto 13

de/de la/de l'/des del, della, dei, degli, delle

débutant principiante m 117

décalage horaire: je souffre du ~ soffro del cambiamento di fuso orario

décembre dicembre 218

déchiré strappato 165

décision decisione f 24, 135

déclaration de douane il modulo per la dogana m 154

déclarer dichiarare 67

décliner declinare 125

décoller (avion) decollare 68

décongeler scongelare

dedans dentro 37

défaut: il y a un ~ questo è difettoso

dégoûtant disgustoso 14

degrés (temperature) gradi mpl

déjeuner (le) pranzo m 13, 34, 124

délicieux delizioso 14

deltaplane fare il deltapiano

demain domani 13, 84, 89, 122, 218

demande d'indemnité d'assurance richiesta f di rimborso assicurazione

démarrer (voiture) partire 88; **ne démarre pas** non parte 88

démarreur motorino m d'avviamento 91

demi heure mezz'ora f 217, 221; **~ kilo** mezzo chilo m 159; **~ -douzaine** mezza dozzina f 159; **~ -pension** mezza pensione f 24

demie mezzo m 217

démodé antiquato 14

dent dente m 168

dentelle pizzo m 146

dentier dentiera f 168

dentifrice dentifricio m 143

dentiste dentista m 131, 163, 168

dépanneuse carro attrezzi m 88

départ partenza f 32, 69, 76

dépenser spendere

dépliant prospetto m

déposer scendere 83

déranger: ça vous dérange si ...? le dispiace se ...? 77, 126; **ne pas ~** non disturbare

dernier ultimo 75, 218

derrière dietro 95, 148

A-Z

dés dadi mpl
désagréable sgradevole 14
descendre *(du bus/du train)* scendere 79
dessert dolce m 48
dessus: sur le ~ in cima 148
destination destinazione f
détails dettagli mpl
détaillé dettagliato 32
détergent detersivo m
deux due 15, 216; **~ cents** due cento 217; **~ fois** due volte 76, 217
deuxième secondo 217
devant davanti 148; **~ le café** fuori del bar 12
devises *(étrangères)* valute f pl 138
devoir dovere 18; **je dois** devo
de ... h à ... h dalle ... alle ... 221
diabète diabete m
diabétique diabetico m 164
diamant diamante m 150
diarrhée diarrea f 142, 164
dictionnaire dizionario m 151
diesel diesel m
difficile difficile 14, 106
dimanche domenica 218
dîner cena f 34, 124
dire dire 11; **comment dites-vous?** come se dice ...?
direct diretto(-a) 75
directeur *(société)* direttore m , *(film)* regista
direction: en direction de... in dirizione di ... f 95; verso... 12
disloqué dislocato 165
disparaître: mon enfant a disparu. il mio bambino è scomparso 161
disponibilité disponibilità f 108
disque disco m 156

distributeur distributore m 91; **~ automatique de billets** cassa automatica f 139
divorcé divorziato 120
dix dieci 216
dix-huit diciotto 216
dix-neuf diciannove 216
dix-sept diciasette 216
docteur medico m 92
doctoresse dottoressa f 163
doigt dito m 166
dois: combien je vous dois? quanto le devo?
donner à dare a 18
dormir dormire 167
dos dorso m; schiena f 166
douane dogana f 67, 156
doublé *(film)* doppiato 110
douche doccia f 21, 26
douleurs abdominales dolori addominali mpl 167
douzaine dozzina f 217
douze dodici 216
draps lenzuoli mpl 28; biancheria f da letto 29
droguerie drogheria f 130
droite, à a destra f 12, 76, 95
du matin della matina f
du, de l', de la di/del/dei/della/delle
dur duro 31, 41
durite tubo m del radiatore 91
duvet piumone m
dynamo dinamo f 82

E
e-mail posta elettronica f 154
eau acqua f; **~ de Javel** candeggina f 149; **~ distillée** acqua f distillata; **~ minérale** acqua

minerale f 51; **~ potable** acqua
potabile f 30

échanger cambiare 137

écharpe sciarpa f 145

échecs scacchi 121

échelle scala f

écrire scrivere 11

édulcorant zucchero m
dietetico 38

également ugualmente 17

église chiesa f 96, 99, 105

égouts fognatura f

élevé alto 122

émail smalto m 150

embarquement imbarco m 70; salire
a bordo 77

embouteillage imbottigliamento;
ingorgo m

embrasser baciare; **je peux
t'embrasser?** posso baciarti? 126

embrayage frizione f 91; leva f della
frizione 82

emmener portare 84

emplacement posizione f 95

emplacement *(camping)* posto m

**emprunter: est-ce que je peux
emprunter votre …?** posso
prendere a prestito vostro …?

encaisser incassare 138

enceinte (de … mois) incinta (di …
mesi) 164

enchanté piacere 118

encore ancora 41; **pas ~** non
ancora 13

enfants bambini mpl 22, 74, 81, 113,

enfin! finalmente! 19

enflure gonfiore m 141

enjoliveur coppa m 90

ennuyer: nous nous ennuyons ci
stiamo annoiando 123

ennuyeux noioso 101

enregistrer registrare 69

enregistrement accettazione f 69

ensemble: nous vivons ensemble
viviamo ensieme 120

ensuite poi 13

entendre sentire

entier *(sans croquer)* intero 140

entraînement allenamento m 115

entrée ammissione f 100;
ingresso m 132

enveloppes buste fpl 151

environ circa 15

envoyer spedire 154

épais spesso

épaule spalla f 166

épicerie negozio di
alimentari m 130

épilation à la cire ceretta f 148

épileptique epilettico m 164

épingles à linge mollette per
biancheria fpl; **~ de sûreté** spille
fpl di sicurezza

éponge spugna f

époustouflant senzazionale 101

épuisé esausto 106

épuisé *(article/modèle)* esaurito 135

équipement attrezzatura f 22, 30

équipes squadre fpl 114

éraflure escoriazione f 141

erreur errore m 41

éruption cutanée eruzione della
pelle f 141

escalier roulant scala mobile f 132

escaliers scale fpl 132

essayer *(vêtement)* provare 147

essence benzina f 87; **~ sans plomb**
benzina verde

espérer esperare; **j'espère que…**
espero che … 19

essayer: je peux l'essayer? me lo posso provare? 147

essieu asse f 82

essuie-glaces tergicristallo m 90

est: à l'est all'est 95

estomac stomaco m 166

et e; ed

étage piano m 132

étain peltro m 150

étang stagno m 107

été estate f 219

éteindre spegnere 25

étiquette etichetta f

étrange strano 101

être essere

étroit stretto 14, 147

étudiant studente m 74, 121

étudiante studentessa f 121

étudier studiare 121

évanouir, s' svenire 164

excursion escursione f 97, 98; **~ d'une journée** gita f di un giorno

excuser: excusez-moi scusi 10, 18, 224

exemple, par per esempio

expédier par la poste spedire per posta

exprès: en exprès per espresso 154; **je ne l'ai pas fait exprès!** non l'ho fatto a posto! 10

extérieur: à l'extérieur fuori 12

extincteur estintore m

extrêmement estremamente 17

F **face: en face de** di fronte 12, 95

facile facile 14, 106

facteur postino m

facteur *(crème solaire)* fattore m 143

faim: j'ai faim ho fame

faire beau: il fera une belle journée sarà una bella giornata 122

faire de la randonnée viaggiare con lo zaino in spalla

falaise rupe f 107; scogliera f 107

famille famiglia f 66, 74, 220

fantastique splendido 101

fatigué stanco

faune et flore fauna e flora f

fauteuil roulant sedia a rotelle f

faux sbagliato 14; **vous avez fait un faux numéro** ha sbagliato numero 128

fax fax m 154

félicitations! felicitazioni; congratulazioni! 219

femme moglie f 120; **~ au foyer** casalinga f 121; **~ de chambre** cameriera f 27; **~ de ménage** cameriera f 28

fenêtre finestra f 25, 77

ferme chiude 100, 140

fermé chiuso 14, 129, 132; **quand est-ce que vous fermez?** quando chiudete?

fermer chiudere 132, 140

fermeture centrale chiusura centralizzata f 90

fermeture éclair/à glissière chuisura lampo f

ferry traghetto m 81, 123

fête foraine fiera f 113

feu anti-brouillard fanale m antinebbia 90

feu arrière fanalino posteriore m 82

feu: au feu! al fuoco! 224; **il y a le feu!** c'è un incendio!

feu de détresse luci d'emergenza fpl 90

feux *(rouges)* semaforo m 95
feux *(véhicule)* luci f 93
feux *(vélo/moto)* fanalini mpl 83
feux de recul luci fpl di retromarcia fpl 91
feux rouges *(des freins)* luci fpl dei freni 90
février febbraio 218
fiancé(e) fidanzato(-a) m / f
fiche modulo m 23, 139
fièvre febbre f 164
fil dentaire filo m per denti
fille bambina f 156; figlia f 120, 163; ragazza f 120
film film m 108
film étirable pellicola trasparente f 149
fils figlio m 120, 163
filtre filtro m 152
filtre à air filtro m dell'aria 91; ~ à huile filtro m dell'olio 91
finir finire 108
flash (électronique) flash (elettronico) m 152
fleur fiore m 106
fleuriste fioraio m 130
fleuve fiume m 107
foie fegato m 166
fois: une fois una volta 217
foncé scuro 134, 144
fontaine fontana f 99
football calcio m 114
forêt foresta f 107
forfait *(ski)* tessera f 117
forme forma f 134
formidable benissimo 19
formulaire modulo m 162
fort forte
foulard foulard m 145
foulé slogato 165

four forno m; ~ à micro-ondes forno a microonde m 158
fourchette forchetta f 39, 149
frais fresco 41
français francese 11, 224
France Francia f 119
francs *(suisse)* franchi mpl 139
frein à main freno m a mano 91
freins freni mpl 83
frère fratello m 120
frit fritto
frites patatine fritte fpl 38; patate fritte fpl 160
froid freddo 14, 14, 122
fromage formaggio m 48, 160
fruits frutta f 48
fruits de mer frutti di mare mpl 45
fuire perdere
fuire: le robinet fuit il rubinetto perde 25
fumer: je fume fumo 126
furoncle foruncolo m 141
fusibles fusibili mpl 28, 91

 galerie portabagagli m esterno
galerie de peinture galleria d'arte f 99
gant guanto m
gant de toilette guanto m di spugna/da bagno
garage garage m 26
garage *(atelier de réparations)* autorimessa f 88
garantie ganranzia f 135
garçon bambino m 156; ragazzo
garde-boue parafango m 82

garder: gardez la monnaie! tenga il resto! 84

gare stazione f 73, 78, 84, 96; **~ autoroutière** stazione delle corriere f 78

gâteau torta f 40

gauche, à a sinistra f 12, 76, 95

gaz: ça sent le gaz! c'è odore di gas!

gazeuse gassata 51

genou ginocchio m 166

gens gente fpl 15, 119

gentil gentile

gilet de sauvetage salvagente m

giratoire rotatoria f

glace gelato m 40, 160; **~ au chocolat** pinguino m 110

glacier gelateria f 33

glacière ghiacciaia f

glaçons ghiaccio m 38

glande ghiandola f 166

gonflé gonfiato

gorge gola f 166; **mal de ~** mal di gola m 142

grammes grammi mpl 159

grand grande 14. 117

grand lit letto matrimoniale m 21

grand magasin grande magazzino m 130

grands-parents nonni mpl

gras grasso

grave grave; serio

grec greco 35

grillé alla griglia

gris grigio 144

gros grande 40

grotte grotta f 107

groupe gruppo m 66, 100, 156

groupe sanguin gruppo m sanguigno

guêpe vespa f

gueule de bois postumi di una sbornia 142

guichet biglietteria f 73

guide guida m/f 98, 100; **~ audio** guida registrata 100; **~ des spectacles** guida f spettacoli; **~-souvenir** guida-ricordo m 155

guidon manubrio m 82

guitare chitarra f

H **habillement** abbigliamento m 144

habitude: d'habitude di solito 122

hall d'entrée atrio m

handicapé *(adj.)* disabile 164

handicapés disabili mpl 22, 100

hasard: par hasard per caso 17

héberger: pouvez-vous m'héberger pour la nuit? mi può ospitare per una notte?

hémorroïdes emorroidi mpl

herbe erba f

heure ora f 13, 97; **~ de pointe** ora di punta; **à l'heure** in orario 76; **à l'heure juste** ad ogni ora precisa 76; **à quelle heure?** a che ora? 98; **de bonne heure** di buona ora 13; **par heure** all'ora 154

heures d'ouverture orario d'apertura m 100; **~ de visite** ore di visita

heureusement fortunatamente 19

hier ieri 218

hippodrome ippodromo m 114

hiver inverno m 219

homme uomo

homosexuel *(adj)* omosessuale

hôpital ospedale m 131, 165, 167

horaires *(des trains)* orario ferroviario m 75
horrible orribile 122
hors-d'œuvre antipasti mpl 43
hot dog cane caldo m 110
hôtel albergo m 12, 20, 21, 123
huile olio m
huit otto 216
humide umido
humidité umidità f,
hypermarché ipermercato m
hypermétrope presbite 167

I **ici** qui 12
identité: carte d'identité documento d'identità m 139
il y a … c'è …; ci sono; il y a 10 minutes dieci minuti fa 13
illégal: est-ce illégal? è illegale?
immatriculation: numéro d'immatriculation numero di targa 93
imperméable impermeabile m 145
impoli maleducato(-a)
incroyable incredibile 19
indigestion indigestione f
indiquer indicare 18
inégal *(terrain)* in dislivello 31
infection vaginale infezione m vaginale 167
inférieure inferiore 74
infirmière infermiere m
infraction au code de la route infrazione f stradale
ingénierie ingegneria f 121
innocent innocente
inscrire, s' inscriversi 117
insecte insetto m 25
insister: j'insiste insisto
insomnia insonnia f

instant: un instant, s.v.p. un momento, per piacere 128
instructions istruzioni fpl 135
insuline insulina f
intéressant interessante 101
intérieur: à l'intérieur dentro 12
internet internet m 154
interprète interprete m 93, 162
interrupteur interruttore m
intersection intersezione f
intestins viscere m
invitations inviti fpl 124
iode iodio m
Italie Italia f 119; **en Italie** in Italia 12
italien italiano 35, 126

J **jamais** non mai 13
jambe gamba f 166
jante cerchione m 82, 90
janvier gennaio 218
jardin giardino m; **~ botanique** giardino botanico m 99; **~ d'enfants** club per bambini m 113
jauge d'huile indicatore m del livello dell'olio 91; **~ de carburant** indicatore m della benzina 90
jaune giallo 144
jet lave-glace lavacristalli mpl 90
jetski moto acquatica f 116
jeu gioco m 156; **~ d'échecs** scacchi mpl 156; **~ video** videogioco m
jeudi giovedì 218
joli(e) grazioso
jouer giocare; **je joue** gioco 121
jouets giocattoli mpl 156
jour giorno m 23, 97, 115
journaliste giornalista f/m
journaux giornali mpl 151

A-Z

journée giornata f 122
jours, en ... entro ...
    giorni 13
    Joyeux Noël! Buon
Natale! 219
juif *(adj)* ebreo
juillet luglio 218
juin giugno 218
jumelles binocolo m
jupe gonna f 145
jus de fruit succo di frutta m 43, 51
jusqu'à fino alle 221
juste giusto 14

K **kilo** chilo m 159
    kilométrage chilometraggio
    m 86
klaxon claxon m 82

L **là-bas** là 12; laggiù 76
    lac lago m 107
lacets lacci mpl delle scarpe
laid brutto 14, 101
laine lana f 146
lait latte m 43, 51, 160
lames de rasoir lamette da
    barba fpl 143
lampe lampada f 29
lampe de poche lampada tascabile f
langue lingua f 166
laque lacca f 143
large largo 14
lavabo lavabo m 25
laverie, service de servizio di
    lavanderia f 22
lavette strofinaccio per i piatti m 149
laxatif lassativo m
leçon lezione f

lecteur de CD lettore m per compact
léger leggero 14, 134
légumes legumi mpl 38
lent lento 14
lentement lentamente 11, 17, 94
lentille de contact lenti a
    contatto fpl 167
lequel/laquelle? quale? 16
lessive detersivo per lavatrice m
    149
leur/leurs loro 16
lever de rideau di supporto 111
levier de changement de vitesse
    (moto) leva f de cambio 82
levier de vitesse *(voiture)* leva f del
    cambio 91
lèvre labbro m 166
librairie libreria f 130; **~-papeterie**
    cartolibreria f
libre libero 12, 14, 17, 21, 84, 124
lieu luogo m 23; **au lieu de** invece
    di
ligne *(métro)* linea f 80
lin lino m 146
lingettes salviette per neonati fpl
    143
liqueur liquore m
liquide vaisselle detersivo per i
    piatti m 149
liquide: en liquide in contanti 136
lire leggere 121
lit letto m 22; **~ de camp** lettino da
    campeggio m 31
litoral litorale m
litre litro m 87, 159
lits jumeaux due letti mpl 21
livrer consegnare
livres libri mpl 151
location de voiture autonoleggio m
    86, 70
logement affitto m 28

loger: où logez-vous? dove alloggia? 123

loin lontano 95, 130; **~ de moi** lontano da me 12; **c'est~?** è lontano? 95

long lungo 147

longueur lunghezza f

lotion après-rasage lozione dopobarba f 143; **~ après-soleil** lozione doposole f 143

louer noleggiare 83, 86, 115, 115, 117

lourd pesante 14, 134

lui suo 16

lumière luce f 25

lundi lunedì 218

lune de miel: nous sommes en lune de miel siamo in luna di miele

lunettes occhiali mpl 167; **~ de natation** occhialini mpl 166; **~ de soleil** occhiali da sole fpl 145

Luxembourg Lussemburgo m 119

M **machine à laver** lavatrice f 29 **mâchoire** mascella f 166

magasin negozio m 130; **~ d'alimentation** negozio di alimentazione m 159; **~ d'artisanat** negozio m di artigianato

magazine rivista f 151

magnétoscope video registratore m

mai maggio 218

maillet maglio m 31

maillot de bain costume da bagno m 145

main mano m 166

maintenant ora; adesso 13; subito 84

maison casa f

maître d'hôtel capocameriere m 41; **~-nageur** bagnino m 116

mal: ça fait mal mi fa male; **j'ai mal** ho dolori 167; **j'ai mal ici...** ho male qui ... 164; **pas mal** non male 19; **où avez-vous mal?** dove le fa male? 165

mal au dos male alla schiena 164; **~ de dents** mal di denti m 168; **~ de mer: j'ai le mal de mer** ho il mal di mare; **~ de ventre** mal di stomaco m 142

malade male 164, 224; **je suis ~** sono ammalato

malentendu: il y a eu un ~ c'è stato un malinteso

malheureusement sfortunatamente 19

manche manica f 165

manches maniche fpl

mandat vaglia f postale

manger mangiare 167

manteau cappotto m 145

manucure manicure f 148

maquillage trucco m

marchand de journaux giornalaio m 151; **~ de légumes** fruttiven-dolo m 131

marché mercato m 99, 131

marche: équipement pour la marche equipaggiamento per la marcia

marcher *(fonctionner)* funzionare 25

mardi martedì 218

mari marito m 163

mariage matrimonio m

marié sposato 120

marron marrone 144

mars marzo m 13, 218

marteau martello m 31

mascara cosmetico m per ciglia

masque de plongée maschera f da subacqueo

mat (*photos*) smorzato m

matelas materasso m; **~ pneumatique** materasso di gomma m 31

matériel attrezzatura f 115

matin mattina f 140; **le ~** di mattina 220

matinée (*représentation*) pomeriggio m 109

mauvais cattivo 14; male 126

mécanicien meccanico m 88

médecin medico m 131; dottore m 163

médicaments medicine fpl 165

meilleur migliore

membre (*d'un club etc.*) socio m 88, 112

mener: où mène cette route? dove porta questa strada? 94

menu menù m 37

mer mare m 107

merci grazie 10, 94, 224; **~ beaucoup** grazie mille 10

mercredi mercoledì m 218

mère madre f 120

mes mie

messages messagi mpl 27, 154

messe messa f 105

mesures misure fpl

métal metallo m

métro metropolitana f 80

mettre son clignotant indicare

mettre: ou puis-je mettre …? dove posso mettere …?

meubles mobili mpl

midi mezzogiorno m 220

miel miele m 43

mieux migliore 14

migraine emicrania f

mille mille 217

million milione f 217

mince sottile

minuit mezzanotte f 13, 220

minute minuto m 221

miroir specchio m

mobylette motorino m 83

moderne moderno 14

moi: c'est à moi è il mio turno 133

moins meno; **~ cher** meno caro 109; **~ que (ça)** meno di quello 15

mois mese m 218

mois mesi mpl 218

mon/ma/mes mio/mia/miei/mie 16

monastère monastero m 99

moniteur istruttore m

monnaie moneta f 87; valuta f 67; **petite ~** spiccioli mpl 138

montagne montagna f 107

montant cifra f 42

montre orologio m da polso 150, 162

montrer indicare 94, 99

monture cornice f per occhiali

moquette mochetta f

morceau pezzo m 40, 159

mordu: un chien m'a mordu un cane m mi ha morso

mosquée moschea f 105

motel motel m 20

moteur motore m 91

moto motocicletta f 83

mots parole 19

mouche mosca f

mouchoir fazzoletto m; **~ en papier** fazzoletto di carta mpl 143

mousse pour cheveux schiuma volumizzante f 143

moustache baffo m

moutarde senape f 38

moyen medio 122

moyen (*niveau*) media 106

moyen *(portion)* regolare 40
muscle muscolo m 166
musée museo m 12, 99
musicien(ne) musicista f/m
musique musica f 111
musulman mussulmano
myope miope 167

N natation nuoto m 114
nationale nazionale
nationalité nazionalità f
nausée nausea f
né nato(-a) 119; **je suis né à/en** sono nato a/in
neige neve f 117
neigera nevicherà 122
nettoyage pulitura f 137
nettoyer pulire 137; **~ à sec** lavare a secco
neuf *(chiffre)* nove 216
neuf nuovo 14
neveu nipote m
nez naso m 166
nièce nipota f
noir nero 144
noir et blanc *(pellicule)* in bianco e nero 152
nom cognome m 23, 93; **le nom est …** il nome m è … 22
non no 10; **~ alcoolisé** analcolico; **~ fumeur** *(zone)* non fumatori 36
nord: au nord al nord 95
note *(facture)* conto m 32, 42; **~ détaillée** conto dettagliato m 32
notre/nos nostro/nostri/nostra/ nostre 16
novembre novembre 218
noyer: quelqu'un se noie qualcuno se annega
nuageux nuvoloso 122

nuit notte f 23, 24
numéro numero;
  ~ d'immatriculation numero di targa 23; **~ de téléphone** numero di telefono m 127; **vous avez fait un faux numéro** ha sbagliato numero

O objectif obiettivo m 152
  objets trouvés: bureau des ~ ufficio oggetti smarriti m 73
occasion occasione f; **d'occasion** di seconda mano
occupé occupato 14
octobre ottobre m 218
œil occhio m 166
œufs uova mpl 43, 160; **~ au plat** uova fritte 43; **~ brouillés** uova strapazzate 43
œufs *(station de ski)* funivia f 117
office du tourisme ufficio turistico m 97
office religieux servizio m 105
offre spéciale offerta straordinaria f
oiseau uccello m 106
ombragé ombreggiato 31
oncle zio m 120
onde onda f
onze undici 216
opéra opera m 99, 108, 111
opération operazione f
opticien ottico m 131, 167
or oro m 150
orageux temporalesco 122
orange *(fruit)* arancia f
orange *(couleur)* arancione 144
orchestre orchestra m 111
ordinaire *(essence)* normale 87
ordinateur computer m; ordinatore m

A-Z

oreille orecchio m 166
oreiller cuscino m 27
oreillons orecchioni mpl
original genuino 134
orteil dito del piede m 166
os osso m 166
où dove 12, 26; **~ est …?** dov'è …?
94, 99; **~ sommes-nous?** dove
siamo? 80; **~ sont …?** dove sono
…? **d'où** da dove 119
ou o
ouest: à l'ouest all'ovest 95
oui sì 10
ours *(en peluche)* orsacchiotto m 156
ouvert aperto 14, 129, 132, 100
ouverture: heures d'ouverture orario
di apertura m 132
ouvre apre 140; **~-boîtes** apriscatole
m 149; **~-bouteilles** apribottiglie
m 149
ouvrez apra 165
ouvrir aprire 132, 140, 165
ovale ovale 134

P **P.C.V.** a carico del
destinatario m 127
paiement pagare 100
paille *(pour boire)* cannuccia f
pain pane m 38, 43, 160; **~ grillé**
pane tostato m 43
paire paio m 146, 217
palais palazzo m 99
palpitations palpitazioni fpl
panier cesto m; cestello m
paniers *(supermarché)* cestelli
mpl 157
panne: je suis en panne d'essence
ho finito la benzina 88; **ma voiture
est tombée en panne** ho un
guasto all'automobile 88
panneau segnale m 93

panneau indicateur indicatore m
stradale
panneaux indicazioni fpl 95;
~ indicateurs segnalitica f 96
pannes guasti mpl 88
panorama panorama m
pantalon pantaloni mpl 145
pantoufles pantofole f pl 146
papier aluminium carta stagnola
f 149
papier-toilette carta igienica
f 25, 29, 143
par jour al giorno 30, 83; **~ nuit** per
notte f 21; **~ semaine** alla
settimana 30, 83
paraffine paraffina f 31
paralysie paralisi f
parasol ombrellone m 116
parc parco m 96, 99; **~ d'attraction**
parco di attrazione (Luna-Park)
parce que perchè 15
parcomètre parchimetro m 87
pardon *(excusez-moi)* scusi! (sono
spiacente) 10, 224
pardon? prego? 11, 224
pare-brise parabrezza f 90
pare-choc paraurti m 90
parents genitori mpl 120
parier scommettere 114
parking parcheggio m 26, 87, 96
parlement parlamento m 99
parler parlare 11; **~ à** parlare a 18
parlez parla 224
partager dividere m
partie partita f 115
partir partire; **je pars** parto 32
passage piéton attraversamento
pedonale m; **~ souterrain**
sottopassaggio m 96
passe-bus corse multiple fpl 79
passeport passaporto m 23, 139, 162

passer: à quelle heure ça s'est passé? a che ora è successo? 93

pataugeoire piscina per bambini f 113

pâtes pasta f 45

patient paziente m

patinoire palazzo m del ghiaccio

patins à glace pattini da ghiaccio mpl 117

pâtisserie pasticceria f 131, 157

patron direttore m 41

payer pagare 17, 42, 67, 87, 136

pays paese m

peau pelle f 166

pêche, aller à la ~ andare a pesca

pédale pedale m 82, 91

peigne pettine m 143

peindre dipingere

peintre pittore m

pelle paletta f 156

pellicule pellicola f 152

pendant durante;~ **2 heures** per due ore 13; **~ la semaine** nei giorni feriali 13

pendule orologio m 150

pension pensione f 20; **~ complète** pensione completa f 24

perdre perdere 27; **~ connaissance** perdere conoscenza 92; **j'ai perdu** ho perso 162; **je me suis perdu(e)** mi sono perso/smarrito 94, 106; **nous avons perdu** abbiamo perso 28

père padre m 120

perles de culture perle cultivate fpl 150

permanente permanente f 148

permis de conduire patente di guida f 93

personnes âgées anziani mpl 74

perte smarrimento m 71

peser: je pèse … peso …

petit piccolo 14, 24

petit déjeuner colazione f 23; prima colazione f 24, 26, 34, 43

petits pains panini mpl 160

pétrole petrolio m 31

peu: un peu un poco 15

peut-être forse; possibilmente 19

phare fanalino m anteriore 82

phares (voiture) abbaglianti mpl 86

phares i fari mpl; gli abbaglianti mpl 90

pharmacie farmacia f 131, 140; **~ de garde** farmacia di turno f 140

photo foto 152; **~ d'identité** fotografia f formato passaporto 115; **prendre une ~** prendere una fotografia

photocopieur servizio fotocopie m 154

photographe fotografo m

phrase frase f 11

pic picco m 107

pièce (monnaie) moneta; spicciola f

pièce d'identité documento d'identità

pièces de rechange pezzi di ricambio mpl 89, 137

pied piede m 166; **à ~** a piedi 17, 95

pile pila f 137, 150, 152

pilule pillola f 167

pince à épiler pinzette f

pinces à linge mollette da bucato fpl 149

pipe (fumer) pipa f

pique-nique picnic m

piquet de tente palo de la tenda 31

piqûre (méd.) iniezione f 168

piqûre puntura f 141; **~ d'insecte** puntura d'insetto f 142; **~ de moustique** puntura f di zanzara

pire peggiore 14

piscine piscina f 22, 26, 116; **~ couverte** piscina f invernale 116; **~ en plein air** piscina all'aperto f 116; **~ pour enfants** piscina per bambini f 116

piste cyclable pista f ciclabile

pistes cyclables percorsi per ciclisti mpl 106

placard credenza f; armadio m

place piazza f 95

place posto m 75, 77

plage spiaggia f 116; **~ de galets** spiaggia pietrosa 116; **~ de sable** spiaggia sabbiosa 116

plaire piacere 101, 110; **ça me plaît** mi piace 101; **ça ne me plaît pas** non mi piace 135; **ça vous plaît?** le piace? 119

plaisanterie/boutade barzelletta f scherzo m; battuta f

plaît: ça me plaît mi piace

plan de la ville pianto della città m

plan de ville carte della città f 96

planche de surf tavola da surf f 116

plante pianta f

plaque d'immatriculation targa f 90

plaqué or placato d'oro 150; **~argent** placato d'argento 150

plaquette de frein pattino m; pastiglia f 82

plaquettes de freins ganascia f freno 91

plat piatto m 41; **~ céramique** piatto in ceramica m 155;

plat: la batterie est à plat la batteria è scarica 88

plat: plus plat più livellato 31

plate naturale f 51

plateau piatto m

platine platino m 150

plats piatti mpl 43

plein pieno 14

plein *(de carburant)* pieno m 87

pleuvra pioverà 122

plombage otturazione f 168

plombier idraulico m

plongée: combinaison de plongée tuta subacquea

plonger tuffare 116

plus più; **~ que (ça)** più di quello 15; **~ rien, merci** nient'altro, grazie 39

pneu gomma f; pneumatico m 82, 90

point punto; **~ de rassemblement** punto di raccolta m 81; **~ de vue** punto panoramico m 107

pointure taglia f 115

poison veleno m

poissonerie pescheria f 131

poissons pesce mpl 45

poitrine torace m 166

poivre pepe m 38

police polizia f 92, 161

police d'assurance polizza d'assicurazione f 93

pomme mela f

pommes chips patatine fpl 160

pommes de terre patate fpl 38

pompe pompa f 82

pompiers pompieri mpl 92; vigili del fuoco mpl 92

pont ponte m 95, 107

port porto m 99

porte porta f 25

porte-clefs portachiavi m 155

porte-monnaie portamonete m 162

portefeuille portafoglio m 42

porteur facchino m 71

portion porzione f 40; **~ enfant** porzioni per bambini mpl 39

posologie dosi f 140

possible possibile; **le plus tôt ~** appena possibile

poste posta f; **~ restante** fermo postale m 153

pot vasetto m 159

pot d'échappement tubo m di scappamento 90; marmitta f 82

potages minestre fpl 44

poterie ceramica f

poubelles cassettoni per i rifiuti 30

pouce pollice m 166

poumon polmone m

poupée bambola f 156

pour per

pour demain entro domani 13

pourboire mancia f

pourquoi? perchè? 15; **~ pas?** perchè no? 15

poussette passeggino m

pouvez-vous …? può …? 18; **~-vous me recommander** può consigliarmi 37; **~-vous nous suggérer** può suggerire 123

pouvoir potere 18

présenter: vous présenter presentarle 118

préféré(e) favorito

premier primo 75, 119, 217; **~ classe** prima classe f 74

prendre prendere 140; **je le prends** lo prendo 135; **prenez** prende 125; **j'ai pris …** ho preso …

prénom nome m 23

près vicino 95

près de vicino a 12, 36, 92

présentations presentazioni mpl 118

préservatif preservativo m; profilattici mpl 142

presque quasi

pressé: je suis pressé ho fretta 15

pressing tintoria f 131

prêt pronto 17, 89

prêter: pourriez-vous me prêter …? mi può prestare …?

prêtre prete m

prévenir: prevenez informi 167

prévisions previsioni fpl 122

prie: je vous en prie! prego! 10

printemps primavera f 219

priorité precedenza f 93

prise *(électrique)* spina m elettrica 149

prise électrique presa di corrente f

prison carcere m

prix prezzo m 24; tariffe mpl 74

problèmes problemi mpl 28

prochain prossimo 75, 218

proche vicino(-a) 92

produits de beauté cosmeticci mpl; **~ de nettoyage** articoli mpl di pulizia 149; **~ de toilette** prodotti mpl di toletta 157; **~ surgelés** prodotti mpl surgelati 158

professeur professore(-a) m/f

profession professione f 23; **quelle est votre profession?** che lavoro fa?

profond profondo(-a)

programme des spectacles programma delle manifestazioni 108

promenade passeggiata f 106; **~ en bateau** gita in barca f 97; **faire une ~** fare una passeggiata 124

prononcer pronunciare 11

propre pulito 14, 41

propriétaire proprietario m

A-Z

protestante
protestante 105
provisions provviste fpl 160
puce pulce f
puis poi 13
pyjama pigiama m

Q **quais** binari mpl 73, 76
qualifé addestrato 113
qualité qualità f 134
quand quando 13
quantité quantità f 134
quarante quaranta 217
quart quarto m 217
quart d'heure quarto d'ora m 221
quatorze quattordici 216
quatre quattro 15. 216
quatre-vingt-dix novanta 217
quatre-vingts ottenta 217
quatrième quarto 217
quel bon repas! che pasto squisito! 125
quelqu'un qualcuno(-a) 16
quelqu'un: il y a quelqu'un qui parle …? c'è qualcuno che parla …?
quelque chose qualcosa 16
quelquefois qualche volta 13
quelques alcuni(-e) 15
question domanda f; **pas question!** assolutamente no! 19
qui? chi? 16
quinzaine quindicina f
quinze quindici 216

R **radiateur** radiatore m 91
raisin uva f 160
ralentissez! rallenti!
rame *(métro)* treno m 80
randonnée escursione f a piedi
rapide veloce 14
rapidement presto 17
raquette racchetta f 115
rare raro
rasoir rasoio m 26; **~ électrique** rasoio m elettrico
rayons raggi mpl 82
réceptioniste ricezionista f
réchaud de camping fornello m di campeggio m 31
réclamations reclami f pl 41
recommandé raccomandato
recommander consigliare 21, 37
reçu ricevuta f 42, 89, 152
réduction riduzione f 74, 100; sconti mpl 24
réfléchir: je voudrais réfléchir vorrei pensarci 135
réflecteurs catarinfrangente m 82
réfrigérateur frigorifero m 29
regarder *(exposition etc.)* dare un'occhiata 100
régime: je fais un régime facio una dieta
région regione f 106
règles mestruazioni fpl 167; **~ douloureuses** mestruazioni fpl dolorose 167
rein rene m 166
religion religione f
remonte-pente sciovia f 117
remplir riempire 139
rencontres incontri mpl 126

rendez-vous appuntamento m 148, 163; **prendre ~ pour …** vorrei fissare un appuntamento per … 163

rendez-vous *(point de)* al punto d'incontro m 12

renseignements Informazione Elenco Abbonati 127

renseignements informazioni fpl 70, 97

rentrer à pied rientrare a piedi 65

réparations riparazioni f pl 89, 137

réparer riparare 89; **pouvez-vous le ~?** può ripararlo? 137

repas pasti mpl 24; **repas** pasto m 125

repas pour diabétique piatti mpl per diabetici 39; **~ pour végétariens** piatti mpl vegitariani 39

repasser stirare 137, 146

réparation riparazione f 89

répéter ripetere 11, 94, 128; **vous pouvez ~?** può ripetere? 94

représentant de vente agente m di vendita

réservations prenotazioni f 21

réservé riservato; prenotato 28

réserver prenotare 81, 36, 109

réservoir serbatoio m 82

respirer respirare 165

respirez respiri 165

ressemelage risolatura f

restaurant ristorante m 23

restaurant-grill ristorante specializzato in bistecche 35

rester fermare 23

retard ritardo m 70; **en retard** di ritardo 221

retirer *(de l'argent)* fare un prelievo 139

retourner ritornare 95

retraité in pensione 121

retraités *(personnes)* anziani mpl 100

retrouver, se incontrarci 125; **je vous retrouve** la incontro

rétroviseur extérieur specchietto m retrovisore esterno 90

rétroviseur specchietto m 82

réveil *(pendulette)* orologio m 150

réveil sveglia f 150

réveille-matin risveglio m sveglia f

réveiller svegliare 27

revenir ritornare 98

revoir: je peux vous revoir? posso rivederla? 126

rez-de-chaussée pianterreno m 132

rhumatisme reumatismo m

rhume raffreddore m 142, 164; **~ des foins** febbre f del fieno 142

rideaux tende fpl

rien niente 16; **~ d'autre** nient' altro 15

rire: vous riez ride 126

rivage riva f; litorale m

rivière fiume m 107

rixe rissa f

robe vestito m 145

robinet rubinetto m 25, 28

romantique romantico 101

rond rotondo 134

rose rosa 144

rôti arrosto

roue arrière ruota f posteriore 82; **~ avant** ruota f anteriore 82; **~ de secours** pneumatico m ; gomma f di ricambio 91

rouge rosso 144

rouge à lèvres rossetto m

rue via f; **~ principale** via principale f 96

A-Z

rues commerçantes zona f dei negozi 99
ruisseau ruscello m 107

S **s'il vous plaît** per favore 10, 224; per piacere
sable sabbia f
sabot de Denver ceppo m bloccaruote 86
sac borsa f 67, 157; **~ à dos** zaino m 31, 146; **~ à main** borsetta f 145, 162 **~ de couchage** sacco m a pelo 31; **~ photo** custodia f per macchina fotografica f 152; **~ plastic** sacco m di plastica; sacchetto m di plastica; **~ poubelle** sacco m di plastica per bidoni di spazzatura; **~ vomitoire** sacchetto m di carta 70
sacoche de bicyclette borsello m 82
sacs poubelles sacchetti mpl per i rifiuti 149
saigner perdere sangue 163
salade insalata f 38
salé salato
sale sporco 14
salle à manger (au restaurant) sala da pranzo f 29; **~ d'attente** sala d'aspetto f 73; **~ de bains** bagno m 21, 29; **~ de départ** sala f partenze; **~ de jeux** sala f da giochi 113; **~ de séjour** soggiorno m 29
salon soggiorno m 29
salut! ciao!; arriverderci! 224
salutations saluti mpl
salut! salve!; ciao! 10
samedi sabato m 218
sandales sandali f pl 146
sandwich panino m 40

sandwicherie paninoteca f 33
sang: prise de sang campione m di sangue 165
sans senza; **~ plomb** (essence) verde 87
santé! salute!
satisfait: je ne suis pas satisfait du service non sono soddisfatto del servizio
sauce salsa f 38
saucisses salciccie fpl 160
sauf eccetto
savon sapone m 27, 143
savoir: je sais so 15
seau secchiello m 156
sécurité: je ne me sens pas en securité non mi sento sicuro 65
secours: au secours! aiuto! 224; **sortie de ~** uscita d'emergenza f 132
secrétaire segretario(-a) m/f
sécurité sicurezza f 65, 139
sédatif sedativo m
sein seno m; petto m 166
seize sedici 216
séjour soggiorno m 32
sel sale m 38, 39
selle sellino m 82
self-service automatico m 87
selles: examen des selles campione m di feci 165
semaine settimana f 13, 24, 97, 218
semelle suola f
sentier camino m 107; sentiero m 107
sentiers de randonnée percorsi a piedi mpl 106
sentir, se si sente 165
séparé separato 120
séparément separamente 42
sept sette 13, 216

septembre settembre m 218

séropositif sieropositivo

serrure serratura f 25; 90

service servizio m 42; **~ de chambres** *(hôtel)* servizio m camera 26; **~ de nettoyage complet** servizio m di pulizia completo

services servizi mpl 133

serviette tovagliolo m 39; **~ de bain** asciugamano m 27; **~ en papier** tovagliolo m di carta 149; **~ hygiénique** assorbento m 143

servir: je peux me servir … posso usare … 127

seul solo 120

shampooing shampoo m 143; **~ et mise en plis** shampoo e messa in piega 148

Sicile Sicilia f 119

siège posto m 74

signaler denunciare 161

signature firma f 23

signer firmare 23, 139

silencieux silenziatore m 91

skis nautiques sci mpl d'acqua 116

slip mutande fpl 145; **~ de bain** calzoncini mpl da bagno 145

smoking smoking m

snack bar bar m 73

sœur sorella f 120

soie seta f

soif: j'ai soif ho sete

soins du visage trattamento m per il viso 148

soir sera f 140; **le ~** di sera 220; **ce ~** questa sera 124

soirée festa f 124, 126

soixante sessanta 217

soixante-dix settanta 217

sol *(terrain)* terreno m 31

solarium solarium m 22

soleil sole m 31; **coup de ~** scottatura solare f 142

soliste solista m/f 111

sombre scuro 14; buia 24

somnifère sonnifero m in pillola

son/sa/ses suo/suoi/sua/sue 16

sonnette campanello m 82

sorte: quelle sorte de … che tipo di …

sortie uscita f 83, 132; **~ de secours** uscita f d'emergenza 26

sortir uscire

soupe zuppe fpl 44

sourd sordo 164

sous sotto

sous-sol sottosuolo m

sous-titrage sottotitoli mpl 110

soutien-gorge reggiseno mpl 145

souvenir, se: je ne me souviens pas non mi ricordo

souvenirs ricordi mpl 98

souvent sovente; spesso 13

spécialiste *(médecin)* specialista m 165

spécialités régionales piatti tipici della regione 37

spectacle spettacolo m 112

sport sport m 114

stade stadio m 96

starter starter m 91

station de métro *(lieu d'arrêt)* fermata f della metropolitana f 80

station de métro stazione f metropolitana 96; **~ de taxi** posteggio m tassì 96

station de vacances posto m di villeggiatura

station-service stazione f di servizio 87

A-Z

stationnement parcheggio m 87
statue statua f 99
store tapparella f 25
stupéfiant stupefacente 101
stylo penna f 151
sucette succhiotto m; lecca-lecca m
sucré dolce
sucre zucchero m 38, 39
sucreries dolci mpl 151
sud: au sud al sud 95
suffit: ça suffit! basta! 19
suggérer suggerire 97, 108, 112
suis: je suis io sono
Suisse Svizzera f 119
suisse svizzero
super magnificamente 19
superbe stupendo 101
supérieur superiore 74
supermarché supermercato m
131, 157
supplémentaire supplementare 22
suppositoires supposte fpl 166
sur le/la sulla, sul, sulle
sûr: êtes-vous sûr? siete certo?
surchauffer surriscaldare
surveillance sorveglianza f 113
symptômes sintomi mpl 164
synagogue sinagoga f 105
synthétique sintetica 146
système nerveux systema m
nervoso

T **tabac** tabacco m 151
tabac à pipe tabacco m da
pipa; **bureau de ~** tabaccheria
f 130
table tavolo m 112
table pliante tavola f pieghevole
tableau quadro m

taie d'oreiller federa f per cuscino
taille misura f 147
talc talco m
tampons tamponi mpl 143
tante zia f 120
tapis de sol telo m per il terreno 31
tard tardi; **plus tard** più tardi 125
tarif: quel est le tarif? quanto
costa? 30
tasse tazza f 39, 149
taux de change cambio m 138; **~ de
pollen** conteggio m del polline 122
taxi tassì m 32, 84
teinte tonalità f 144
télécarte carta f telefonica 154
téléphérique funivia f 117
téléphone telefono mt 22, 27, 92;
~ à jeton telefono m a gettone
téléphoner telefonare 127
téléphonez à chiami … 92
télésiège seggiovia f 117
télévision televisione f 22, 25;
~ par câble televisione f via cavo
~ par satellite televisione f via
satellite 22
témoin testimoni mpl 93
température temperatura f 165
temporaire provvisorio 89
temps tempo m 122; **de temps en
temps** occasionalmente
temps libre tempo f libero 98
tension pressione f 165
tente tenda f 30, 31
tenue de soirée abiti mpl da
sera111; **~ de ville** abbigliamento
m casuale
terrain de golf campo m di golf 115;
~ de sports campo m sportivo 96
terrible terribile 101
tête testa f 166
tétine tettina; tettarella f

thé tè m 40, 157

théâtre teatro m 99, 110

thermomètre termometro m

ticket de caisse ricevuta f 136

tiers terzo m 217

timbres francobolli mpl 151, 153

tire-bouchon cavatappi m 149

tire-fesses sciovia f 117

tissus stoffe fpl 146

toilettes gabinetti mpl 25, 98, 224;
toilette fpl 29, 39, 98

toit tetto m

toit ouvrant tetto m apribile 90

tomate pomodoro m 51

tomber en panne avere un guasto
88

ton/ta/tes tuo/tua/tuoi/tue 16

torche torcia f 31

torrent torrente m 107

torticolis torticollo m

tôt: plus tôt più presto 125

totalement totalmente 17

toujours sempre 13

touriste turista m/f

tourner girare 95

tournevis cacciavite m 149

tournez giri 95

tous tutti; ~ **les jours** giornalmente;
ogni giorno

tousser tossicare 165

toussez tossica 165

tout de suite immediatamente 13

tout droit sempre diritto 95

toutes tutte; ~ **les heures** ogni ora
76

toux tosse f 142

toxique velenoso

traducteur(euse) traduttore m;
traduttrice f

traduction
traduzione f

traduire tradurre 11

train treno m 13,
72, 123

traiteur salumeria f 130

tram tram m

tramway tram m 79

tranche fetta f 40, 159

transit: en transit in transito m 66

traumatism crânien: il a un ~ ha un
traumatismo cranico

travailler: je travaille à mon compte
lavoro in proprio 121

travers, à attraverso

treize tredici 216

trente trenta 217

très molto 17, 100; ~ **bien** molto
bene 19

trois tre 15, 216

troisième terzo 217

trop troppo 15, 41, 117; ~ **vite**
troppo veloce 17

trottoir marciapiede m

trou buco m

trouver trovare 18

tunnel *(galerie)* tunnel m; galeria f

turc turco 35

TVA IVA (Imposta Valore
Aggiunto) 24

U **ulcère** ulcera f
un uno 15, 216

une una; ~ **fois** una volta 76, 217

uni(e) unito

uniforme uniforme f

unité unità f 154

urgent: c'est urgent è un'emergenza
f 127

utile utile 19

V

vacance vacanza f 66, 123

vacciné vaccinato 165

vaisselle stoviglie fpl 29, 149

valeur valore m 154; **de grande ~** di gran valore

valide valido 136

valises valige fpl 69; **faire les ~** fare le valige

vallée valle f 107

valve valvola f 90

végétarien vegetariano 35, 39

veilleuse lume f da notte

veine vena f 166

vélo bicicletta f 162; **~ à 3 vitesses** bici a tre marce f 83

vendeur(euse) venditore; m commesso(-a) m / f

vendredi venerdì m 13, 218

venir venire; **~ chercher** venire a ritirare 109

vent ventoso 122

vente vendite f 121

ventilateur ventaglio m

ventilateur (voiture) ventilatore m 91

verglas: il y a du ~ è ghiacciato 122

vérifier: pourrez-vous vérifier … potete verificare …

véritable vero 150

verre bicchiere m 37, 39, 167

vers verso 12, 13; circa

version: en version originale in lingua originale f 110

vert verde 144

vertige: j'ai le vertige ho il capogiro

vessie vescica f 166

veste giacca f 145

vestiaire guardaroba f 109

viande carne f 41, 46

vide vuoto 14

vieille ville città storica f 96, 99

vieux vecchio 14

vigne vite f 107

villa villa f 28

ville città f

vin vino m 49

vin blanc vino bianco m 40; **~ rouge** vino rosso m 40

vinaigrette pinzimonio m 38

vingt venti 216

viol stupro m 161

violet viola 144

visa visa

visage faccia f; viso m 166

visière antiabbagliante m 82

visite guidée visita guidata f 100; **~ médicale** visita f medica; **~ touristique** (de la ville) giro turistico m

visiter visitare; **~ des lieux intéressants** visitare luoghi d'interesse

vite presto 17

vitre lunotto m 90

vitrine vetrina f 150

voici, le/la … eccolo(-a) 17

voici, les eccoli(-e) 17

voie ferrée ferrovia f

voilà: le/la ~ è là; **les ~** sono là 17

voir vedere 18, 98; **me faire ~** far mi vedere 133

voiture auto f 123

voiture auto m 81, 86; automobile f 12, 85; macchina f 17; **~ de location** auto noleggiata f 162; **~ automatique** con cambio automatico m 86; **en ~** in auto 95

vol (avion) volo m 68; **~ charter** volo m charter; **~ de ligne** volo m di linea

volant volante m 90

volé derubato 162

voler: on m'a volé mes bagages il mio bagaglio è stato rubato 71

voleur ladro m

voleur: au voleur! al ladro! 224

vols furti mpl 162

voltage voltaggio m

vomi vomitato

vomir vomire 164; **je suis sur le point de vomir** sono sul punto di vomitare

votre/vos vostro/vostri/vostra/ vostre 16

voudrais (je) vorrei 14, 18, 129. 159

vouloir dire *(signifier)* significare 11

voyage viaggio m 76, 77;
~ **d'affaires** per affari 123;
~ **en bateau** gite in barca fpl 81

vrai: c'est vrai è vero; **ce n'est pas ~** non è vero

vraiment? davvero? 19

VTT MTB f 83

vue: avec vue sur la mer con vista sul mare

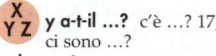 **wagon** carrozza f 75
wagon-lit vagone letto m 74, 77

wagon-restaurant vagone ristorante m 75, 77

WC bagno m 29

weekend fine settimana f 218

X Y Z **y a-t-il ...?** c'è ...? 17; ci sono ...?

yacht yacht m

yaourt yogurt m 160

zéro zero 216

zone piétonnière zona pedonale f 96

zut! maledizione! 19

Lexique

Ce lexique italien-français couvre tous les domaines dans lesquels vous pourriez devoir décoder l'italien écrit: hôtels, édifices publics, restaurants, magasins, billetteries et transports. Il vous aidera également à lire les formulaires, plans, étiquettes de produits, signaux routiers et notices d'utilisation (pour téléphones, parcomètres etc.).

Si vous ne rencontrez pas le signe exact, il se peut que vous trouviez des mots clés ou termes énoncés séparément.

A

a passo d'uomo très lentement

a proprio rischio aux risques du propriétaire

a scelta au choix…

a stomaco vuoto l'estomac vide

abbazia abbaye

abbigliamento per bambini vêtements pour enfants

abbigliamento per signora vêtements pour dames

abbigliamento per uomo vêtements pour hommes

abbigliamento sportivo vêtements de sport

abiti per uomo vêtements pour hommes

accendere i fari/luci allumez vos phares

accettazione admissions

acciaio acier

accostarsi a sinistra/destra rester à gauche/droite

aceto vinaigre

acqua non potabile eau non potable

acqua potabile eau potable

aereo avion

affittasi camere chambres à louer

affittasi appartamento appartement à louer

agenzia di assicurazioni agence d'assurances

agenzia di viaggi agence de voyages

agenzia immobiliare agence immobilière

aggiornato reporté

agitare prima dell'uso bien secouer avant l'usage

ai binari vers les quais

al coperto couvert, intérieur

albergo hôtel

alianti vol à voile

alimentari épicerie

alimenti surgelati aliments surgelés

aliscafo hydroptère

all'aperto extérieur/en plein air

allacciare le cinture attachez vos ceintures

alle cabine vers les cabine

alpinismo alpinisme, rappel

alpinismo da roccia escalade libre

alt halte

alta tensione haute tension

altezza altitude

altezza massima … metri hauteur maximale … mètres

altitudine altitude

ambasciata ambassade

ambulatorio oculistico clinique ophtalmologique

ancora meglio amélioré

andata aller simple

andata e ritorno aller-retour

andata semplice aller simple

anti-urto anti-chocs

antiquario magasin d'antiquités

aperto ouvert

aperto tutti i giorni anche la domenica ouvert chaque jour, dimanche inclus

aprire qui ouvrir ici

area di ristoro aire de repos

area di servizio halte routière

argenteria magasin d'argenterie

argento argent

aria condizionata climatisation

aromi (naturali) aromatisants (naturels)

arredi per arredamento tissus d'ameublements

arrivi arrivées
articoli di bellezza e profumeria produits de beauté
articoli per cucina équipements de cuisine
articoli per il bagno accessoires de salle de bains
articoli per la camera da letto accessoires de chambre à coucher
ascensore ascenseur
aspettare il proprio turno prière d'attendre votre tour
aspettare il tono attendez la tonalité
attendere prego prière d'attendre
attenti ai ladri prenez garde aux voleurs à la tire
attenti al cane attention au chien
attenzione ghiaia projection de graviers
attenzione non scendere il gradino prima dell'apertura della porta ne pas descendre les marches avant l'ouverture des portes *(bus)*
attenzione, prego attention
attenzione, questa macchina non da resto cette machine ne rend pas la monnaie
attenzione, … avviso/avvertimento attention/avertissement
attesa di … minuti circa attente: d'environ … minutes.
attrezzatura per pesca subacquea équipement de pêche sous-marine
attrezzatura per scuba équipement de plongée sous-marine
autonoleggio location de voitures
autostoppista auto-stoppeur
autostrada autoroute
autunno automne
avanti traversez maintenant

B **bagno** toilettes

    bagno schiuma bain mousse
baia baie
balconata première de balcon
balcone balcon
ballo ballet
bambini enfants
bambini solo se accompagnati interdit aux enfants non accompagnés
banca banque
banco di pesce échoppe de poissonnier *(au marché)*

bancomat distributeur automatique de billets de banque
barca a remi barque à rame
barca a vela voilier, yacht
batelli di salvataggio canots de sauvetage
batello a vapore bateau à vapeur
belvedere belvédère
benvenuti! bienvenue
benzina essence
bevande analcoliche boissons sans alcool
bevande extra boissons non incluses
bevande incluse boissons incluses
bibite fresche e snacks rafraîchissements disponibles
biblioteca bibliothèque
biglietteria billetterie
biglietti billets
biglietti per oggi billets pour aujourd'hui
biglietto di andata e ritorno billet aller-retour
biglietto ordinario billet ordinaire
biglietto settimanale billet hebdomadaire
binario quai
biodegradabile biodégradable
birra bière
borse sacs à main
bracciole flotteurs
bretella bretelle
burrone profondo canyon

C **cabina** cabine (de bain)

    cabina di ponte pont cabine
caduta massi chute de pierres
caduta slavine risque d'avalanche
calcio football; calcium
calle rue *(à Venise)*
calzolaio cordonnier
cambiare a changer à
cambiare per correspondances/autres lignes (métro)
cambio taux de change
cambio valute bureau de change
Camera dei Deputati chambre des députés
camere libere chambres libres
camerini loges
camion camion

A-Z

campeggio camping
campi di tennis courts de tennis
campo champ
campo di battaglia champ de bataille
campo giuochi/sportivo terrain de jeux/sports
cancellato annulé
cancello grille/portail
canna da pesca canne à pêche
canoa canoe
canottaggio canoéisme, aviron
cantante chanteur
cantante lirica chanteur d'opéra
canto Gregoriano chant Grégorien
capella chapelle
Capodanno Jour de l'an
capolinea terminus
capsule capsules
carne viande
carozza autocar
carozza non fumatori compartiment non-fumeurs
carozza/vagone ristorante voiture-restaurant
carrelli chariots
carta d'imbarco carte d'embarquement
carta riciclata papier recyclé
cartelle cliniche dossiers médicaux
cartoleria papeterie
casa maison
casa di cura privata clinique privée
casa patrizia maison patricienne
cascata cascade
casco casque de protection
cassa caisse
cassa di risparmio caisse d'épargne
cassa rapida caisse rapide
cassette caissons à bagages; cassettes
cassieri caisses
castello château
catena di montagne chaîne de montagnes
cavalcavia pont routier
centralino/centralinista standardiste
centrifuga centrifuger
centro città centre-ville
centro commerciale centre commercial
centro congressi salle des congrès
centro direzionale district commercial
centro sportivo centre sportif
cereali céréales

check-in comptoir d'enregistrement
chiamare ... per il ricevimento pour appeler la réception, composez ...
chiamare ... per una linea esterna pour une ligne extérieure, composez...
chiesa église
chilometro kilomètre
chirurgia chirurgie
chiudere il cancello fermer la grille/portail
chiudere la porta fermer la porte
chiuso (per restauro) fermé (pour restauration)
chiuso al traffico fermé à la circulation
chiuso fino a ... fermé jusqu'à ...
chiuso per ferie fermé pour congé
chiuso per pranzo fermé à l'heure du déjeuner
chiuso per rinnovo locali fermé pour réparations
chiusura festiva fermeture pour congés
chiusura settimanale fermeture hebdomadaire
ciambella bouée
ciclismo cyclisme
ciniglia chenille
cinte ceintures
cintura di salvataggio ceinture de sauvetage
cioccolateria confiserie
circo cirque
circonvallazione périphérique
città ville
città universitaria cité universitaire
città vecchia ville ancienne
cittadini extracommunitari citoyens n'appartenant pas à l'UE
cognome nom de famille
collina/colle colline
colonna sonora bande sonore
colori resistenti grand teint
comando polizia/comando Carabinieri commissariat de police
comincia alle ore ... commence à ...
commissioni commissions
completo complet
compreso inclus
compreso nel prezzo compris dans le prix
compresse comprimés
compri due paghi uno 1 gratuit à l'achat de 2
compriamo a ... (devise) achetée à ...

204

compro e vendo ... nous vendons et achetons...

comunicazioni interurbane/internazionali/intercontinentali (con operatore) appel longue distance (avec opérateur): interurbains/international/intercontinental

con bagno avec salle de bains attenante

con sottotitoli sous-titré

con vista sul mare avec vue sur la mer

concerto concert

conservanti conservateurs

consiglio per la consumazione suggestions de service

consultare il proprio medico prima dell'uso consultez votre médecin avant l'utilisation

consumare entro il ... consommer de préférence avant ...

contatore della luce compteur d'électricité

contenitore per batterie i vetro/aluminio/latta/plastica conteneur pour batteries/bouteilles/aluminum/boîtes de conserve/plastique

conto compte

conto corrente compte courant

contorni vari choix de légumes

contro la forfora antipelliculaire

controcoperta pont supérieur

controllo contrôle

controllo valuta contrôle des devises

convalidare il biglietto (prima della prossima fermata/prima di salire sul treno) compostez votre ticket (avant le prochain arrêt de bus/avant d'embarquer dans le train)

coperto couvert

corsa di levrieri course de lévriers

corsi di cavallo courses de chevaux

corsia allée/voie

corsia ciclabile piste cyclable

corsia d'emergenza bande d'urgence

corsia di sorpasso zone de dépassement

corsia preferenziale ne pas traverser

corso semplice sens unique

costa côte

costiera précipice

costo per chilo (Kg)/etto/litro/metro prix au kilo/à l'hecto/au litre/au mètre

cotone coton

crema per le mani crème pour les mains

crociere croisières

cucina cuisine

cuffie obbligatorie bonnet de bain obligatoire

cuoio cuir

cura intensiva soins intensifs

curva pericolosa virage dangereux

curve per ... Km virages sur ... kilomètres

D **da consumarsi entro il ...** consommer de préférence avant ...

da non prendere per via orale ne pas administrer par voie orale

da ... a .../dalle ore... alle ore ... de ... à ...

danza danse

danza classica ballet

danza folcloristica danse folklorique

dare la precedenza céder le passage

darsena port/darse

data di nascita date de naissance

degustazione vini dégustation de vin

della casa fait maison

della stagione en saison

deltaplano deltaplane

depositi dépôts

deposito ambulanze poste d'ambulances

deposito bagagli consigne

deviazione déviation

deviazione per camions/TIR déviation pour camions

di giornata frais du jour

diagnosi e cura salle de soins

diapositive diapositives

diga barrage/digue

diocesi diocèse

diretto direct

direttore directeur

disco orario disque *(bleu)* de stationnement

dissolvere in acqua dissoudre dans l'eau

divieto d'attracco interdiction d'amarrer

divieto di balneazione baignade interdite

divieto di campeggio camping interdit

divieto di ingresso esclusi i mezzi degli handicappati accès uniquement réservé aux véhicules de personnes handicapées

A-Z

divieto di ingresso escluso veicoli autorizzati réservé aux véhicules avec autorisation
divieto di scarico défense de déverser des détritus
divieto di sorpasso défense de dépasser
divieto di sosta défense de stationner
docce douches
dogana douanes
domani demain
domenica dimanche
Domenica delle Palme dimanche des Rameaux
domicilio adresse du domicile
donne dames
dopo i pasti après les repas
dopobarba (lotion) après-rasage
doposole après-soleil
doppiato doublé
doppio senso (circulation) à double sens
durante i pasti avec les repas

E edicola marchand de journaux
edificio pubblico édifice public
elenco telefonico annuaire
elicottero hélicoptère
emergenza urgence
emergenza sanitaria urgence médicale
entrata entrée
Epifania Epiphanie (6 janvier)
equitazione équitation
esaurito épuisé
esibire documenti/carta d'identità/passaporto pièce d'identité nécessaire
esibire la ricevuta sul paravento placez le ticket derrière le pare-brise
estate été
estero étranger
estintore extincteur
estuario estuaire
etto hecto
extra supplément

F fabbrica usine
fantascienza science-fiction
farina di frumento farine de blé

farina integrale fermenti lattici vivi farine de blé complète
farmacia pharmacie
faro marina phare
fatto su misura fabriqué sur mesure
fattore 8 facteur 8 (lotion solaire)
fattoria ferme
febbraio février
fermata arrêt de bus
fermata a richiesta arrêt facultatif
fermata del tram arrêt de tram
Ferragosto mi- août
ferro fer
ferrovia chemin de fer
Festa del Lavoro Fête du Travail (1er mai)
Festa dell'Assunzione Jour de l'Assomption (15 août)
Festa dell'Immacolata Concezione Jour de l'Immaculée Conception (8 décembre)
Festa della liberazione Fête de la Libération (25 avril)
festa nazionale Fête nationale (6 juin)
fibre alimentari fibres alimentaires
fiera foire
fila rangée
film d'orrore film d'horreur
filobus trolleybus
filosofia philosophie
fine autostrada/superstrada fin d'autoroute
fine deviazione fin de déviation
fine lavori stradali fin des travaux routiers
finestrino fenêtre (siège côté fenêtre)
finire la cura/il trattamento terminer le traitement
fino a … jusqu'à …
fioraio fleuriste
Firenze Florence
firma signature
fiume fleuve, rivière
fon sèche-cheveux
Fondamenta le long des canaux (Venise)
fontana fontaine
formaggio fromage
fortezza forteresse
fotottico magasins d'articles de photographie
fragile – vetro fragile – verre
frana glissement de terrain
francobolli timbres
franchigia bagagli admission des bagages

freno d'emergenza frein de secours
fresco frais
frontiera frontière
frutta fruits
fruttivendolo marchand de légumes
fumetti bandes dessinées
funivia téléphérique
funzione religiosa office eucharistique
fuochi d'artificio feux d'artifice
fuori servizio hors d'usage

G gabinetti toilettes
  gabinetti pubblici toilettes
  publiques
galleria centre commercial; première de
  balcon; galerie
galleria chiusa tunnel *(de montagne)*
  fermé
galleria d'arte galerie d'art
gara concours/course
gas per campeggio camping-gaz
gennaio janvier
Genova Gênes
genuino véritable
ghiaccio glace
ghiaccio nero verglas
giardini pubblici parcs
giardino jardin
giardino botanico jardin botanique
ginocologo gynécologue
giocatoli jouets
gioielleria bijouterie
giornalaio marchand de journaux
giorni feriali jours de semaine
giovedì jeudi
giugno juin
gocce gouttes
gola gorge
gomma caoutchouc
grassi (teneur en) graisses
grassi vegetali graisses végétales
grotta grotte
gruppi groupes
guanti, cinte e sciarpe gants, ceintures et
  écharpes
guardaroba vestiaire
guida ai piani guide de magasin

H hockey su ghiaccio hockey sur
  glace

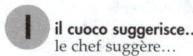

I il cuoco suggerisce…
  le chef suggère…
il migliore del mondo le
  meilleur au monde
imbarco ad uscita n° …
  embarquement, porte n°. …
imbarco immediato embarquement
  immédiat
immigrazione contrôle de l'immigration
in casi di guasti telefonare al numero …
  en cas de panne, appelez/contactez …
in funzione sistema di vigilanza/allarme
  système de surveillance/d'alarme en
  fonctionnement
incrocio croisement
indirizzo adresse
indirizzo di casa adresse du domicile
industria cinematografica industrie du
  cinéma
informazioni bureau d'informations,
  réception
informazioni elenco abbonati
  renseignements
informazioni nutirizionali informations
  nutritionnelles
ingoiare intere avaler d'une traite
ingrandimento service d'agrandissement
ingresso accès uniquement, entrée
ingresso libero entrée libre
ingresso per gli handicappati entrée
  réservée aux personnes handicapées
ingresso per soli residenti accès réservé
  aux résidents
inizia alle ore … commençant …
inizio autostrada entrée d'autoroute
inizio spettacolo lever du rideau
innestare la prima marcia prima di
  lasciare la macchina maintenez la
  première vitesse enclenchée avant de
  quitter votre véhicule
inserire monete introduisez la monnaie
inserire carta di credito introduisez la
  carte de crédit
inserire il denaro nella macchina e ritirare
  il biglietto introduisez l'argent dans la
  machine et reprenez le ticket
inverno hiver
inversione di marcia changement de
  direction
irritante per gli occhi e la pelle irrite les
  yeux et la peau

A-Z

isola pedonale zone réservée aux piétons
istituto di credito institut de crédit
istruzioni per l'uso instructions d'utilisation
itinerario naturale sentier d'initiation à la nature
itinerario panoramico route touristique
itinerario turistico route touristique
IVA TVA
IVA compreso/incluso TVA incluse

lago (artificiale) lac (artificiel)
lana laine
latte e latticini produits laitiers
latteria laitier
lavaggio macchine poste de lavage
lavanderia blanchisserie
lavare a mano lavage à la main uniquement
lavare in acqua fredda/tiepida laver dans de l'eau froide/tiède
lavori in corso (a ... metri) travaux routiers (à ... m)
leggere attentamente le istruzioni prima dell'uso lisez attentivement les instructions avant l'utilisation
legno bois
lettino petit lit
lettura di poesie récital de poésie
levate alle ore ... heures de la levée
libero libre *(à louer)*
libreria librairie
libretto di circolazione/documenti carte grise/documents
lino lin
liquidazione solde
liquori liqueurs
lista menu
Livorno Livourne
locanda pension de famille
luna park parc d'attractions
lunedì lundi
Lunedì dell'Angelo lundi de Pâques
luogo di nascita lieu de naissance

M macchina voiture
macelleria boucherie
magazzino grande surface
maggio mai
mare mer
mare mosso mer démontée
marionette marionnettes
marmellate e conserve confitures et conserves
martedì mardi
marzo mars
maternità maternité
mattina du matin
medico médecin
meglio se servito fresco servir frais de préférence
meno di 8 articoli 8 articles maximum
menù fisso menu à prix fixe
menù turistico menu touristique
mercato marché
mercato coperto marché couvert
(la) merce non può essere cambiata les marchandises ne sont pas échangées
merce da dichiarare marchandises à déclarer
mercoledì mercredi
messa messe
messa vespertina vêpres
metallo métal
metropolitana/metro métro
mezza pensione demi-pension
mimo mime
miniera mine
misura unica taille unique
mittente expéditeur
mobili ed arredamenti mobiliers
mobilificio entrepôt de mobilier
molo port *(embarquement)*
molta neve (neige) lourde
monastero monastère
monsignore monseigneur
montagna montagne
monumenti antichi monuments antiques
monumento (ai caduti) monument (aux morts)
monumento di interesse turistico monument d'intérêt historique
monumento storico monument historique
mulino moulin
mulino a vento moulin à vent
multicine cinéma multiplex

municipio hôtel de ville
muro mur
museo musée
musica musique
musica da camera musique de chambre
musica dal vivo concert en direct
musica lirica opéra

N **Napoli** Naples
Natale Noël
nave navire
nazionalità nationalité
nebbia brouillard
negozio di musica disquaire
neve neige
neve artificiale neige artificielle
neve bagnata neige humide
neve fresca neige fraîche
neve ghiacciata neige verglacée
neve leggera neige poudreuse
niente flash flashes photographiques interdits
niente resto montant exact/ne rend pas la monnaie
niente rimborsi nous ne remboursons pas
no candeggia ne se décolore pas
nocivo nocif
noleggio à louer
noleggio abiti/vestiti location de costumes
nome nom
nome dei figli nom des enfants
nome del coniuge nom du conjoint
nome di famiglia nom de famille
nome di ragazza nom de jeune fille
non allacciato non raccordé
non appoggiarsi alla porta défense de s'appuyer contre la porte
non asciugare al sole ne pas sécher au soleil
non avvicinarsi défense d'approcher
non bruciare ne pas brûler
non calpestare il prato/l'erba défense de marcher sur la pelouse
non compreso non inclus
non danneggia le pellicole ne nuit pas aux pellicules
non esporre a fonti di calore ne pas exposer à la chaleur
non gettare rifiuti ne pas jeter les ordures
non incluso non inclus

non lasciare bagagli incustoditi surveillez toujours vos bagages
non lasciare oggetti di valore nell'automobile ne laissez pas d'objets de valeur dans votre voiture
non parlare al conducente prière de ne pas parler au conducteur
non più di 4 persone maximum 4 personnes
non scongelare prima di cucinare cuire sans décongeler
non si accetta nessuna responsabilità per danni o furto la direction décline toute responsabilité en cas de dommages ou de vol
non si accettano assegni nous n'acceptons pas les chèques
non si accettano carte di credito nous n'acceptons pas les cartes de crédit
non stirare ne pas repasser
non superare 375 kg ne pas excéder 375 kilos *(dans les ascenseurs)*
non toccare défense de toucher
non usare candeggia ne pas décolorer
nulla da dichiarare rien à déclarer
numero di targa numéro minéralogique
numero verde numéro vert
numeri di emergenza numéros de téléphones d'urgence
numeri utili numéros utiles
numero del passaporto numéro de passeport
numero della carta di credito numéro de carte de crédit
numero di soccorso pubblico di emergenza numéro général d'urgence
numero di volo numéro de vol
nuoto natation

O **occupato** occupé
offerta speciale offre spéciale
officina meccanica réparations automobiles
oggetti elettrici appareils électriques
oggetti smarriti objets perdus
oggi aujourd'hui
ogni ... ore toutes les ... heures
Ognissanti jour de la Toussaint *(1er novembre)*

A-Z

olio huile
omaggio … % se spendi più di … ristourne de … % si vous achetez pour plus de …; cadeau gratuit
ombrellone parasol
omeopatico homéopathe
operatore standardiste/opérateur
orari horaires
orario heures d'ouverture/de visites
orario continuato ouvert toute la journée
orario di visite heures de visites
orchestra sinfonica orchestre symphonique
24 ore su 24 service 24 heures sur 24
oreficeria orfèvrerie
originale original
oro or
ospedale hôpital
ospizio hospice
osservatorio observatoire
ostello della gioventù auberge de jeunesse
ottico opticien
ottobre octobre
ottone laiton

P **pacchi** colis
padiglione pavillon
padre père
pagare alla cassa *(prière de)* payer à la caisse
pagare qui *(prière de)* payer ici
pagato (grazie) payé *(avec remerciements)*
pagine gialle pages jaunes
palco (pl. palchi) boîte
palude marais, marécage
pane pain
panificio boulangerie
paracadutismo parachutisme
parcheggio stationnement *(permis)*; parc-autos
parcheggio libero stationnement gratuit
parcheggio per biciclette terrain de stationnement pour bicyclettes
parcheggio per soli residenti réservé aux résidents
parcheggio riservato ai clienti stationne-ment réservé à la clientèle
parcheggio sotterraneo garage sous-terrain

parcheggio vietato/divieto di sosta stationnement interdit
parrucchiere coiffeur/styliste
partenze départs
partita match
Pasqua Pâques
passaggio a livello passage à niveau
passaggio sotterraneo passage sous-terrain
passo carrabile passage pour voitures
pasticceria pâtisserie
pattini patins
pedaggio péage
pedoni piétons
pelle cuir
pellicola pellicule
pendenza pente
penisola péninsule
pensione completa pension complète
pensione pension de famille
per vegetariani *(convient)* aux régimes végétariens
per … giorni pour … jours
percorso del traghetto parcours du ferry
percorso per autobus/pullmans parcours du bus/de l'autocar
pericolo danger
pericolo di bufere avis de tempête
pericolo di burrasche avis de bourrasques
pericolo di ghiaccio route verglacée
pericolo di slavine risque d'avalanches
pericoloso dangereux
personale personnel
pesce pêche; pêche à la ligne
pesca fresca poisson frais
pesce surgelato poisson surgelé
pescheria poissonnerie
pesistica haltérophilie
piatti pronti du four à la table
piatto del giorno plat du jour
piazza place
picco pic
piccola colazione petit dejeuner
piccoli prezzi grande qualità petits prix, grande qualité
pillole pillules
pinacoteca pinacothèque
pioggia pluie
piscina piscine
piscina per tuffi bassin de plongeon
pista bianca piste blanche

pista blu e pista rossa piste bleue et piste rouge
pista chiusa piste fermée
pista ciclabile piste cyclable
pista nera piste noire
pista per principianti piste pour débutants
pista pericolosa pente dangereuse
platea orchestre
polizia police
polizia stradale police de la route
pollame volaille
poltrona n° fauteuil
pomata pommade
pomeriggio après-midi
pompa pompe
ponte pont
ponte basso (altezza ... m.) pont bas (hauteur ... m.)
ponte di coperta pont supérieur
ponte di passeggiate pont-promenade
ponte levatoio pont-levis
porta porte *(d'une ville)*; porte
porta antincendio porte coupe-feu
porta automatica porte automatique
portiere notturno portier de nuit
porto port
posta poste
posto corridoio place côté allée
posto fumatore place fumeur
posto non fumatore place non-fumeur
posto n° place
posto riservato agli invalidi place réservée aux invalides
pozzo puits
PP.TT. bureau de poste
prato (campeggio) (terrain de camping) herbeux
prefisso code régional
preghiera prière
prelievi retraits
prelievi di sangue prélèvements sanguins
prendere il biglietto prendre le billet
prendere la ricevuta dalla cassa automatica retirer le reçu à la caisse automatique
prenotazione biglietti réservation des billets
prenotazioni réservations, commandes à l'avance
prezzi fissi prix fixes
prezzi speciali per gruppi tarif spécial pour les groupes

prezzo tarif
prezzo al litro prix au litre
prezzo per chilo (kg)/etto prix au kilo/à l'hecto
prima classe première classe
prima dei pasti avant les repas
prima di coricarsi avant le coucher (posologie)
primavera printemps
primo piano premier étage
prodotti antiallergici produits antiallergiques
prodotti di bellezza produits de beauté
proibito circolare nella chiesa durante le funzioni liturgiche/durante la santa messa défense d'entrer pendant les offices
pronto intervento services d'urgence
pronto soccorso accident et urgence
proprietà privata propriété privée
prossima levata alle ore ... prochaine levée à ...
prossima visita guidata alle ore ... prochaine visite guidée à ...
punto d'imbarco point d'embarquement
punto d'incontro lieu de rencontre
punto di raduno point de rassemblement

Q **questa macchina non da resto** cette machine ne rend pas la monnaie
questa sera/stasera ce soir
qui si vendono carte telefoniche cartes de téléphone en vente ici

R **racchetta** raquette
raccordo anulare périphérique
raggi rayons
rallentare ralentissez
rallentare, scuola/bambini attention, école/enfants
reclamo bagagli récupération des bagages
referti rapports *(résultats des analyses)*
regali cadeaux
reggersi ai corrimano tenez-vous à la main courante (escalier roulant)
resto massimo (L.2000) monnaie maximale rendue (L.2000)

A-Z

ricambi per auto magasin d'accessoires /pièces de rechange pour automobiles
ricevimento réception
riduzioni ristournes
rifugio refuge (pour skieurs)
rilasciato il ... da ... délivré le ... par ...
rimozione forzata les véhicules en stationnement interdit seront enlevés
rio ruisseau (poétique/canal à Venise)
riparazioni réparations
riserva d'acqua réservoir d'eau
riserva naturale réserve naturelle
riservato réservé
ritardo ajourné
rocca château, forteresse
roccia (campeggio) rocailleux (site de camping)
romanzi romans
rompere il vetro in caso di pericolo brisez la vitre en cas d'urgence
rotatoria (a ... metri) giratoire (à ... mètres)
roulotte remorque / caravane
rubinetto robinet
rupe précipice

S sabato samedi
sabbia mobile sables mouvants
sala banchetti salle de banquets
sala congressi/conferenze salle de conférences
sala d'attesa salle d'attente
sala da pranzo salle à manger
sala giochi salle de jeux
sala operatoria salle d'opération
sala passeggeri salle d'attente
sala TV salle de télévision
saldi liquidation
sale sel
salita montée
salotto salon; salle d'attente
salvagenti gilets de sauvetage
San Gennaro Saint-Janvier *(19 septembre, Naples)*
San Giovanni Battista Saint-Jean-Baptiste *(24 juin, Florence)*
San Marco Fête de Saint-Marc *(25 avril, Venise)*

San Pietro e Paolo Fête de Saint-Paul et Saint-Pierre *(29 juin, Rome)*
San Silvestro veillée de la Saint-Sylvestre
Sant'Ambrogio Fête de Saint-Ambroise *(7 décembre, Milan)*
Santo Stefano lendemain de Noël *(26 décembre)*
sanzioni per i trasgressori toute intrusion sera poursuivie
sanzioni per i viaggiatori senza biglietto amende infligée à tout voyageur sans billet
sanzioni se viaggiate senza biglietto amende infligée à tout voyageur sans billet
saporito savoureux
scadenza della carta di credito date d'expiration de la carte de crédit
scala d'emergenza escalier de secours
scala mobile escalier roulant
scarico merci livraisons uniquement
scarpata escarpement
scarponi da sci chaussures de ski
schiuma per la barba mousse à raser
sci ski
sci di fondo ski de fond
sci nautico ski nautique
sciovia tire-fesses
sconto di ... % se spendi più di ... ristourne de ... % si vous achetez pour plus de ...
scuola école
scuola rallentare ralentir, école
sdraia chaise longue
se i sintomi persistono consultare il proprio medico si les symptômes persistent, consultez votre médecin
seconda scelta solde
secondo piano deuxième étage
segale seigle
seggiovia télésiège
selezionare destinazione/zona sélectionnez la destination
semaforo provvisorio feux de signalisation temporaires
senso unico sens unique
sentiero sentier
senza grassi exempt de graisse
senza intervallo sans entracte
senza piombo sans plomb
senza zucchero sans sucre
sereno *(temps)* ensoleillé
servizio *(frais de)* service

212

servizio compreso/incluso service inclus
servizio di camera service de chambre
servizio diretto service direct
servizio immediato service immédiat
servizio non incluso *(frais de)* service non compris
servizio notturno service de nuit
seta soie
si accettano gruppi groupes bienvenus
si accettano carte di credito nous acceptons les cartes de crédit
si prega consegnare le borse prière de laisser vos sacs ici
si prega controllare il resto vérifiez votre monnaie
si prega di aspettare dietro la linea prière d'attendre derrière la barrière
si prega di non consumare cibo nella camera prière de ne pas manger dans la chambre
si prega fare un contributo prière de payer une contribution
si prega mantere il silenzio durante le funzioni religiose silence, office en cours
si prega pulire la camera prière de faire la chambre
si prega rispettare questo luogo sacro veuillez respecter ce lieu de culte
si prega tenere il biglietto veuillez garder votre billet
sicurezza sécurité
signore dames *(toilettes)*
signori hommes *(toilettes)*
slittino luge
soccorso stradale services de dépannage
solista soliste
solo ciclisti réservé aux cyclistes
solo contanti argent liquide uniquement
solo giorni feriali jours de semaine uniquement
solo giorni festivi les jours de fête
solo per gli abbonati réservé aux abonnés
solo per uso esterno usage externe uniquement
solo rasoi rasoirs uniquement
solo residenti réservé aux résidents
solo stasera/una serata pour une nuit uniquement
sono previste sanzioni per chi non può esibire lo scontrino fiscale/il biglietto vous risquez une amende si vous ne gardez pas votre billet/reçu

sopra il livello del mare au-dessus du niveau de la mer
sopraelevata surélevée (autopont)
sorgente source
spegnere il motore éteignez votre moteur
spettacolo spectacle
spettacolo serale représentation du soir
spettatori spectateurs
spiaggia plage
spiaggia per nudisti plage pour nudistes
spingere pousser
spogliatoi vestiaires/cabines d'essayage
SQ en fonction des disponibilités
squisito délicieux
staccare la corrente prima di (togliere) déconnecter du secteur avant de (couper)
stampa e sviluppo magasin d'articles photographiques
stampe estampes
stazione degli autobus arrêt de bus/gare autoroutière
stazione di pedaggio cabine de péage
stazione di servizio station-service
stazione ferroviaria gare ferroviaire
stirare a temperatura bassa repasser à température basse
storia histoire
storia dell'arte histoire de l'art
strada route
strada a doppia corsia route à double voie
strada a doppio senso circulation venant en sens inverse
strada a senso unico rue à sens unique
strada bianca chaussée en gravier/non revêtue
strada chiusa route fermée
strada dissestata route à surface accidentée
strada in costruzione route en construction
strada nazionale route nationale
strada principale grand'rue
strada senza uscita cul-de-sac; voie sans issue
strada stretta route étroite
straniero(-a) étranger
strappare qui déchirer ici

strisce pedonali passage pour piétons
studio medico consultation médicale
succhi di frutta jus de fruits
suonare la campanella sonnez la cloche
super super *(essence)*
superstrada autoroute
supplemento (notturno, aeroporto, bagagli, festivo) supplément (nuit, aéroport, bagages, dimanche, jour férié)
surgelato surgelé
sviluppo développement
svincolo bifurcation/échangeur

T

tagliare qui couper ici
tangenziale rocade
tavola da sci planche à neige
tavola da surf surfboard
tavoli al piano superiore places à l'étage
tassì taxi
teatro per ragazzi théâtre pour enfants
telefono per solo carte carte téléphonique
telefono SOS/di emergenza téléphone d'urgence
teleselezione composition directe
tenere in frigo garder au réfrigérateur
tenere in un ambiente fresco maintenir au frais
tenere lontano dagli occhi maintenir à distance des yeux
tenere lontano dai bambini maintenir hors de portée des enfants
tenere lontano dal sole ne pas exposer aux rayons du soleil
tennis da tavola tennis de table
terme thermes
tessera abonnement (saisonnier)
tessera mensile abonnement mensuel
tessuti per arredamento tissus d'ameublements
tintoria teinturerie
tintura per capelli teinture pour cheveux
tipografia typographie
tirare tirer
tiro all'arco tir à l'arc
tomba tombe
Torino Turin
torre tour
tossico toxique

traffico intenso retards probables
traffico lento circulation lente
traghetto traversier pour voyageurs/ferry
transito con catene chaînes nécessaires
transito con catene o pneumatici da neve utilisez des chaînes ou des pneus neige
treno train
tribuna tribune des spectateurs
trotto trot (course attelée)
tuffo plongeon
tutte le operazioni toutes transactions

U

ufficio cambi bureau de change
ufficio informazioni bureau d'informations
ufficio postale bureau de poste
ufficio prenotazioni reservations des billets
ultima novità dernière nouveauté
ultima stazione di servizio per … chilometri dernière station-service avant … kilomètres
ultima vista alle ore … dernière entrée à…
una bibite inclusa une boisson inclue
uomini hommes *(toilettes)*
usare con cautela manipuler avec soin
uscita sortie; porte
uscita autostrada sortie d'autoroute
uscita camions sortie de camions
uscita d'emergenza issue de secours
uso della cucina équipements de cuisine

V

vaccinazioni vaccinations
vaglia postali/telegrafici virements et transferts posteaux/télégraphiques
vagone letto wagon-lit
validità del passaporto date d'expiration du passeport
validità della carta di credito date d'expiration de la carte de crédit
valido per (75 minuti) valable pendant (75 minutes)
valido per le fasce … valable pour les zones
veicoli lenti véhicules lents
veicoli pesanti véhicules lourds
vela voile

veleno(so) poison; toxique
velocità massima … km/ora vitesse maximale … km/heure
vendere entro il … vente avant le …
vendiamo a … *(devises)* vendue à …
venerdì vendredi
venti forti vents forts
venti moderati vents faibles
verdura légumes
vernice fresco peinture fraîche
vero véritable
vetro verre
vetro riciclato verre recyclé
via rue
viaggi/viaggiare voyages/voyager
viale avenue, boulevard
vicino al mare à côté de la mer
vicolo allée
vicolo cieco cul-de-sac
videogiochi jeux vidéo
vietato interdit
vietato ai veicoli con peso superiore a … interdit aux véhicules pesant plus de …
vietato accendere il fuoco feux interdits
vietato ai minori di … anni interdit aux enfants de moins de …
vietato ai pedoni passage interdit aux piétons
vietato avvicinarsi alle macchine durante la traversata accès interdit au pont voitures pendant la traversée
vietato di sosta stationnement interdit
vietato fermarsi fino a … interdit de stationner jusqu'à
vietato fotografare défense de photographier
vietato fumare défense de fumer
vietato gettare rifiuti interdiction de jeter des détritus
vietato giocare con la palla jeux de balle interdits
vietato l'ingresso entrée interdite
vietato l'ingresso dopo l'inizio dello spettacolo défense d'entrée une fois la représentation commencée
vietato pescare pêche interdite
vietato pescare senza autorizzazione pêche avec permis uniquement
vietato salire montée interdite
vietato scendere descente interdite
vietato sporgersi dalla finestra défense de se pencher par la fenêtre

vietato suonare il clacson usage de l'avertisseur interdit
vigili del fuoco pompiers
vigili di fuoco caserne de pompiers
vigneti vignobles
visite guidate visites guidées
vivaio jardinerie
voi siete qui vous êtes ici
voli internazionali vols internationaux
voli nazionali vols intérieurs
volo numero … numéro de vol
… volte al giorno … fois par jour

Z **zona a parcheggio limitato giorni feriali** zone de stationnement limitée les jours de semaine
zona non fumatore zone non fumeurs
zona pedonale zone piétonne
zona riservata a carico e scarico zone de chargement et déchargement
zone fumatore zone fumeurs
zucchero sucre

A-Z

Général

Chiffres	216	Jours fériés	219
Jours/Mois/		Heures	220
Dates	218	Carte	222
Souhaits et vœux	219	En un coup d'œil	224

Chiffres Numeri

Les grands nombres sont groupés de la façon suivante:

3 456 789   **tremillioniquattrocentocinquantaseimila
e settecentoottantanove**

Mille, **milione** et **miliardo** font le pluriel de la façon suivante: (**mila**, **milioni**, **miliardi**).

Nota bene: **e** peut-être inséré pour diviser un grand nombre.

0	**zero** *dzèro*	16	**sedici** *séditchi*
1	**uno** *ouno*	17	**diciassette** *ditchiassétté*
2	**due** *doué*	18	**diciotto** *ditchiotto*
3	**tre** *trè*	19	**diciannove** *ditchiannôvé*
4	**quattro** *cuattro*	20	**venti** *vénti*
5	**cinque** *tchinncouè*	21	**ventuno** *véntouno*
6	**sei** *sèi*	22	**ventidue** *véntidoué*
7	**sette** *sèttè*	23	**ventitre** *véntitré*
8	**otto** *otto*	24	**ventiquattro** *vénticouattro*
9	**nove** *nové*	25	**venticinque** *véntitchinncoué*
10	**dieci** *diètchi*	26	**ventisei** *véntiséi*
11	**undici** *ounditchi*	27	**ventisette** *véntiséttté*
12	**dodici** *dôditchi*	28	**ventotto** *véntôtto*
13	**tredici** *trèditchi*		
14	**quattordici** *couattôrditchi*		
15	**quindici** *couinnditchi*		

29	**ventinove** *véntinnôvé*	quatrième	**cuarto** *couarto*
30	**trenta** *trénta*		
31	**trentuno** *tréntouno*	cinquième	**quinto** *couinnto*
32	**trentadue** *tréntadoué*		
40	**quaranta** *couarannta*	une fois	**una volta** *ouna volta*
50	**cinquanta** *tchinncouannta*	deux fois	**due volte** *doué volté*
60	**sessanta** *séssannta*	trois fois	**tre volte** *tré volté*
70	**settanta** *séttanntta*		
80	**ottanta** *ottannta*	demie	**mezzo** *métso*
90	**novanta** *novannta*		
100	**cento** *tchénto*	une demie heure	**mezz'ora** *métsôra*
101	**centouno** *tchénto-ouno*	un demi réservoir d'essence	**mezzo serbatoio** *métso sérbatoio*
102	**centodue** *tchéntodoué*		
200	**duecento** *douétchénto*	moitié mangée	**mezzo mangiato** *métso manndjiâto*
500	**cinquecento** *tchinncouètchénto*	un quart	**un quarto** *oun couarto*
1 000	**mille** *millé*	un tiers	**un terzo** *oun tértso*
10 000	**diecimila** *diétchimmila*	une paire ... de ...	**un paio di ...** *oun pâio di ...*
35 750	**trentacinquemilasette centocinquanta** *tréntatchinncouè milasèttétchénto tchinncouannta*	une douzaine de ...	**una dozzina di ...** *ouna dotsîna di ...*
		1999	**millenovecento- novantanove** *millénové- tchéntonovannta- nôve*
1 000 000	**un milione** *oun milyônê*		
premier	**primo** *prîmo*	2001	**duemilauno** *douémîlaouno*
deuxième	**secondo** *séconndo*	les années 90	**gli anni novanta** *lyi annni novannta*
troisième	**terzo** *tértso*		

?

Jours Giorni

lundi	**lunedì** *lounédi*
mardi	**martedì** *martédi*
mercredi	**mercoledì** *mércolédi*
jeudi	**giovedì** *djovédi*
vendredi	**venerdì** *vénérdi*
samedi	**sabato** *sabato*
dimanche	**domenica** *doménica*

Mois Mesi

janvier	**gennaio** *djénnâio*
février	**febbraio** *fébbrâio*
mars	**marzo** *martso*
avril	**aprile** *aprîlé*
mai	**maggio** *mâdjio*
juin	**giugno** *djioûgno*
juillet	**luglio** *loûlyio*
août	**agosto** *agosto*
septembre	**settembre** *sèttèmbré*
octobre	**ottobre** *ottôbré*
novembre	**novembre** *novèmbré*
décembre	**dicembre** *ditchèmbré*

Dates Date

Nous sommes …	**È …** *è*
le dix juillet	**il dieci luglio** *il dìètchi loûlyo*
mardi premier mars	**martedì, primo marzo** *martédi primo martso*
hier	**ieri** *iééri*
aujourd'hui	**oggi** *odji*
demain	**domani** *domâni*
ce …/… dernier	**questo(-a)/l'ultimo(-a) …** *couésto(-a)/loultimo(-a)*
la semaine prochaine	**la prossima settimana** *la prossimma séttimâna*
tous les mois/ans	**ogni mese/anno** *ogni méésé/anno*
(pendant) le week-end	**al fine settimana** *al fîné sétimâna*

Saisons Stagioni

printemps	**la primavera**
	la primmavééra
été	**l'estate** *léstâté*
automne	**l'autunno** *laoutounno*
hiver	**l'inverno** *linnvérno*
au printemps	**in primavera** *inn primmavééra*
pendant l'été	**durante l'estate** *dourannté léstâté*

Souhaits et vœux Saluti e auguri

Bon anniversaire!	**Buon compleanno!** *bouonn commpléanno*
Joyeux Noël!	**Buon Natale!** *bouonn natâlé*
Bonne année!	**Felice Anno Nuovo! Buon anno!**
	félitché anno nouôvo/bouonn anno
Joyeuses Pâques!	**Buona Pasqua!** *bouonna pascoua*
Meilleurs vœux!	**I migliori auguri!** *i milyiôri aougoûri*
Félicitations!	**Felicitazioni!/Congratulazioni!**
	félitchitatsiôni/conngratoulatsiôni
Bonne chance!	**Buona fortuna!** *bouonna fortoûna*
Bon voyage!	**Buon viaggio!** *bouonn viâdjio*
Donnez le bonjour de ma	**Saluti da parte mia a ....**
part à …	*salouti da parté mîa a …*

Jours fériés Giorni festivi

Plusieurs fêtes légales sont observées en Italie, telles que la **Festa del patrono** (la fête du Saint patron local). Voici une liste des congés nationaux:

1er janvier	**Capodanno** ou **Primo dell'Anno**	Jour de l'An
6 janvier	**Epifania/Befana**	Epiphanie
25 avril	**Anniversario della Liberazione (1945)**	
	Fête de la Libération	
1er mai	**Festa del Lavoro**	Fête du travail
15 août	**Ferragosto**	Assomption
1er novembre	**Ognissanti**	Toussaint
8 décembre	**L'Immacolata Concezione**	Immaculée Conception
25 décembre	**Natale**	Noël
26 décembre	**Santo Stefano**	Fête de Saint-Stéphane
Dates variables	**Lunedì di Pasqua/Pasquetta**	Lundi de Pâques

A l'exception du 25 avril, les fêtes italiennes sont célébrées dans le canton de **Tessin** (en Suisse d'expression italienne), de même que: le 19 mars (**Saint-Joseph**), le 1er août (fête nationale), et les fêtes de l'**Ascension** et de **Corpus Domini**.

Heure Ora

Le système officiel utilise un cycle de 24 heures. Toutefois, dans les conversations courantes, l'heure est généralement exprimée comme illustré ci-dessous, souvent en ajoutant **di mattina** (matin), **di pomeriggio** (après-midi) ou **di sera** (soir).

Pardon. Pouvez-vous me dire l'heure?	**Scusi, può dirmi che ora è?** _scoûzi pouo dîrmi ké ôra è_
une heure cinq	**È l'una e cinque.** _è louna é tchinncoué_
Il est …	**Sono le …** _sôno lé_
deux heures dix	**due e dieci** _doué é diètchi_
trois heures et quart	**tre e un quarto** _tré é oun couarto_
quatre heures vingt	**quattro e venti** _couattro é vénti_
cinq heures vingt-cinq	**cinque e venticinque** _tchinncoué é véntitchinncoué_
six heures et trente	**sei e trenta** _sèi é trénta_
sept heures moins vingt-cinq	**sette meno venticinque** _sétté méeno véntitchinncoué_
huit heures moins vingt	**otto meno venti** _otto méeno vénti_
neuf heures moins le quart	**nove meno un quarto** _nôvé méeno oun couarto_
dix heures moins dix	**dieci meno dieci** _diètchi méeno diètchi_
onze heures moins cinq	**undici meno cinque** _ounditchi méeno tchinncoué_
Il est midi/minuit.	**È mezzogiorno/mezzanotte.** _è métsodjiôrno/métsannôtté_

à l'aube	**all'alba** *allalba*
le matin	**al mattino** *al mattîno*
pendant la journée	**durante il giorno** *dourannté il djôrno*
avant le repas	**prima di pranzo** *prîma di pranndzo*
après le repas	**dopo pranzo** *dopo pranndzo*
dans l'après-midi	**nel pomeriggio** *nél pomérîdjio*
dans la soirée	**di sera** *di sééra*
la nuit	**di notte** *di nôtté*
Je serai prêt(e) dans cinq . minutes	**Sarò pronto(-a) fra cinque minuti.** *saro pronnto(-a) fra tchinncoué minnouti*
Il sera de retour dans un quart d'heure.	**Ritorna fra un quarto d'ora.** *ritorna fra oun couarto dôra*
Elle est arrivée il y a une heure.	**È arrivata mezz'ora fa.** *è arrivâta métsora fa*
Le train part à …	**il treno parte …** *il trééno parté*
13h04	**alle tredici e zero quattro** *allé tréditchi é dzéro couattro*
0h40	**alle zero e quaranta** *allé dzééro é couarannta*
10 minutes en retard/en avance	**con dieci minuti di ritardo/di anticipo** *conn diétchi minnouti di ritârdo/di anntitchipo*
5 minutes d'avance/de retard	**cinque minuti avanti/indietro** *tchinncoué minnouti avannti/inndiétro*
de 9.00h à 17.00h	**dalle nove alle cinque** *dallé nôvé allé tchinncoué*
entre 8.00h et 14.00h	**fra le otto e le due** *fra lé ôto é lé doué*
Je partirai avant …	**Partirò entro …** *partiro éntro*
Est-ce que vous serez revenu(e)/ de retour avant …?	**Ritornerà prima di …?** *ritornéra prîma di*
Nous serons ici jusqu'à …	**Saremo qui fino alle …** *saréémo coui fino allé*

221

Ticino
Autriche
Turin
Milan
Trente
Trieste
Slovenie
Venise
Gênes
Bologna
Croatie
Saint Marin
Bosnie-H.
Pise
Florence
Corse (Fr.)
Italie
Ancona
Cité du Vatican
ROME
Campobasso
Sardaigne
Naples
Bari
Catanzaro
Reggio
Sicile
Tunisie
Malte

Sassari

Nuoro

Sardaigne

Oristano

Cagliari

Palerme

Messine

Trapani

Sicile

Catane

Agrigente

Raguse

Siracuse

Tunisie

En un coup d'œil
Consultazione rapida

Bonjour.	**Buongiorno** *bouonndjiôrno*
Bonsoir.	**Buona sera** *bouonnna sééra*
Bonjour/Salut.	**Ciao** *tchiao*
Au revoir.	**Arrivederci** *arrivédértchi*
Excusez-moi. (pour avoir l'attention de quelqu'un)	**Scusi.** *skoûzi*
Pardon?	**Prego?** *préégo*
Pardon!	**Scusi!** *skoûzi*
S'il vous plaît.	**Per favore.** *pèr favôré*
Merci!	**Grazie.** *grâtsié*
Est-ce que vous parlez français?	**Parla francese?** *pârla franntchéézé*
Je ne comprends pas.	**Non capisco.** *nonn capisco*
Où est …?	**Dov'è …?** *dové*
Où sont les toilettes?	**Dove sono i gabinetti?** *dové sôno i gabinnétti*

Urgences Urgenze

Au secours!	**Aiuto!** *aioûto*
Allez vous-en!	**Se ne vada!** *sé né vâda*
Laissez-moi tranquille!	**Mi lasci in pace!** *mi lâchi inn pâtché*
Appelez la police!	**Chiami la polizia!** *kiâmi la politsia*
Au voleur!	**Al ladro!** *al lâdro*
Allez chercher un médecin!	**Chiami un dottore!** *kiâmi oun dottôre*
Au feu!	**Al fuoco!** *al fouôco*
Je suis malade.	**Sto male.** *sto mâlé*
Je suis perdu(e).	**Sono smarrito.** *sôno smarrito*
Est-ce que vous pouvez m'aider?	**Mi può aiutare?** *mi pouo aioutâré*

Urgences ☎	Italie	Suisse
	115 Pompiers (**vigili del fuoco**)	118 Pompiers
	113 Ambulance (**ambulanza**), Police (**polizia**)	117 Police

Ambassades et Consulats ☎		
	Italie	Suisse
Français	06–686 011	31–359 21 11
Canadien	06–445 981	31–357 32 00
Belgique	06–360 9511	31–351 04 62